李浩学术文集

流声
中国姓名文化
【第三版】

李浩·著

陕西新华出版
陕西人民出版社

图书在版编目（CIP）数据

流声 / 李浩著. —西安：陕西人民出版社，2023.10
ISBN 978-7-224-15034-6

Ⅰ.①流… Ⅱ.①李… Ⅲ.①姓名学—研究—中国 Ⅳ.①K810.2

中国国家版本馆 CIP 数据核字（2023）第 142943 号

出 品 人：赵小峰
总 策 划：关　宁
策划编辑：武晓雨
责任编辑：王　倩　慕鹏帅
整体设计：哲　峰

微信扫一扫，关注饕书客

流声
LIU SHENG

作　者	李　浩
出版发行	陕西人民出版社
	（西安市北大街 147 号　邮编：710003）
印　刷	中煤地西安地图制印有限公司
开　本	920 毫米×1092 毫米　1/32
印　张	10.5
字　数	230 千字
版　次	2023 年 10 月第 1 版
印　次	2023 年 10 月第 1 次印刷
书　号	ISBN 978-7-224-15034-6
定　价	89.80 元

如有印装质量问题，请与本社联系调换。电话：029-87205094

李 浩

陕西靖边人，现为西北大学文学院教授，西北大学中国文化研究中心主任，兼任中国唐代文学学会会长等。著有《唐诗的文本阐释》《唐代关中士族与文学》《唐代三大地域文学士族研究》《摩石录》《唐园说》等学术类著述。

内容简介

本书是作者研究汉语姓名学的札记。

作者从汉语姓名的起源、姓名的构成、命名的方式、姓名文化的内容、人工智能时代姓名文化的新功能以及姓名文化的价值等几个侧面，移形换步，透视汉语姓名中所积淀的博大精深的历史文化内涵。作者敏锐地关注到姓名符号在当下信息时代的重要作用与微妙变化，将人们习焉不察的各种称谓和识别方式与姓名文化联系起来进行学理性考察，遂使得本书与坊间已有的姓名读物有了明显的区别。本次再版，除了补写自序及订正文字外，还特别增加了第五章，改写了第四章和第六章，对人工智能时代与汉语姓名相关的多种文化现象进行了重新梳理和评议。

本书出版后，曾入选"中国好书"（2018年11月），还曾获评"陕西高校人文社会科学研究优秀成果奖"（2019年度普及类）。

自 序

姓名是人类社群组织中个体的识别性符号。

人类早期的姓名符号具有很强的区别性作用。对于某些阶层的成员，姓名甚至是个体的唯一性符号。随着时代的发展，一个个体可能被赋予多种称号，不同的个体也可能会有类似甚至完全相同的称号，于是姓名的唯一性被破坏，姓名的区别性功能被减弱，但它的丰富性、复杂性、人文性、技术性却在不断增加。

进入现代社会，由于社会交往量的增加，社会管理需要对个体成员的流动进行精准的统计和管理。依靠传统的姓名，只能做模糊的统计和管理，但现代组织利用各项专门科学和技术的进步，通过对个体姓名的精细标注和系统处理，形成了个体区别和识别的一系列新方法和新技术，于是姓名的民族性在减弱，而时代性、普适性、技术性在迅速增加。

当前，世界各国都可以通过姓名的数字编码、生物特征识别、基因与化学识别、感应与光学识别等技术，实现对人类个体唯一性的精准标注、编辑和跟踪。传统的隐姓埋名、改名换姓已全然达不到隐遁的目的。在电子探头和虹膜扫描仪面前，更换衣服与换马甲都没有用，易容与换肤也未必能逃脱追踪。从理论上说，传统姓名的作用在不断减弱，人工智能时代的个体能够在全球畅行无阻，精准便捷地获得各种贴心的服务，其实依靠的不是识别文字书写的姓名，而是通过搜索姓名文字和字母后台的那个庞大的错综复杂的大数据系统。

宇宙大爆炸之后，由爬行动物演化而来的智能生命的人属分支是如何获得群体徽号姓氏，并进而被赋予每个个体的区别性符号？又是如何形成超人文的数理编码、遗传数据？未来人类的姓名是否会消失？机器人是否会有姓名？硅基生命未来是否不需要姓名，仅用数据编码或体纹特征来识别？随着奇点临近，大数据滞涨，姓名文化的研究和传播有何新特征和新作用？这是笔者在阅读传统姓名文献、关注姓名古今变化现象时所思考的一些问题，读者朋友如对这类问题也感兴趣，就请随我开始这一趟姓名文化之旅吧。

一

坊间的姓名学和姓名文化读物已经不少了，仅以汉语姓名文化来说，诸如萧遥天先生的《中国人名的研究》，爬梳钩稽，资料富赡；纳日碧力戈先生的《姓名论》，尝试从社会文化人类学的视野观照姓名现象，独出机杼，新意不少。其他专题著作更多，如姚薇元先生的《北朝胡姓考》，林宝撰、岑仲勉校记、郁贤皓等整理的《元和姓纂》(附四校记)，不仅仅是姓名学，同时也是古代文史研究的案头书。我在撰写本书过程中及上一版修订中已经吸收了不少，在相关叙述中也向他们表达了致意。

既如此，我为什么还要写这一册小书，并不断地修改增订呢？

首先，本书的写作缘起是很早以前的事。我在本书三联版后记中已经如实交代，本书原稿应该是我著述生涯中成形的第一部书稿。当时是应一部丛书编委会的邀请，按照丛书的体例编写的。彼时处于改革开放前期，文化建设也像一个基建工地，大干快上，但整体都比较粗放匆忙，包括本书在内的文化类著述，也留有那个时代的一些痕迹。随着时代的推进，本书也与那个时代一样逐渐淡出。进入21世纪以来，新一轮的文化热特别是中国传统文化热方兴未艾，本书的三联版推出后引起各个方面的关注以及读者的热情，出乎我的意料。有感于此，对这部还有一些市场的小书，做一些力所能及的修订，是一个作者应尽的责任。

其次，目前的姓名读物，包括本书的原版，仅仅立足于对古典姓名文化的介绍。也有些出版物重点是向普通读者兜售取名的技巧和改名的方法。对于多层级的文化消费市场和需求各不相同的读者来说，乐此不疲地从事这方面的工作，也值得肯定。

但笔者不想与时俱变，再赶这个热闹。在这一版修订时，笔者敏锐地意识到人工智能时代的到来，认为应该从当下信息革命来看姓名文化的现状和发展，用现代信息学和编码学来统摄古典姓名学和大数据视野中的姓名文化。这种认知，对于处身于后全球化时代的国人，似乎未觉得有什么新意，但对于姓名学本身以及姓名文化研究来说，这还不仅仅是三千年未有之巨变，更是从人类有血缘的人文徽号以来，指定和识别系统即将要发生另外一次重大变革的前夜。"文变染乎世情，兴废系乎时序"（刘勰语），笔者和这一代学人有幸或不幸生活于此际，将时代文化和最新科技的内容囊括到姓名学学科中来，重新透视受到信息学、符号学、编码学、基因学、计算机与人工智能技术、未来学以及大历史学冲击的传统姓名文化，是一个学人的正常学术反应。

二

作为专名学的两个分支姓名学和地名学，其实也与我个人的学术成长息息相关。

犹忆早年在大学时期，曾修习过历史地理学和都城学之类的课程，后来撰写硕士研究生论文，关注作品中的地名以及作家交游的地理空间问题。撰写博士论文时，便进一步从文化地理学和文学地理学思考地域文学和家族文学问题。此外，我早年就开展的唐代园林文学研究，也是从辑录唐代文献中出现的园林别业地名入手的。当时碰碰磕磕，瞎打瞎撞，以为自己是在不同的领域作战。老来忆旧，回顾起来，实际上是一个领域的不断拓展。

我对姓名学的研究，起步于帮助大学时代老师做一部有关姓氏的童蒙读物的注释，随后就是应编辑之约撰写了本书的原稿。今天看来，这两项工作都是一些通俗普及类的工作，学术意义很有限，所以我也没有特别在意。但后来由此萌蘖出家族文学和士族文学研究，就进入了我学术研究的主要领域。我目前新开拓出的新出石刻文献研究，研究内容仍与姓名学、家族学丝丝蔓蔓，剪不断，理还乱，因早年在这方面曾下过一点功夫，故进入这一全新的领域，虽然小心翼翼，稳扎稳打，但也不是特别恐惧害怕。

我自己一生治学，兴之所至，跌跌撞撞，貌似佚出文学的畦径，但回顾起来，实际上仍是游走于专名学的两端，借了一些新理论、新方法来激活古典国学中的基本内容，在现代语境中做了一些新的梳理和解说，如此而已。我在此坦诚地解剖自我，一是希望不断反省和自我总结，另外也想将自己的肤浅认知捐献给当代学术史实验室，作为一个标本，供进入此领域的更年轻的朋友随意解剖，希望年青的一代能规避我的不足和缺憾，在自己专攻的领域做出更大的成就。

三

本书的修订和补写主要集中在以下几方面：

一是对本书的关键和主旨的适当调整。由原来客观叙述传统姓名文化内容，调整为以信息学、符号学、基因学、计算机与人工智能技术、未来学以及大历史学为光束，透视传统姓名学，重新阐释汉语姓名文化，对于由作为区别符号的姓名所衍生出的各种新的识别方法、识别工具和识别技术也给予高度重视。

二是补写了自序和第五章，改写了第四章和第六章。

三是对全书的叙述内容和文意，根据新的主旨做了梳理，对于一些生僻的史料做了删节，对于一些烂熟的例证做了更换，另外新补了一些书证和例子。

目 录

引论 …………………………………………………… 1

第一章 姓名的起源 …………………………………… 16
 一、姓名的含义 …………………………………… 19
 二、姓名的产生 …………………………………… 21
 三、姓名的复杂性 ………………………………… 31

第二章 姓名的构成 …………………………………… 52
 一、姓辨血缘 ……………………………………… 55
 二、氏别贵贱 ……………………………………… 80
 三、名以正体 ……………………………………… 86
 四、字以表德 ……………………………………… 99
 五、号以美称 ……………………………………… 107

第三章 命名的方式 …………………………………… 137
 一、命名方式的多样性 …………………………… 139

二、根据字义命名 …… 146
  三、根据字形命名 …… 152
  四、根据音韵命名 …… 155

第四章 姓名文化的内容 …… 160
  一、姓名民俗 …… 161
  二、姓名传统 …… 176
  三、姓名文学 …… 187
  四、姓名与名章艺术 …… 216
  五、姓名与学术研究 …… 221
  六、姓名学史研究述要 …… 241

第五章 人工智能时代姓名文化的新功能 …… 251
  一、数字技术类 …… 252
  二、生物技术类 …… 256
  三、加密技术类 …… 261
  四、姓名大数据 …… 262

第六章 姓名文化的价值 …… 269
  一、肉身生命的人文徽号 …… 271
  二、缩微的博物馆和档案馆 …… 278
  三、文化心理的折光镜 …… 288
  四、指号功能的转型 …… 300

主要参考及征引文献 …… 308

陕版后记 …………………………………………… 313
第一版后记 ………………………………………… 315
第二版后记 ………………………………………… 317

引 论

姓名是一种分类系统，也是识别性符号，是个体表征自我存在的符码。姓名学（Anthroponymy）是研究姓名产生、发展、演变以及命名规律的一门学科。从分类学来讲，姓名学与地名学（Toponymy）同是专名学（Terminology）的分支。

本书并不是系统阐述姓名学一般原理的专著，作者也无意将各种姓名学理论铺排罗列，建构自己的理论体系。准确地说，本书是作者研读中国姓名文献、姓名史料，关注并考察各类姓名文化现象的札记，因为个人学术背景和兴趣所在，不求体大思精，重在有益有趣，也希望能引发同好关注，奇义共赏，幽境同探。

全书通过对姓名史料的爬梳整理，探讨姓名与社会历史、民族传统、文化心理之间"剪不断，理还乱"的复杂关系，挖掘姓名产生的文化背景和姓名之中所蕴藏着的文化心理，勾勒古代姓名制度和命名习俗的一些真貌，同时关注步入智能时代以来姓名的新功能，以及传统姓名职能逐渐被其他识别技术和识别工具分担甚至取代的新趋势。

由这一视角切入，我们会在一个小小的汉字称谓符号中，发现其中缩微了广阔的社会生活，积淀了深厚的历史内容，荡漾着隐约的道德追求。从这个意义上说，一个给定的姓名符号，不仅表征出命名者丰富的生命体验，而且灵动着深刻的民族文化心理。有学者总结说："姓名是博物馆，也是档案馆。"[①]

姓名首先是一种社会现象。就个体来说，每个人从生下来就有了这样一个给定的识别符号，人在其婴幼儿阶段，在智能上的第一个里程碑式的进步，就是将自己的名字这个抽象符号，与自身实体联系起来，产生了自我意识。

就整体而言，姓名又是社会成员之间进行交往的工具。一个人从生到死、从早到晚都在与姓名打交道。与人见面要互通姓名，上班签到要打卡刷脸，合同协议要签名盖章，快递取物也要报名验码。甚至在人死之后，骨灰盒和墓碑上还要镌刻上姓名，以期后代子孙永久纪念。

姓名符号还能表现出社会成员之间的距离和关系。见到尊长者，一般要用敬称；见到亲爱者，一般要用爱称或昵称；见到低贱者，常常用贱称；见到厌恶和憎恨者，常常用鄙称。对姓名的熟悉与否，可以看出一个人的交往能力与合群程度。我们常说某某某广交天下英雄好汉，三教九流无所不识；某某某则落落寡合，宅在家里不与人交往。就他们大脑和通信录而言，差别不过是前者存储的姓名符号及相关数据极多，而后者存储的姓名符号及相关信息较少。通过对姓名记忆存储的多寡，也可以看出一个

[①] 纳日碧力戈《姓名论》（修订版），北京：社会科学文献出版社，2015年，第2页。

人的性格和能力。某人大脑和手机中的姓名信息量大，电子邮件和微信通信数量多，说明此人的交往范围广，在群体中的活跃程度高。

姓名作为一种社会现象还在于它的普遍性，即社群赋予每个人使用一个称谓符号的权利，每个符号都具有一定的识别性标志。在某些特定的历史时期，某些范畴和概念为某些阶层所专有。例如在古代中国，皇权神圣，等级森严，避讳制度苛刻繁杂，加上礼法制约，文化不普及，许多下层百姓终其一生只能用数字名、排行名、俚俗名来称呼，但从姓名学的角度看，这也是一种指定符号，只不过较为简单粗鄙罢了。

姓名同时是一种历史现象。作为区别性的符号，姓名并非从来就有，它是人类文明发展到一定程度的产物。人类进入智人阶段后，应该就产生了群体的概念。由血缘关系形成氏族群后，又产生了姓的概念。

姓是氏族图腾的象征物，它把氏族群通过血缘的纽带系连到一块，起到了统合和统摄的作用，使分散的个体形成了一个联盟。因此，姓的产生不仅是群体概念的萌生，而且是群体内部不断的细分。它表明我们的先民在经历剪断自然脐带之后，又从人类这个大类中看到自己所在的群体与别的群体的差别。

名字的产生要晚于姓氏。从逻辑上说，名字是姓氏的进一步分化和细化，因为姓氏是自然与人类、彼群与此群的划分，名字则是在此基础上的第二次划分，即将个体从族群中区别析分出来，它是个体意识产生的标志。如果说，姓和氏开始是部落的名称，是一种公名或类名，那么名字或个人称号则是一种私名。

这种私名的产生与自我意识的萌生有关。根据汉语训诂学的原理："我"字从禾从戈，"私"字从禾从厶。自己用武器"戈"来保卫劳动果实"禾"，就是"我"；自己指着"厶"（鼻子的象形），说"禾"是"厶"的财产，就是"私"。"余"字、"舍"字同为屋子的象形，表示舍是余的财产，余也就是舍。① 这说明自我这种观念意识，只能产生于原始公有制逐渐被破坏、私有制诞生的时期，个人私名的出现不过是自我意识萌生的具体标记。从组织理论来看，个体意识的萌发和个人私名的产生，是对原始公有制的一种破坏，它犹如腐蚀剂一样，使本来黏合为一体、彼此无差别的组织开始松动，出现裂痕。如果说姓之于氏族群是一种聚合力，那么私名则是一种离心力，个人私名的产生进一步从观念上促使原始公社崩溃。从这个意义上说，个人的私名同私有制一样，都是人类社会由洪荒走向文明的里程碑。

姓氏和姓名制度是一定历史条件下的产物，所以会受历史传统的制约，同时会在历史发展过程中流迁变化。比如避讳制度和谥法是古代社会的特有现象，在这一特定时期，任何人都必须遵循。但随着时代的变迁，这些陋习都已变成一堆陈迹，除了少数专家学者，现代社会的普通大众很少关心，所以鲜为人知。

姓名作为一种历史现象还在于，从整体上说，历史上的一切或已成残垣断壁，或已是明日黄花，或已灰飞烟灭了。时间的一维特性决定了逝去的不能再回来，但某些精神产品却能在一定程度上存留下昔日的气象和风韵。"折戟沉沙铁未销，自将磨洗认

---

① 陆宗达《训诂简论》，北京：北京出版社，2002年。

前朝"①，如果我们将古人姓名的碎片拼凑组接起来，也能在一定程度上再现古代社会和当时生活舞台的图景。萧遥天曾说："眼前如果有一部完备的中华人名辞典，它反映整个中华文化与历史，比什么都更切实具体。偶然捡起一张人名录，肯下功夫深沉玩索，其中告诉你的东西，也许比一篇历史文物的报告还要丰富。"②萧先生曾根据元杂剧演员中有人的艺名叫珠帘秀、赛帘秀、帘前秀等，并与现代潮州戏的排场实况相互比较，考证出元杂剧当年已有前后台的分隔，不似明代戏曲演出以红氍毹为上场界限，四面可看。而前后台隔以竹帘，帘里的乐工师傅，可以照顾到帘外演员的演出情状。通过对名字的研究，弄清楚了元代剧场的真貌，补充了亡佚的戏剧史实。③姓名补史、证史的材料甚丰，笔者在本书中也有意罗列了不少，如读者对此有兴趣，翻检全书即知。

姓名还是一种文化现象。姓名产生于一定的文化背景之中，蕴藏着特定的文化内涵，与文化的各个门类诸如语言、宗教、习俗、道德、哲学、地理等都有非常广泛而密切的联系。

文化就其本质而言，是具有高级心智能力的人类劳动和有目的的活动的外化，以及在此过程中形成的一整套价值系统和行为模式，文化不仅具有外显的构架（物化形式），而且具有无形的和

---

① 杜牧《赤壁》，《全唐诗》卷五二三，北京：中华书局，1960年，第5980页。
② [马来西亚]萧遥天《中国人名的研究》，北京：国际文化出版公司，1987年，第89页。
③ [马来西亚]萧遥天《中国人名的研究》，北京：国际文化出版公司，1987年，第241页。

隐形的构架(精神及价值形式),它以不可见的方式影响并制约着人类的思考、行为、情感和表达方式。美国学者莱斯利·A. 怀特曾说:"一个民族的行为并不是取决于它的体质类型或遗传素质,也不是取决于它的观念、欲求、希望和恐惧,同样不是社会互动的过程;一个民族的行为取决于它外部的、超体质的文化传统。生在藏语系统的民族讲的只能是藏语而不会是英语。一个民族实行一夫一妻制、一夫多妻制或一妻多夫制,不愿喝牛奶,回避岳母,使用乘法表,这是因为他们不得不对这些文化传统做出反应。一个民族的行为就是这一民族文化的功能。"①怀特还说:"文化是一个连续统一体,是一系列事件的流程,它穿越历史,从一个时代纵向地传递到另一个时代,并且横向地从一个种族或地域播化到另一个种族或地域。最后,人们终于理解到,决定文化的因素就存在于文化流程自身之中;语言、习俗、信仰、工具和礼仪,都是前导或伴生的文化要素和文化过程的产物。"②

姓名作为一种文化现象,就在于它是人的本质力量对象化的成果,人把对自己肉体的指称抽象化为一个标记,人给自己打上区别于他者的烙印,并从此形成一种制度和模式,接灯续火,代代相传,编织成一个纵横展开的谱系,也可称为网状系统。

从文化学的角度来看,中国古代姓名现象有如下特征。

第一,象征性。中国古代文化具有象征符号性的特点,人们

---

① [美]莱斯利·A. 怀特《文化学》,见甘阳主编《文化:中国与世界》第2辑,北京:生活·读书·新知三联书店,1987年,第498页。
② [美]莱斯利·A. 怀特《文化的科学——人类与文明研究》,沈原、黄克克、黄玲伊译,济南:山东人民出版社,1988年,第2页。

的衣食住行等一切物质生产和生活，多带有象征符号所体现出来的"人的意义"。文学中的"文以载道"，音乐中的"治世之音安以乐""乱世之音怨以怒"，造园中的"体象天地""一池三山""壶中天地"，饮食中的"调和五味"，政治中的"牧民教化""民贵君轻"，社交上的"长幼有序，尊卑有别""授受不亲"，等等，无不体现出形式中的意味。作为文化现象的姓名，它的象征性表现在：它是一种更为规范、更加模式化的符号形式，所以可能有更纯粹的象征意义；它形式简单，以浓缩的方式表现社会历史内容，"芥子之小，可纳须弥之大"，一个姓名符号中缩微着广阔而丰富的社会历史内容，荡漾着三千大千世界；它以汉字书写出来，不仅具有了意义上的象征性，而且具有了符号形式上的象征性，这样就形成了双重的象征，或者说象征的和弦，秘响旁通，互相映发，意义隽永而深长。虽然中国文化中强调"得鱼忘筌""得意忘言"，但姓名的内涵却逐渐为人们所忽视，它由意义实体逐渐变为有意味的形式，并继续变为纯粹的形式。姓名文化的研究就是通过"筌"获得"鱼"，通过形式体会意味，通过流声来锁定实体，通过解剖外壳来探寻人文性的意涵。

第二，民族性。与其他民族不同，汉民族的名字多为一个字或两个字，也有少数的三字名和四字名，但五六个字以上者极少。较长的名字基本上是少数民族或异族人名的汉语翻译。这与古代汉语多为单音节、双音节词有关，同时也与先民崇尚素朴简约之美有关。中国古代的命名，讲究"名以正体，字以表德，号以美称"。这种名、字、号俱全的命名制度，也体现出汉民族文化的特点，不仅是当时周边少数民族所没有的，就是在世界其他文明古国中也鲜有同类。

　　姓名的民族性还表现在名字之中蕴藏着民族意识。据《孔丛子》记载，孔子之孙子思有子名孔白，字子上。①"上"古通"尚"，"白"是指白色。为什么孔氏的人要崇尚白颜色呢？这其中就有民族意识。原来孔氏一家出自宋国，而宋是殷商人的后裔，殷商人崇尚白颜色。《礼记·檀弓上》中说："殷人尚白。"②《史记·殷本纪》说他们的车子爱涂白颜色。20世纪初以来殷墟出土的陶器也多为白色。据说朝鲜人为商遗民的后裔，他们仍尚白色，以白衣白裳为吉服。所以，仅从"孔白字子上"这个名字中，就可以看出这个没落贵族强烈的民族意识。中国人多以仁、义、礼、智、信、孝、谦、德、忠、恭、俭等字命名，也体现出儒家思想在民族文化中占有核心地位，孔孟和儒家的言辞及概念深入人心。至于以阴阳、五行、八卦作为命名依据，更可以看出先民的宇宙哲学在思维模式上的投射。

　　姓名的民族性，并不意味着排他性。中国人的姓名制度是一个开放的系统，在历史的不同时期都能引进和吸收周边民族姓氏和命名上的特点，并逐渐涵化融合。历史上的"北朝胡姓""昭武九姓"等"夷狄大姓"，元代蒙古人和清代满族人的姓氏，最后都汇入华夏民族姓氏这个大系统中了，以至现代人若仅仅根据姓氏，已无法弄清楚自己究竟是"帝高阳之苗裔"，还是"夷狄之子嗣"。这是种族血统的混合，也是文化大熔炉的产物。晚近以来，

---

① 《孔丛子·杂训第六》载，"子思谓子上曰：'白乎，吾尝深有思而莫之得也'"。王钧林、周海生译注，北京：中华书局，2009年，第75页。
② 王梦鸥注译《礼记今注今译》，台北：台湾商务印书馆，1978年，第68页。

国门大开，命名中常有约翰、乔治、大卫、丽莎、玛丽、安娜等词，也是中西文化合璧的作品。

第三，地域性。在全民族的范围内，姓氏往往按地域分布，命名也因地理环境的不同而出现差别。一般人常说"炎黄子孙"，其实"炎"，是指炎帝神农氏，"黄"，则是指黄帝轩辕氏，他们并非一个部族，也并非一个姓。一般认为，新石器时代的仰韶文化时期，炎帝姜姓部落居于姜水流域，黄帝姬姓部落居于姬水附近。可见，姓氏从一开始就有地域上的不同。魏晋时期，门阀士族以姓氏区分高低贵贱，有郡姓、望姓、甲姓等名目。中古以来，逐渐形成所谓的"五姓七家"，即李（陇西、赵郡）、崔（清河、博陵）、卢（范阳）、郑（荥阳）、王（太原）。抛开其中的等级差第的糟粕不说，这种划分实际上也是从地理分布着眼，又根据政治经济地位的不同，将各个地区的大家族进行排序，它不仅为我们统计历史时期姓氏分布，而且为我们研究家族的发展、迁徙和演变提供了大量系统完整的资料。① 现代一些偏僻遥远、人迹罕至的山区，仍以姓氏的不同划分成许多自然村落，人们聚族而居，其中长辈晚辈之分秩序井然，每个成员的来龙去脉，对别人都不是什么秘密。许多农村甚至城乡接合部的地名上仍残留着一些痕迹，如祝家庄、姜家寨、苗家湾、杨各庄、大王村、小王村等等。著名人类学家和文化史学家摩尔根在《古代社会》一书中，曾引用他的朋友罗伯特·哈特给他的信说："在中国某些地方可

---

① 《新唐书·宰相世系表》、王伊同《五朝门第》、毛汉光《中国中古社会史论》《中国中古政治史论》等成果之所以可以精细准确到数量化程度，也是由于这些丰富的姓氏谱牒资料的留存。

以遇到大村落，其中只有一姓人居住；例如在某一个地方有三个村落，每个村落各包含二千或三千人，其第一个姓马，第二个姓羊，第三个姓牛。"①西方学者饶有兴趣并感到新奇的问题，却是中国文化中习以为常的现象。学者袁义达根据人口普查的资料和数据，绘制出一系列更科学的姓氏分布图表，可以清晰地看出当代姓氏地理分布和群体遗传的许多特征。②说明以姓氏为磁力场，聚族分布，自成村落，相对封闭独立，并带有极强的抗融性和排他性，是古代姓氏地域分布上的一个重要特征。

在命名上有时也反映出地域文化的不同。如北方晋陕一带乡下，称男性儿童，多在其排行后加"愣""锤""害""鞑子""蛋"等字眼，称女性儿童则多在排行后加"女""妮"等字。江南一带多称男孩子为"囝"，称女孩子为"丫"。岭南两广一带则多在儿童名字前加一"阿"字。这些都是受地域文化影响形成的习尚。

第四，时代性。姓氏，特别是名字之中，往往还散发着强烈的时代气息，是时代精神的折光。先秦时期的女子称姓，就反映出当时社会上对同姓不婚的强调。汉代人命名多用勇、超、雄、猛、霸、彪、武等字眼，也反映出阔大雄豪、积极进取的时代精神。唐人喜欢以行第相称，如称李白为李十二、杜甫为杜二、王维为王十三、孟浩然为孟六、韩愈为韩十八、元稹为元九。甚至

---

① [美]路易斯·亨利·摩尔根《古代社会》，杨东莼、张栗原、冯汉骥译，北京：商务印书馆，1977年，第627页。
② 袁义达、张诚《中国姓氏：群体遗传和人口分布》，上海：华东师范大学出版社，2002年。袁义达主编《中国姓氏·三百大姓：群体遗传和人口分布》，上海：华东师范大学出版社，2007年。

宫廷之中亦盛行此风尚，如称唐太宗为二郎、唐玄宗为三郎等。①这种习尚与唐代豪迈豁达的社会气氛有关。宋代名字中多喜用"老"字、"叟"字和"翁"字，与当时社会优礼老人有关。这种表示成熟稳健的心理影响到命名上，就形成了许多人都喜欢故作老气横秋之态的风尚。同时，也与当时仕途艰难、反复无常有关，士人们如履薄冰，伴君如伴虎，祈望能早日致仕，告老还乡、颐养天年，故把这种心理寄寓在名字之中。20世纪以来，社会变迁加剧，命名的时代特征也更加突出。

第五，变迁性。姓名并非亘古不变的符号，在社会发展过程中，姓名制度和个人命名都在不断地变化。比如，我们现在作为合成词连称的"姓氏"，是作为一个统一的概念，视姓氏为一回事。但在上古时期，姓和氏的意义完全不同。"三代之前，姓氏分而为二。男子称氏，妇人称姓。氏所以别贵贱，贵者有氏，贱者有名无氏。……故姓可呼为氏，氏不可呼为姓。姓所以别婚姻，故有同姓、异姓、庶姓之别。氏同姓不同者，婚姻可通；姓同氏不同者，婚姻不可通。三代之后，姓氏合而为一，皆所以别婚姻，而以地望明贵贱。"②先秦以前，严格区别姓氏，变而为汉代的姓氏合而为一；魏晋南北朝时别士庶，重谱牒，变而为明清以来胡汉南北一锅煮，凡同姓者都自以为五百年前是一家；古人姓、氏、名、字、号俱全，变而为现代每人都只有一个正式的指定符号，在名字相同重复时，则辅以数字编码作为法定的区别或

---

① 岑仲勉《唐人行第录》，上海：上海古籍出版社，1978年。
② 郑樵《通志》卷二五《氏族略·氏族序》，北京：中华书局，1987年，第439页。

识别符号。进入智能时代以来，更多的是以二维码、指纹、声纹、刷脸等作为识别性标志。凡此种种，都表明姓名是随时代社会而变化的。

一些名字用字也随着社会的变化而变化。比如"龟"字，是古人命名中最常用的字，如唐代有李龟年、王龟，宋代有张龟年、彭龟年、刘龟年、徐龟年、徐梅龟、王十朋字龟龄等，大约都取长寿之意。元明以后，乌龟成了骂人的俗语，所以就很少有人再用来命名了。倒是在我们的东邻日本，仍然保留着用龟命名、以介眉寿的古俗。

综上所述，一个姓名符号既有指称对象也有表达意义的功能。[1] 就其表层而言，不过是用语言文字所固定下来的区别性符号，可以视听阅读；就其深层而言，则是民族文化作用的产物，反映了民族的宗教、习俗、道德、历史和家族的希望寄托。加之汉字不仅仅是语音的载体，汉字比拼音文字蕴含着更丰富复杂的"信息"，因而中国人的名字中所表征出的对世界的感知、对生命的体验，也就更加博大精深。

在中国文化看来，名字所指称的不仅是有形的人（肉体），更重要的是无形的人（精神）。流芳百世或遗臭万年的并不是人的肉身尸骨，而是名字及其所存储的信息体，是绵延的精神，是不朽的生命。

古人早就认识到这个层次，曹丕在《典论·论文》中曾不无感

---

[1] [德]弗雷格《弗雷格哲学论著选辑》，王路译，北京：商务印书馆，2006年。

慨地说:"年寿有时而尽,荣乐止乎其身,二者必至之常期。"①但只要你在有生之年能有所作为,那么,"不假良史之辞,不托飞驰之势,而声名自传于后"②。更进一步说,姓名中蕴含着灵动的生命,而意义不过是领悟其生命的桥梁。中国人对命名的重视,包含着对生命的关注和焦灼。有关姓名的许多风俗和禁忌中,实际上就包含着这样一种隐微的心理。从这个意义上讲,姓名其实也是中国人生命的一种造影。

中国古人一方面尊朴尚实,以厚德载物为愿念,但另一方面又极度关注"名",从屈原的"老冉冉其将至兮,恐修名之不立"③,到杜甫钦羡的"诸葛大名垂宇宙"④,都是对美好名声的属意和致敬。南朝梁任昉《为武帝追封永阳王诏》:"亡兄德履冲粹,识业深通,徽声善誉,风流籍甚。"⑤《魏书·李彪传》中也说:"是以访童问师,不避渊泽;询谋咨善,不弃刍荛。用能光茂实于竹素,播徽声于金石。"⑥徽声与善誉对举,表明对美好名声的重视。

退而求其次,不一定要有修名美名,只要留名即可,俗语有

---

① 严可均校辑《全上古三代秦汉三国六朝文·全三国文》卷八,北京:中华书局,1958年,第1098页。
② 严可均校辑《全上古三代秦汉三国六朝文·全三国文》卷八,北京:中华书局,1958年,第1098页。
③ 屈原《离骚》,见金开诚、董洪利、高路明《屈原集校注》,北京:中华书局,1996年,第26页。
④ 杜甫《咏怀古迹五首》其五,萧涤非主编《杜甫全集校注》卷一三,北京:人民文学出版社,2014年,第3856页。
⑤ 严可均校辑《全上古三代秦汉三国六朝文·全梁文》卷四一,北京:中华书局,1958年,第3188页。
⑥ 《魏书》卷六二,北京:中华书局,1974年,第1382页。

"人过要留名，雁过要留声"，类似的说法还有"豹死留皮，人死留名"，侧重点是留声、留名，而没有强调一定要留徽声美誉。桓温的名言更雷人："既不能流芳后世，亦不足复遗臭万载耶？"①是对此俗语最坦白露骨的说明，也是乔玄评价曹操"然君实乱世之英雄，治世之奸贼"②的东晋版。

但是，在以物理光年和地质时间为单位的宇宙长河中，肉身实体固然不能不朽，美名令誉也无法永恒，就是那些以恶行暴政刻在历史耻辱柱上的名字，也不可能永远占着历史的头版头条。自然史和人类史都有一种纠错和纠偏的能力，一旦纠正了错误，车轮又在康庄大道上奔驰向前，包括曾经有过恶行的恶人，他们的恶名也会慢慢被人淡化，也无法永远置顶姓名存储器的上端，最终都会成为数据云端中的一组语码数字。

基于大历史观中长视角的认知，本书没有选用含有美善意味的"徽声"，也没有用确定能永久留存声名信息的"留声"，而是选取了含有更多不确定性的"流声"③作为正标题。本书借用这一文言词汇，其意与古籍文献的用例也还是有细微差别的。希望草成于技术奇点临近、中国文化面临三千年未有巨变期的这册小书，

---

① 刘义庆撰，徐震堮校笺《世说新语校笺·尤悔第三十三》，北京：中华书局，1984年，第483页。又见房玄龄等，《晋书》卷九八《桓温传》，北京：中华书局，1974年，第2576页。
② 刘义庆撰，徐震堮校笺《世说新语校笺·识鉴第七》，北京：中华书局，1984年，第212页。
③ 刘勰《文心雕龙·论说》："独步当时，流声后代。"潘尼《赠河阳诗》："流声馥秋兰，摘藻艳春华。"宋濂《孝子邱铎传》："通儒书，兼习医家言，流声动一时。"李贽《书苏文忠公外纪后》："苏长公以文字故获罪当时，亦以文字故取信于朋友，流声于后世。"

多少能传达出智能时代数据生存的一些痕迹。

以下，就让我们通过对姓名源起的追溯，通过对姓名结构和命名方式的描述，对古典姓名文化内容的简要梳理，对步入智能时代以来姓名文化新功能的简单罗列，探寻用汉字书写的指定符号中温馨的人文体验，也揭示智能时代姓名编码冰冷的数理内涵，以及由其他人体识别技术和方法所引发的姓名文化的困境。带领大家既入乎其内，领略汉语姓名学领域的博大精深；又出乎其外，站在现代编码学和信息学的高度，观照姓名文化的当下和未来。

第一章　姓名的起源

我以我血荐轩辕。

——鲁迅《自题小像》

姓名是什么？是从哪里来的呢？

请允许我先卖个关子。

2017年当红的科幻影片《银翼杀手2049》，剧情是根据菲利普·迪克《仿生人会梦见电子羊吗？》①改编。影片发行以来，一直受到全球科幻发烧友的追捧，新片一方面是对《银翼杀手》原剧的致敬，另一方面在技术元素、电影技巧和哲学理念上又有不少新突破。本书不是剧评，我只关注片中几次提到名字的细节。

K的女友、虚拟全息投影人乔伊对K说："你很特别，你应该有自己的名字，你叫乔。"戴克与K也有一段对话："你有名字

---

① [美]菲利普·迪克《仿生人会梦见电子羊吗？》，许东华译，南京：译林出版社，2013年。

吗？""KD6-3.7警官。""这不是名字，是序列号。"戴克也问K叫什么名字，当K说出那串数字字母组合编号时，戴克说那只是序列号，他问的是名字。

片中的梗很多，很多人听到这类对话会一闪而过，但其实这些对话中包含着姓名学的许多内容，容我慢慢和大家聊。

实际上，一些我们自以为最熟悉的东西，恰恰可能是最不了解的。就以姓名来说吧，你知道你自己的姓名，知道你亲属和同事的姓名，你甚至能历数你祖宗三代的名讳，但是，你不一定知道你为什么要姓"张"而不姓"王"。更准确地说，你不一定知道你所谓姓王姓张的那个"姓"，在古代其实是"氏"而非本来意义上的"姓"；你也不一定知道张王李赵，或者《百家姓》中的"赵钱孙李，周吴郑王。冯陈褚卫，蒋沈韩杨。朱秦尤许，何吕施张……"从何而来，为何要如此排序。古人曾规定"同姓不婚""异氏不婚"；又认为不同的姓，在盖房择宅时应选取不同的方位；在前现代社会，人们不能直呼君王尊长的名字，甚至连自己的乳名也不能轻易告诉别人；民间给孩子取名字，不仅要注意字义、字形、字音的美好，还要注意阴阳八卦、吉凶五行。像世界上的其他民族一样，汉民族取名字也有许多习俗、许多禁忌、许多传说，同时也有独特的姓名结构、命名方式。在大数据时代，我们的名字不过就是数据库中的一组数字，操作员可以任意地编排、组合、排列、运算。人的肉体不能长生不老，人的名字也不可能永久地挂在数据库的主页上……这些你恐怕不一定都知道吧？

这样看来，人类与《银翼杀手2049》等科幻作品中复制人、仿生人、数码人、机器人的区别恐怕不仅仅是有名字还是只有序列号这么简单。

这就是笔者当头设问的缘故,也是本书所要讨论的一些主要内容。

这门研究姓氏和名字的起源、意义及其历史发展、地理分布、命名方式、功能作用的学科叫作姓名学,又叫人名学。从学科分类的角度来看,姓名学与地名学都属于专名学的范畴,是专名学的两个分支。

本书主要通过对中国古代姓名文献和姓名史料的梳理,试图还原和再现中国的姓名制度和命名习俗,探讨姓名与社会历史、民族传统、文化心理、时代变迁之间"剪不断,理还乱"的复杂关系,挖掘姓名产生的文化背景和姓名之中的文化意蕴。重点对以汉字符号来表征个人给定的区别性称谓与标记,从一个新的视角切入,进行考察和解说。

笔者首先辨析姓名这一范畴的含义,追溯姓名的产生,探讨伴随原始宗教而出现的姓名神秘化、法术心理化、习俗制度化等非常复杂的文化现象。两千多年前,屈原在《离骚》开篇用"帝高阳之苗裔兮,朕皇考曰伯庸"[1]这两句诗述祖;一百多年前,青年鲁迅《自题小像》再次用"寄意寒星荃不察,我以我血荐轩辕"[2]抒怀。屈原自称"高阳苗裔"与鲁迅的"荐轩辕",从姓名文化上来看,除了表明他们个人的寄命归宗,还有何需要发覆探隐?

本章即以此为由头,试图求索迷失在远古的现代智人的文明

---

[1] 见金开诚、董洪利、高路明《屈原集校注》,北京:中华书局,1996年,第3页。
[2]《鲁迅全集》第7卷,北京:人民文学出版社,2005年,第4158页。

之根，通过对汉语姓名这个活化石的摩挲，来找寻鸿蒙之初民族文化的一些"本来"。

一、姓名的含义

笼统地讲，姓名是个体作为社群组织成员的一个指称符号，是社会和家族给个人规定的一个编码，也是表征个体存在的一个文化印迹。

在世界文明史上，姓名的产生不仅表明现代智人从自然状态中分离了出来，而且还透露出个体从群体中区分了出来，个体之间有了表示差异的符号。这两种观念的进步，在人类文明史上有着极其重要的意义，它是人类文明演化进程中的两个里程碑。

从学理上讲，姓是一个血缘氏族的徽章，是一个家族的统一番号；名则是氏族内部成员互相区别的标志，是人的个体意识萌生的表现。从文明发展的一般过程来说，氏族的称号（公名）产生在个人的标志（私名）之前，而个人的标志（私名）则是在氏族的称号（公名）出现之后的进一步划分。

中国古代的学者曾对姓名的含义和功能做过许多的论述。如《左传·隐公八年》中说："天子建德，因生以赐姓。"[1]东汉班固在《白虎通·姓名》中说："人所以有姓者何？所以崇恩爱，厚亲亲，远禽兽，别婚姻也。故纪世别类，使生相爱，死相哀，同姓

---

[1] 杨伯峻《春秋左传注》，北京：中华书局，1990年，第60页。

不得相娶者，皆为重人伦也。"①从血缘伦理的角度对姓的本质进行了论述。《事文类聚》中也说：姓者，统其祖考之所自出；氏者，别其子孙之所自分。②说明"姓"是比"氏"更大的概念，是整个大的血缘集团的标记和徽章，而氏则是分类上次一级的细分。

关于命名，《白虎通·姓名》中说："人必有名何？所以吐情自纪，尊事人者也。……名者，幼小卑贱之称也。"③东汉王符在《潜夫论·卜列》中说："名字者，盖所以别众猥而显此人尔。"④东汉许慎在《说文解字》中则说："名，自命也。从口，从夕。夕者，冥也，冥不相见，故以口自名。"⑤他们都指出"名"是个人"自纪""自命"的方式。至于班固把名解释为"幼小卑贱之称"是专指小名或乳名而言；许慎所说的"冥不相见，故以口自名"，可能是古人对人的灵魂和肉体的一种神秘看法，即认为天黑之后人的灵魂如离开肉体可能要遭遇到什么不测，所以人们要"以口自名"，呼喊自己的名字，来招呼灵魂附体归居。相关的这些问题，在后面几章中将逐一解说，此不赘述。

---

① 陈立撰，吴则虞点校《白虎通疏证》卷九，北京：中华书局，1994年，第401页。
② 祝穆《事文类聚·后集》卷一《人伦部·杂著》载吕伯恭《姓氏不同》云："三代之时，曰姓者，统其祖考之所自出者也，百世而不变者也。曰氏者，别其子孙之所自分者也，数世而一变者也。"文渊阁《四库全书》本。
③ 陈立撰，吴则虞点校《白虎通疏证》卷九，北京：中华书局，1994年，第406—407页。
④ 王符著，汪继培笺，彭铎校正《潜夫论笺校正》卷六，北京：中华书局，1985年，第296页。
⑤ 许慎《说文解字》，北京：中华书局，1963年，第31页。

二、姓名的产生

姓名既然是社群组织中个体成员的指称符号，那么，它究竟是如何产生的呢？又是如何演变的呢？这个问题细分起来，又涉及姓的产生、氏的产生和名字的产生三个方面。

姓的起源

现代人常说的姓氏，是作为一个统一的概念，将姓与氏看作一回事。但是在上古时期，姓和氏的意义并不相同，它们是截然不同的两个概念。

姓的产生与图腾崇拜有关。图腾（Totem）一词，本是美洲印第安人的土语，意思是"他的亲族"。在上古时代，人们认为每个氏族部落都与某种生物有着亲缘关系，或与某类无生命的物体有着特殊的联系。初民把这类生物或物体看作整个氏族部落的祖先、象征物和庇护者，这就是所谓的"图腾"。"图腾崇拜的特点就是相信人们的某一血缘联合体和动物的某一种类之间存在着血缘关系。"[1]在氏族部落内部，图腾的动植物是被看作有灵的，因此要严加保护，禁止猎杀和食用，并要受到崇拜和赞颂。凡是违反图腾禁忌者，将要被氏族全体成员处以极刑。据人类学家摩尔根考察，北美的易洛魁人的氏族都是以动物命名的，如辛尼加部

---

[1]《普列汉诺夫哲学著作选集》第3卷，北京：生活·读书·新知三联书店，1962年，第383页。

落的狼氏、熊氏、龟氏、海狸氏、鹿氏、鹬氏、鹭氏、鹰氏,撲由加部落的狼氏、熊氏、龟氏、海狸氏、鹿氏、鹬氏、鳗氏、鹰氏,等等。[1] 每个氏族都有一种图腾,这个图腾就发展为后来的姓。

中国古代典籍中,也保留着关于汉族和少数民族图腾信仰的记录。有人认为《史记·五帝本纪》关于黄帝"教熊、罴、貔、貅、貙、虎,以与炎帝战于阪泉之野"的传说中,"熊、罴、貔、貅、貙、虎"实际上就是指以野兽命名的六个氏族,黄帝是有熊氏,说明熊氏族在整个大部落联盟中居首要地位。从殷商时期的甲骨卜辞中,仍可以辨认出二百多个有图腾意义的族名。这些族名有许多在后来就演变为姓了。《后汉书·西南夷列传》中也记载道:"夜郎者,初有女子浣于遁水,有三节大竹流入足间,闻其中有号声,剖竹视之,得一男儿,归而养之。及长,有才武,自立为夜郎侯,以竹为姓。"[2]《百家姓》中的熊、马、牛、羊、邬、凤、龙、梅、花、李、叶、林、山、水、方、石、毛、皮、冯、风等便都是由图腾演变来的。云南新平杨武鲁魁大寨的彝族人认为:"方姓是獐子变来的,杨姓是绵羊变来的,范姓是水牛变来的,张姓是绿斑鸠变来的。"[3]

姓产生在图腾崇拜的母系氏族社会中,每个姓都是由一个共同的老祖母传下来,所以姓除了具有图腾信仰的一致性外,还起

---

[1] [美]路易斯·亨利·摩尔根《古代社会》,杨东莼、张栗原、冯汉骥译,北京:商务印书馆,1977年,第110页。
[2] 范晔撰,李贤等注《后汉书》卷八六,北京:中华书局,1965年,第2844页。
[3] 宋兆麟、黎家芳、杜耀西《中国原始社会史》,北京:文物出版社,1983年,第473页。

着"明血缘""别婚姻"的作用。也就是说,早期的同姓有相同的血缘关系,故同姓不能通婚,以避免近亲繁殖,保证氏族人种的健康兴旺,这在优生学上有重要的意义,古人很早就认识到了这个道理。《左传·僖公二十三年》中说:"男女同姓,其生不蕃。"[1]蕃,就是繁殖,意思是说同姓结婚子孙将不会兴旺昌盛。《左传·昭公元年》中又说:"内官不及同姓,其生不殖。美先尽矣,则相生疾,君子是以恶之。故《志》曰:'买妾不知其姓,则卜之。'违此二者,古之所慎也。男女辨姓,礼之大司也。"[2]这段话是郑国的子产对晋侯讲的。晋侯有病,郑伯派子产出使晋国聘问,子产便对晋侯说:我听说国君娶姬妾,不能娶同姓之女,否则就会子孙不旺盛。你娶了四个同姓之女做姬妾,并专宠一人,所以要生病,君子是很忌讳这种事的。典籍上讲,购买一个侍妾,如果不知道她姓什么,就必须找卜师去占卜,根据卜象定其姓。古人对此是非常慎重的。另外,在《国语》《礼记·坊记》中也都有类似的记载。可见,古人对同姓不婚确实是非常重视的。需要一提的是,杨伯峻先生在《春秋左传注》中解释这段时说:"同姓不婚自西周始。"但根据现代人类学研究的新成果来推断,这个礼俗的产生可能还要更早,远不止西周时期。

从婚姻史来看,所谓"同姓不婚",实际上是族外婚的一种更具体的规定。而族外婚的出现,大约是在氏族公社的后期。所以,"同姓不婚"恐怕在殷商时期就产生了。当然,因史料缺乏,

---

[1] 杨伯峻《春秋左传注》,北京:中华书局,1990年,第408页。
[2] 杨伯峻《春秋左传注》,北京:中华书局,1990年,第1220—1221页。

我们不能对此进行更深入的讨论。这种同姓不婚的规定，保证了氏族内部人种的健康优良，促进了氏族之间的结盟。《国语·晋语四》中对此规定解释说："异姓则异德，异德则异类；异类虽近，男女相及，以生民也。同姓则同德，同德则同心，同心则同志，同志虽远，男女不相及，畏黩敬也。"①美国学者哈维兰在他的《当代人类学》一书中更明确地指出："世系群外婚制的一个优点就是该群体中潜在的性竞争受到控制，因而促进了该群体的团结。世系群外婚制还意味着每件婚事都不只是两个人之间的安排；它还等于是世系群之间的新联盟，这就有助于把它们保持作为较大社会系统的组成部分。最后，世系群外婚制维护了一个社会中开放性的交流，这促进了知识从一个世系群向另一个世系群的传播。"②

因此，"姓"实际上比父权制的家庭出现得还要早。"姓"字本身即由"女"和"生"两个字构成，它的原意就表示世代相传的血统关系，由女性方面决定。我们仍然能从保留至今的姬、姚、姒、妫、媿、姞、妘、姻、嫪、姜、娄、嬴等古老的姓中，看到母权制在姓名文化中留下的印迹。简言之，姓是表示有血缘关系的世系群的称号，起源于母系社会。

氏是由同姓衍生出的分支，起源于父系社会

姓依靠共同的血缘来维系，所以比较稳定；氏是后起的，依

---

① 徐元诰撰，王树民、沈长云点校《国语集解》，北京：中华书局，2002年，第337页。
② [美]威廉·A. 哈维兰《当代人类学》，王铭铭等译，上海：上海人民出版社，1987年，第402—403页。

靠社会角色和地位来划分,所以具有易变性和流动性。《左传·隐公八年》中的一段话,将姓与氏的区别与联系讲清楚了:"天子建德,因生以赐姓,胙之土而命之氏。诸侯以字为谥,因以为族。官有世功,则有官族。邑亦如之。"①大意是说,天子以有德之人为诸侯,根据其出生而赐姓,又分封土地而称氏。如周封舜后于陈地,赐姓曰妫,命氏曰陈。诸侯以字作为谥号,后人便作为族号;担任官职而世代有功者,就以官名为族号,如司马氏、司空氏、司徒氏等。此外也有以采邑为族号的,如晋国的韩氏、赵氏、魏氏等。这里所说的族号,实际上就是氏。

郑樵在《通志·氏族略序》中指出:"三代(夏、商、周)之前姓氏分而为二,男子称氏,妇人称姓。氏所以别贵贱,贵者有氏,贱者有名无氏。……故姓可呼为氏,氏不可呼为姓。姓所以别婚姻,故有同姓、异姓、庶姓之别。氏同姓不同者,婚姻可通;姓同氏不同者,婚姻不可通。三代之后,姓氏合而为一,皆所以别婚姻,而以地望明贵贱。"②这段话将姓氏产生的时代(三代以前)以及功能和作用("别婚姻"与"明贵贱")讲得非常透彻。其中"氏同姓不同者,婚姻可通;姓同氏不同者,婚姻不可通",说明在宗法制社会中,联姻一方面要注意"同姓不婚",以维持种族血脉的兴旺;另一方面还要注意"异氏不婚",即不同的阶级也不能通婚,以维持阶级身份的纯正。统治阶级的思想意识在姓氏上打上了深深的烙印,"氏族的名称一开始就同氏族的权利密切

---

① 杨伯峻《春秋左传注》,北京:中华书局,1990年,第60—62页。
② 郑樵《通志》卷二五《氏族略·氏族序》,北京:中华书局,1987年,第439页。

联系在一起"①。

姓是血缘的烙印,所以历久不变;氏是阶级的标志,所以可能变化不居。顾炎武《原姓》中说:"男子称氏,女子称姓,氏一再传而可变,姓千万年而不变……是故氏焉者,所以为男别也,姓焉者,所以为女坊也。自秦以后之人,以氏为姓,以姓称男,而周制亡,而族类乱。"②例如周人以姬为姓,据说是从黄帝时传续下来的,而陈人以妫为姓,据说是从虞舜时代传续下来的,历经千百年,仍没有发生变化。氏却往往过一两代就可能出现变化。比如春秋末年楚国的伍子胥,本以伍为氏,被吴王阖闾赐死后,儿子为避难,逃到齐国,改为王孙氏。又如陈国的陈完,本以陈为氏,由于国内发生内乱,出奔到齐国,齐桓公封于田,子孙遂改"陈"氏为"田"氏。

战国以后,姓氏逐渐合而为一,到了汉代一般都通称为姓。这样,上自天子下至庶人都有了姓。从分类学上说,姓与氏的区分是氏族内部进一步的细分;姓与氏的模糊则是氏族内部的重新统合以及氏族外围的有条件开放。这个变化标志着旧的宗法分封制度的逐渐瓦解,是姓氏学史上的一个重大事件。

名的起源

名作为氏族成员互相区别的标志,是个体意识在文化上的表现。因此,名的产生恐怕要比姓与氏晚得多,它是社会文明进一

---

① 《马克思恩格斯选集》第 4 卷,北京:人民出版社,1995 年,第 83 页。
② 顾炎武《顾亭林诗文集·亭林文集》卷一《原姓》,北京:中华书局,2008 年。

步发展的结果,是氏族对部落成员中个体存在的文化认可和区别性指称,是为了"别众猥而显此人"①。对于族群来说,名的产生是一种离心力和腐蚀剂,它会使本来凝为一体、彼此无差别的组织变得松散而有距离。从历史发展来看,个人私名的产生进一步从观念上促使原始公社的崩溃,私名同私有制一样,都是现代智人不断进步的里程碑。

从民族学和文化考古学的资料来看,在原始公社的母系氏族阶段,人们已经有了个人的名字,并在交往和择偶中使用。据宋兆麟等所著《中国原始社会史》一书可知,我国云南省宁蒗彝族自治县永宁乡纳西族地区,母系亲族所占比例较大,在那里每个人都有自己的名字。

但上古时期人们的名字,还没有与姓氏彻底分离,更多地表现出特定时期的文化特征。人们聚集在一个英雄人物的周围,崇拜并服从他,以他的发明创造作为旗号,因此,很难说这就是个体的名称。比如有巢氏,是人们开始懂得构木为巢、营建住所的标志,《韩非子·五蠹》中说:"上古之世,人民少而禽兽众,人民不胜禽兽虫蛇,有圣人作……使王天下,号之曰有巢氏。"②燧人氏是人们懂得钻燧取火的开端,《太平御览》卷七十八引《礼含文嘉》说:"燧人始钻木取火,炮生为熟,令人无腹疾;有异于禽兽,遂天之意,故为燧人。"③神农氏则是进入农耕文化阶段的标

---

① 王符著,汪继培笺,彭铎校正《潜夫论笺校正》卷六,北京:中华书局,1985年,第296页。
② 王先慎撰,钟哲点校《韩非子集解》卷一九,北京:中华书局,1998年,第442页。
③ 李昉等《太平御览》,北京:中华书局,1960年,第363页。

志,《绎史》卷四引《周书》说:"神农之时,天雨粟。神农遂耕而种之,作陶冶斤斧,为耒耜锄耨,以垦草莽。然后五谷兴助,百果藏实。"①另如黄帝、炎帝、太昊、少昊、颛顼、祝融、共工、蚩尤等,也是这种部落名向私名过渡阶段的产物。当然,也有另外一种可能,就是当时已产生了私名,只不过由于这些英雄的强悍伟大,各有建树勋业,所以他们的名字就成了表征时代特征的代名词和同义语了。

夏代时人们已有了确定的名字。据《史记·夏本纪》的夏世系知,鲧、禹之后,有启、太康、仲康、少康、予(帝宁)、槐、芒、泄等,但在命名上究竟有什么规律,因文献阙如,笔者不好妄做解人。殷商时期帝王以干支命名,是比较有规律的。现以《史记·殷本纪》为据,列殷王世系于后(见下页图)。据此可知,殷商王自帝喾到振等八人,不以十天干为名。微,《国语·鲁语》作上甲微,《山海经·大荒东经》郭璞注引《竹书纪年》作主甲微。这样看来,自上甲微至帝辛(纣)止,三十七王,均以十天干为名。但这种命名究竟有何用意,古今学者说法并不一致。

有人认为是以生日为名。如《白虎通·姓名》中说:"殷以生日名子何? 殷家质,故直以生日名子也。以《尚书》道殷家太甲、帝乙、武丁也。"②《易纬乾凿度》亦云:"帝乙即汤也,殷录质,以生日为名,顺天性也。"③同说亦见于皇甫谧《帝王世纪》,司马贞《史记索隐》引:"微字上甲,其母以甲日生故也。"司马贞曰:

---

① 马骕撰,王利器整理《绎史》,北京:中华书局,2002年,第24页。
② 陈立撰,吴则虞点校《白虎通疏证》卷九,北京:中华书局,1994年,第408页。
③ 无名氏撰《易纬乾凿度》卷下,清刻武英殿聚珍丛书本。

"商家生子以日为名，盖自微始。"① 又《太平御览》卷八十三亦引："帝祖乙以乙日生，故谓之帝乙。"②

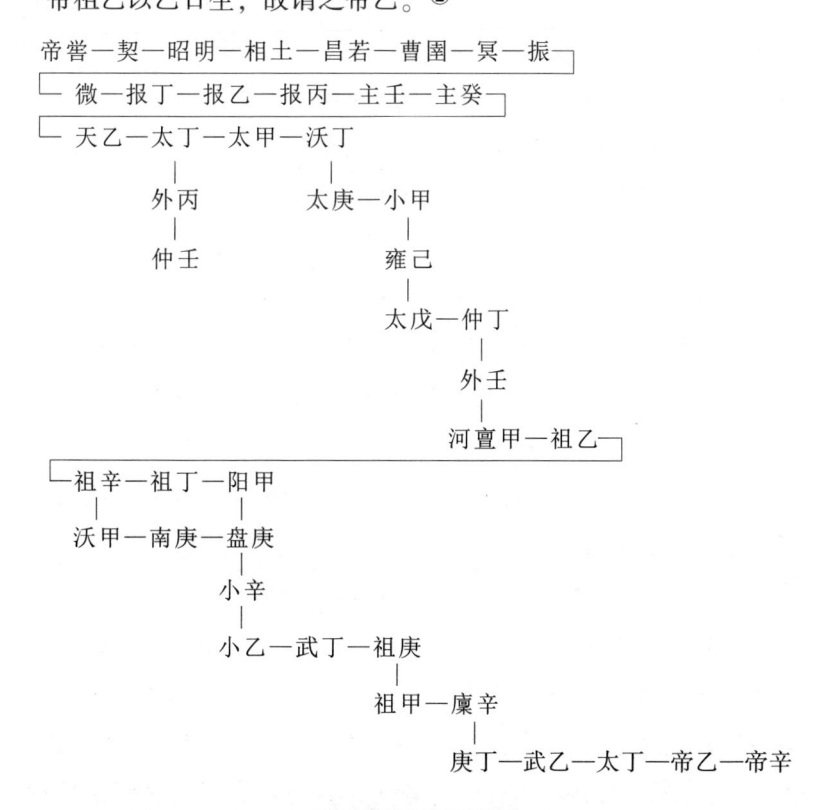

```
帝喾—契—昭明—相土—昌若—曹圉—冥—振┐
┌─────────────────────────────────────┘
└微—报丁—报乙—报丙—主壬—主癸┐
┌─────────────────────────────┘
└天乙—太丁—太甲—沃丁
         │      │
        外丙   太庚—小甲
         │      │
        仲壬   雍己
                │
               太戊—仲丁
                     │
                    外壬
                     │
                    河亶甲—祖乙┐
┌─────────────────────────────┘
└祖辛—祖丁—阳甲
     │
    沃甲—南庚—盘庚
          │
         小辛
          │
         小乙—武丁—祖庚
               │
              祖甲—廪辛
                   │
                  庚丁—武乙—太丁—帝乙—帝辛
```

《殷本纪》殷王世系图

还有人认为是以死日为名。近人董作宾主张此说，他在《论商人以十日为名》一文中讲道："汉人以为甲乙乃生人之名，所以解为'以生日名子'，这是合理的。现在既由甲骨文字证明了甲乙

---

① 司马迁《史记·殷本纪》，北京：中华书局，1959年，第93页。
② 李昉等《太平御览》，北京：中华书局，1960年，第391页。

不是生前的名字，只是死后神主之名，当然以死日忌日为神主之名、祭祀之日，最为合理。若说甲乙是死后的神主之名而取生日为标准，就未免迂远而不近人情。固然，从残缺的贞卜文字里，找出某人的生日，以证明神主甲乙命名的来源，是绝不可能之事，找死日也同样不可能。"①

也有人认为是以庙号为名。如司马贞《史记·殷本纪索隐》引《古史考》："谯周以为死称庙主曰甲也"。又引同书："谯周云：夏殷之礼，生称王，死称庙主，皆以帝名配之。天亦帝也，殷人尊汤，故曰天乙。"②这种看法在后来非常盛行，并对何以称庙号的原因，提出了不同的解释。陈梦家《商王名号考》中认为："我们从周祭祀谱中，知道周祭先王先妣的次序，主要的是依了及位、死亡和致祭的次序而分先后的。……卜辞中的庙号，既无关于生卒之日，也非追名，乃是致祭的次序；而此次序是依了世次、长幼、及位先后、死亡先后，顺着天干排下去的。凡未及王位的，与及位者无别。"③李学勤反对此说，他认为"殷人日名乃是死后选定的"，是通过占卜而定。④ 张光直在分析批判了前人的各种说法之后，提出自己的见解，他认为："以十日（甲、乙、丙、丁、戊、己、庚、辛、壬、癸）为名的习俗不是照旧说根据生日（或死日）而来的，而是死后庙主的分类制度。庙主的分类反映活人的社会身份地位的分类。"⑤

---

① 董作宾《论商人以十日为名》，《大陆杂志》1951年第2卷3期。
② 《史记·殷本纪》，北京：中华书局，1959年，第93页。
③ 陈梦家《殷虚卜辞综述》，北京：中华书局，1988年，第404—405页。
④ 李学勤《评陈梦家〈殷虚卜辞综述〉》，《考古学报》1957年第3期，第123—124页。
⑤ 张光直《中国青铜时代》，北京：生活·读书·新知三联书店，1983年，第172页。

殷商时期，除以天干命名外，人们还另有称谓。如汤、微、纣、子渔、子画等，都是男子之名，而帚婋、帚好之类，都是女子之名。武丁的配偶中也有帚嫘、帚周、帚楚、帚杞、帚婗、帚娕、帚庞等。这样看来，以天干相称并非一般意义上的命名，恐怕别有寓意，故生日说并不可靠，死日说亦有些牵强，庙号（或庙主）说似依据更充分。但究竟为何以十天干作为庙号的次序或庙主的分类，仍有待学人在综合考古、文献与原始人类学原理的基础上，做出更有说服力的解释。

三、姓名的复杂性

姓名作为个体的指称符号，具有简易性的特点，也具有很大的随意性和变化性，就是说人们叫什么名字实际并没有万古不变的定理。

人们当初取名时可能是很偶然的，名字取定后，就是为了表征自我和让别人称呼，所以也没有什么可隐蔽的。但是在上古时期，人们认为万物都是有灵性的，人除了肉体这个皮囊之外，还有一个灵魂存在，灵魂并不是肉体的附属物，而是一个超然的独立存在物，当人有病或死去之后，灵魂就会脱离肉体，在整个宇宙中游荡。人的名字不仅是对肉体的称谓，更主要的是对灵魂的表征，这样便给姓名涂上了一层神秘的色彩，赋予了一种法术意义。这种原始观念随着社会生活的发展便逐渐演变成五姓、名字避讳、谥号等迷信礼仪化、法术心理化、习俗社会化、称谓专有化等等复杂的文化现象，本节择要例举若干。

五姓

古人在谈到姓氏起源时，说当初人们并不知姓什么，是黄帝通过"吹律定姓"的方式才使得人们有了姓。"律"是指律管，即一种定音的乐器，它可以吹奏出宫、商、角、徵、羽五个音阶，相当于简谱中的"1，2，3，5，6"，古人把这五个音阶叫作五音。其中宫为喉音，商为齿音，角为牙音，徵为舌音，羽为唇音，因发音部位和方法不同，发出的声音也就不同。姓据说就是黄帝通过吹律听声区别出来的，因此，人们的姓便与音乐中的五音产生了某种联系。据说"孔子吹律，自知殷后"[1]。汉儒京房本姓李，推律自定为京氏[2]。

到了汉代，这种传说进一步系统化、理论化，并与择宅之术结合起来了。择宅之术，汉时称作"图宅术"或"相宅术"，是推算住宅吉凶的一种法术。堪舆家们利用五行（水、火、木、金、土）相生相克的说法，把五行、五方与五音相联系（木为角，金为商，火为徵，土为宫，水为羽；角属东，徵属南，宫属中，商属西，羽属北），并将姓氏亦按五音的区别，分为五类，称作五姓，如钱属商，田属徵，孔属角，冯属羽，洪属宫等，这样就形成了以阴阳五行为框架的包括五方、五音、五姓的系统模式（见下表）：

---

[1] 王充著，黄晖校释《论衡校释》卷三《怪奇篇》，北京：中华书局，1990年，第165页。
[2] 班固撰，颜师古注《汉书》卷七五《京房传》，北京：中华书局，1962年，第3167页。

五行	金	木	水	火	土
五方	西	东	北	南	中
五音	商	角	羽	徵	宫
五姓	钱	孔	冯	田	洪

《白虎通·姓名》中具体论述了这一模式的生成转化过程："古者圣人吹律定姓，以纪其族。人含五常而生，正声有五，宫、商、角、徵、羽，转而相杂，五五二十五。转生四时异气，殊音悉备，故姓有百也。"[1]堪舆家们"用姓定其名，用名正其字"，进一步运用这一系统论的模式解释住宅与主人的吉凶祸福，认为住宅与主人的姓存在两种情况：一种是"宅宜其姓"，另一种是"宅不宜其姓"。"宅宜其姓"是指从系统论模式来看，房子与主人的关系是谐调相配的，或者是能生成转化的。例如，有一所住宅的方位在东，与五行相配属木，与五音相配属角，那么，姓孔的人住进去就是谐调相配的；姓田的人住进去也是吉利的，因为田是徵音，徵属火，而木能生火，含有子孙旺盛、事业兴隆、生生不已之运兆。但如姓洪的人住进去，就非常不吉利，甚至会有困厄刑罪之灾。因为洪是宫音，宫属土，而木能克土，这就叫"宅不宜其姓"，"姓与宅相贼，则疾病死亡，犯罪遇祸"。[2]

这种理论在汉代曾盛行一时，它与谶纬之学互为表里，影响甚大，信奉者很多。《汉书·艺文志》载有《宫宅地形》二十卷，

---

[1] 陈立撰，吴则虞点校《白虎通疏证》卷九，北京：中华书局，1994年，第401页。
[2] 王充著，黄晖校释《论衡校释》卷二五《诘术篇》，北京：中华书局，1990年，第1028页。

《隋书·经籍志》载有《宅吉凶论》三卷、《相宅图》八卷，都是讲这类法术的。但在当时也受到一些学者的批判，东汉思想家王充在《论衡·诘术篇》中质问道：

> 且今府廷之内，吏舍连属，门向有南北；长吏舍传，间居有东西。长吏之姓，必有宫、商；诸吏之舍，必有徵、羽。安官迁徙，未必角姓门南向也；失位贬黜，未必商姓门北出也。或安官迁徙，或失位贬黜何？……五音之家，商家不宜南向门，则人禀金之性者，可复不宜南向坐、南行步乎？一曰：五音之门，有五行之人，假令商姓口食五人，五人中各有五色，木人青，火人赤，水人黑，金人白，土人黄。五色之人，俱出南向之门，或凶或吉，寿命或短或长。凶而短者，未必色白；吉而长者，未必色黄也。五行之家，何以为决？南向之门，贼商姓家，其实如何？[①]

王充还说匈奴人连姓都没有，照样"自以寿终"，哪里有一点"甲乙之神"为祸福的影子呢？"事理有曲直，罪法有轻重"，人的吉凶祸福与五姓毫不相干。东汉后期的另一位思想家王符在《潜夫论·卜列》中也说："亦有妄傅姓于五音，设五宅之符第，其为诬也甚矣！"[②]都认为"五姓"之说虚妄无稽，不可相信。汉代术士

---

① 王充著，黄晖校释《论衡校释》卷二五《诘术篇》，北京：中华书局，1990年，第1038—1039页。
② 王符著，汪继培笺，彭铎校正《潜夫论笺校正》卷六，北京：中华书局，1985年，第296页。

对姓与吉凶的解释确实牵强附会,漏洞百出,经不起推敲。唐代吕才在《叙宅经》一文中对此亦有详细的驳斥:"至于近代师巫,更加五姓之说。言五姓者,谓宫商角徵羽等,天下万物,悉配属之,行事吉凶,依此为法。至如张王等为商,武庾等为羽,欲似同韵相求。及其以柳姓为宫,以赵姓为角,又非四声相管。其间亦有同是一姓,分属宫商,复有复姓数字,徵羽不别,验于经典,本无斯说。诸阴阳书,亦无此语。直是野俗口传,竟无所出之处。唯按《堪舆经》云:黄帝对于天老,乃有五姓之言。且黄帝之时,不过姬姜数姓,暨于后代,赐族者多,至如管蔡郕霍,鲁卫毛聃,郜雍曹滕,毕原酆郇,并是姬姓子孙;孔殷宋华,向萧亳皇甫,并是子姓苗裔。自余诸国,准例皆然。因邑因官,分枝布叶,未知此等诸姓,是谁配属宫商?又检《春秋》,以陈卫及秦,并同水姓;齐郑及宋,皆为火姓。或承所出之祖,或系所属之星,或取所居之地,亦非宫商角徵羽其相管摄,此则事不稽古,义理乖僻者也。"[1]经过几代学者不懈的理性批判,后代的堪舆家们对五姓与住宅吉凶的关系也不再强调了。

名字避讳

原始民族的人们对于语言和事物不能明确地区分,他们认为名字和所指称的对象不仅具有观念上的联系,而且具有实在的物质联系,"北美印第安人把自己的名字看作不仅是一种标记,而且是自己的一部分,正如自己的眼睛和牙齿一样,并且相信对自

---

[1] 董诰等编《全唐文》卷一六〇,北京:中华书局,1983年,第1640页。

己名字的恶意对待就会像损害自己机体一样造成同样的损害。从大西洋到太平洋的许多部落中都有这种信念,由此还产生了许多隐瞒和更改名字的奇怪规定。有些爱斯基摩人年老时又取了新的名字,希望获得新的生命。西里伯斯的托兰波人相信只要你写下一个人的名字,你就可以连他的灵魂和名字一起带走。今天仍有许多未开化的民族把自己的名字看作自身生命的重要部分,从而极力隐讳自己的真名,恐怕给不怀好意的人知道后用来伤害自己"。①

古代中国对称名也有许多禁忌。首先是对乳名的禁忌与保护。《礼记·内则》中说,孩子出生三个月后由父亲为孩子命名,然后写明"某年某月某日生,而藏之",这种禁忌,实际上就是将名字法术化。《搜神记》中曾记载了这样一个故事:某家生了一小孩,有两个鬼来叩门,家中人没有听见。一鬼从后门走进屋里,片刻而出,外面的那个鬼问:"此儿叫什么名字,该给他多少岁数?"进屋的那个鬼便说:"小孩乳名叫奴,只能活十五岁。"②这就是因乳名为鬼神所知而受其制的例子。李惠颜先生根据其对民俗的研究总结道:保护乳名,否则有仇人将乳名施用巫术。据民间传说,巫术的性能可以由人的乳名、生日的年月日时而施术以置人于死,所以乳名不能直呼。③《太平广记》引《妖乱志》说,

---

① [英]詹姆斯·乔治·弗雷泽《金枝》,徐育新、汪培基、张泽石译,北京:商务印书馆,2012年,第405页。
② 干宝撰,李剑国辑校《搜神记》卷二二"陈仲举"条,北京:中华书局,2019年,第362页。
③ 李惠颜《广州市民间禁忌语之初步研究》(北京大学图书馆藏手抄本)。又收于程焕文、吴滔主编《民国时期社会调查丛编》(岭南大学与中山大学卷)中册,福州:福建教育出版社,2014年。

唐代吕用制作了一个桐木偶人，偶人的背上刻着仇人高骈的籍贯、生辰八字和姓名。所以，高骈便神不知鬼不觉地被吕用所挟制，吕用好像得到神助一般。① 后代给死囚的名字上画十字、打叉，焚烧所痛恨者的名字和模拟像，实际上都是名字法术化的变体。

由这种保护乳名引申出来的，便是为了使小孩命硬，具有反巫术的能力，于是有意识选取一些坚硬、猛烈、凶狠或污秽不洁之物的名称作为小孩的乳名，即人们一般说的取贱名。

古人认为小儿出生后，极易受到外界各种因素的伤害，并且要经过阎王关、天吊关、和尚关、落井关等关煞。因而民间多给孩子取恶名、贱名，用来欺骗鬼怪，引起鬼怪的厌恶，或者通过一些尖锐硬猛之物的命名来获得反巫术的力量，战胜鬼怪。早在春秋时期，取贱名的习俗可能即存在。鲁文公给儿子取名恶，齐田氏给儿子取名乞，晋惠公给儿子取名为圉（当时奴隶的名称）、给女儿取名叫妾，卫宣公有大臣名叫司空狗。南朝刘宋时也有人名叫常咬住、常酸奴等，恐怕都是出于避邪的目的。据《扪掌录》记载，欧阳修有个孩子叫僧哥，有个和尚问他："公不重佛，安得此名？"欧阳修回答说："人家小儿，要易长育，往往以贱物为小名，如狗、羊、犬、马之类是也。"② 意思是说他因不齿于僧佛，故命小孩为僧哥。唐代"安史之乱"中，帮助安庆绪刺死安禄山的契丹人叫李猪儿。辽代皇族中有人名驴粪，金朝则有刑部郎中海

---

① 李昉等《太平广记》卷二八三，北京：中华书局，1961年，第2260—2261页。
② 元怀《扪掌录》，上海：商务印书馆，1939年，第2页。

狗、四方馆史李瘤驴、唐括狗儿、完颜猪儿等，金兀术之孙名叫羊蹄，胡沙虎之子名叫猪粪。元代还有人名叫石抹海狗、宁猪狗、丑驴等等。魏晋南北朝时，还有一种生男诡称生女的习俗，"以其形新魄怯，虑鬼物知而通摄，不欲诚告"。古代男尊女卑，男孩子娇贵，也易于被鬼怪作祟，女孩子卑贱，但很少为鬼怪所作祟，所以生下男孩子而诡称为生女。另外，在命名时，也用假女、假妹之类称呼。现代北方人给小孩起名字也常用虎子、铁柱、铁锤、狗剩等，就是古代取贱名风俗的延续。在陕北农村，有些老乡为了让自己的宝贝儿子能无灾无害，甚至用茅缸（即茅厕）、粪蛋这样一些不洁之物来命名，狗蛋、猫蛋、狗狗、猫猫（毛毛）甚至被作为对小孩的昵称。南宋著名豪放派词人辛弃疾，曾填《清平乐》词一阕并注曰："为儿铁柱作。"词云："灵皇醮罢，福禄都来也。试引鹓雏花树下，断了惊惊怕怕。从今日日聪明，更宜潭妹嵩兄。看取辛家铁柱，无灾无难公卿。"①可以看出这种通过命名来获取战胜邪恶力量的习俗由来已久，已内化和积淀为一种民族文化心理。从周边少数民族到中原汉族，从下层市井社会到上层贵族精英，都对此习俗很熟，受此种心理暗示的影响很普遍。

讳名的另一种方式就是隐秘闺名。在古代社会中，男女不仅"授受不亲"，甚至互不通问，女子一般养在深闺，不能外出活动，最多在厅院和后花园走动走动。她的名字也只能在闺阁之内

---

① 辛弃疾撰，邓广铭笺注《稼轩词编年笺注》卷二，上海：上海古籍出版社，1993年，第142页。

流行称呼，不能让外人知道，特别是不能让男子知道，一旦暴露了闺名，就好像裸露了肉体一样，有伤风化。男女两家议婚的时候，也不是一开始就通名报姓。婚配六礼，要到第三礼才能问名，足见古人对闺名的重视。这种风俗除了具有封建伦理思想的色彩外，恐怕还有更隐蔽潜在的原始文化心理，就是笔者前面所谈到的，古人认为名字不仅是人的肉体的称谓，而且是人的灵魂的表征，名字一旦被别人知道，灵魂也会被人摄去，名字被陌生人污辱，那么精神也肯定不清白了。

讳名最典型的就是避讳制的形成。所谓避讳，简单地说就是不能直接称呼君主或尊长的名字，凡遇到和君主尊长名字相同的字，就用代字、改字、缺笔、拆字和缺字等方法来回避，下面举一些例子来具体说明：

秦庄襄王名子楚，秦朝便把"楚"改为"荆"。《史记·秦始皇本纪》："二十三年，秦王复召王翦，强起之，使将击荆。""荆"，就是指楚国。秦始皇名政，故改正月为端月。

汉高祖名邦，故汉时典籍将"邦"字一律改为"国"。《论语·微子》中有"何必去父母之邦"一句，在汉石经残碑上作"何必去父母之国"。

汉文帝名恒，故在《史记》中，恒山被改为常山。

隋炀帝名广，文面上遇至"广"都改为"博"，隋曹宪为《广雅》一书作音释时，就只得把书名改为《博雅》。

唐太宗名世民，"世"改为"代"或"系"，"民"改为"人"。柳宗元《封建论》把"三世"改为"三代"，把"生民"改成"生人"，《捕蛇者说》一文则把"民风"改为"人风"。《世本》一书被改为《系本》。

唐高宗名治,"治"改为"理",或改为"持"与"化"。李贤把《后汉书·曹褒传》中"治庆氏礼"改成"持庆氏礼",把《王符传》中"治国之日舒以长"改成"化国之日舒以长"。柳宗元将《封建论》中的"继世而治"写成"继世而理"。

唐玄宗名隆基,改"隆"为"兴"或"昌"。唐长安外郭城中的隆庆坊被改为"兴庆坊",隆庆宫被改为"兴庆宫",诗人李白的故乡隆明县,被改为"昌明县"(今四川江油市)。

清圣祖(康熙皇帝)名玄烨,"玄"改为"元","烨"改为"煜"。清人著作或清人刻印的古书中,凡是本应该作"玄"字的,如玄鸟、玄武、玄黄等,均被改为"元"了。

有时连君王的小名也要避讳。据《清稗类钞》记载,在慈禧垂帘听政的某年,新科进士参加朝考,试题为"麦天晨气润",有一个进士诗中用了"翠浪"二字,阅卷者见之,大为惊恐,原来慈禧的小名叫翠妞儿,馆阁中应试,均避"翠"字。但是只有久居京师的人才知道,外省举子大多不知。这份考卷虽然诗文俱佳,有人拟为周全,然而京中俗语,以"浪"为妇女风骚的代词,"翠"字已不可用,何况更加一"浪"字呢?倘进呈太后,恐触"圣怒",无人敢负其责,此卷遂被摈斥。"翠浪"二字,就这样断送了一个新科进士的锦绣前程。

一些寓有王霸思想的字眼,有时也是要避的。如《容斋随笔》中说:"政和中,禁中外不许以龙、天、君、玉、帝、上、圣、皇等为名字。于是毛友龙但名友,叶天将但名将,乐天作但名作,句龙如渊但名句如渊,卫上达赐名仲达,葛君仲改为师仲,方天任为大任，方天若为元若，余圣求为应求，周纲字君举改曰元举，程振字伯玉改曰伯起，程瑀亦字伯玉改曰伯禹，张读字圣行改曰彦行。"①

《能改斋漫录》亦记载道："政和八年七月，迪功郎饶州浮梁县丞陆元佐上书：'窃见吏部左选，有徐大明者为曹官，有陈丕显者为教官。盖大明者文王之德，丕显者文王之谟，又况大明者有犯神明馆御殿，臣故曰有取王者之实，以寓其名。窃见饶州乐平县有名孙权者，浮梁县有名刘项者，臣故曰有取霸者之迹，以寓其名云云。……恭睹政和二年春，赐贡士第，当时有吴定辟、魏元勋等十余人，名意僭窃，陛下或降或革。'奉御笔：'陆元佐所言可行，下逐处并所属，令改正禁止。'"②

除避君讳外，古人还很重视避家讳。鲁迅在《魏晋风度及文章与药及酒之关系》中曾谈到魏晋六朝时的这个习俗：

> 比方想去访一个人，那么，在未访之前，必先打听他父母及其祖父母的名字，以便避讳。否则，嘴上一说出这个字音，假如他的父母是死了的，主人便会大哭起来——他记得父母了——给你一个大大的没趣。③

古人对家讳特别注意，凡拜访他人，必先打听其人的家讳，

---

① 洪迈撰，孔凡礼点校《容斋随笔·续笔》卷四，北京：中华书局，2005年，第269页。
② 吴曾《能改斋漫录》卷一三，上海：上海古籍出版社，1979年，第384页。
③ 《鲁迅全集》第3卷，北京：人民文学出版社，2005年，第530—531页。

以免误触。北齐的孝昭帝高演，聪敏异常，博闻强记，"所与游处，一知其家讳，终身未尝误犯"①。唐代还流行一种叫《讳行录》的社交指南手册，将达官贵人和知名人士的家讳及行第依次列出来。知道家讳是为了避免误犯，知道行第则是为了称呼亲切。

汉淮南王刘安的父亲名长，他和他的门客便将用"长"处改为"修"。如《老子》中有"长短相形"，《淮南子·齐俗训》引作"短修相形"。

司马迁父亲名谈，故在《史记》中改"谈"为"同"。如有人名张孟谈，在《史记·赵世家》中则被改为张孟同，还有人名赵谈，在《佞幸传》中被改为赵同。

苏轼的祖父名序，所以苏洵文章中凡遇"序"处便改作"引"，苏轼为人作序又改为"叙"字。

三国以来，不但要避讳与君王尊长名字相同的字，有时甚至还要避嫌名，即与君王尊长名字音同或音近的字。隋文帝的父亲名忠，"忠"与"中"同音，故将官名"中书"改为"内史"。唐代著名诗人李贺的父亲名晋肃，因为"晋"和"进"同音，李贺欲参加进士科考试，竟遭人非议。他空怀满腹经纶、锦绣文章，却不能"立登要路津"，将一段前程给耽误了。韩愈为此专门写了一篇题为《讳辩》的评论文章，为李贺辩解，对这种避讳陋习进行了质疑：

今贺父名晋肃，贺举进士，为犯"二名律"乎？为犯"嫌

---

① 李百药《北齐书》卷六《孝昭纪》，北京：中华书局，1972年，第79页。

名律"乎？父名"晋肃"，子不得举进士，若父名"仁"，子不得为人乎？①

诚可谓一针见血，痛快淋漓！只是这种习俗早已制度化了，即使像韩愈那样颇负盛名的人出来仗义执言，代鸣不平，奔走呼吁，也难以改变现状。

《唐律·职制篇》还曾规定"居官避家讳"的条例："诸府号官称，犯父祖名，而冒荣居之……者，徒一年。"②《疏议》中具体解释说：府有正号，官有名称。假若父名卫，那么子不得于诸卫任官，祖父名安，那么孙不得任长安县职之类，违者就叫府号犯祖、父名讳。假若父名军，子不得做将军，或者祖父名卿，孙不得任诸卿之类，违者就属官称犯祖、父名讳。凡属这种情况，都必须自己申报，不得辄受，否则就要以法惩处。这样看来，李贺"不得举进士"的事在唐代绝非偶然，而韩愈《讳辩》亦非虚张声势，确实是有所指的。他不仅驳斥了流言蜚语，而且将抨击的矛头直接对准大唐的法律。

除此之外，据说东晋时，司徒王导打算调朝官王舒出任会稽内史，可是王舒的父亲名会，所以他以避讳为借口，要王导收回成命。而王导因诸种原因又非要王舒出任此职，有人也趁机说会稽之会与人名之会字同而音不同（会稽之会读 kuài），王舒则坚持

---

① 韩愈撰，马其昶校注，马茂元整理《韩昌黎文集校注》卷一，上海：上海古籍出版社，1986年，第61页。
② 长孙无忌等撰，刘俊文点校《唐律疏议》卷十，北京：中华书局，1983年，第206页。

"音虽异而字同，求换他郡"。于是，王导只得让步，将会稽改为邻稽，王舒才去赴任。五代时的刘熙古，同李贺的遭遇类似，也因为祖父名实进而不得参加进士考试。宋代的吕希纯，因父亲名公著，所以不出任著作郎之职。明代的朱希周，因父亲名文云，所以在临死前专门叮嘱子孙，如果朝廷给他赐谥号，千万不能接受触犯家讳的名号，朝廷只好给他授以"恭靖"的谥号。在科举考试时，如果考生遇到试题中有犯家讳的字，必须中止答题，退出考场。钱易《南部新书》中说："凡进士入试，遇题目有家讳（谓之'文字不便'），即托疾，下将息状求出，云：'牒某忽患心痛，请出试院将息，谨牒如前。'暴疾亦如是。"①

家讳避来避去，最后到了"下笔即妨，是书皆触"②的程度，妨碍了人们的基本表达和正常交往，也使它由隆敬尊崇变为虚假伪善。据说隋朝有人名刘臻，喜欢吃蚬，可他的父亲名显，与蚬同音，他既怕犯讳，又割舍不掉舌尖上的诱惑，后来灵机一动，将蚬改称扁螺，仍然照吃不误。古代一些通达开明之士，对家讳提出过一些修正意见，如曹魏时王昶曾引汉代马援诫其兄子的话说："闻人之恶，当如闻父母之名，耳可得而闻，口不可得而言也。"③宋代的杜衍干脆说：家讳"在我而已，他人何预焉"④！

---

① 钱易、黄寿成点校《南部新书》丙，北京：中华书局，2002年，第35页。
② 夏家善主编，夏家善、夏春田注释《颜氏家训·风操第六》，天津：天津古籍出版社，2016年，第50页。
③ 陈寿撰，陈乃乾校点《三国志》卷二七《王昶传》，北京：中华书局，1959年，第746页。
④ 吴处厚撰，李裕民点校《青箱杂记》卷二，北京：中华书局，1985年，第19页。

家讳之外，还有所谓的"宪讳"，指在官场和社交圈中，下属不能直呼长官的名字。五代时有五朝元老冯道，幕僚在讲解《老子》一书时，为了避讳，将开篇"道可道，非常道"六字，读为"不敢说，可不敢说，非常不敢说"①。又周密《齐东野语》卷四"避讳"条记载："宣和中，徐申幹臣，自讳其名，知常州，一邑宰白事，言'已三状申府，未施行'。徐怒形于色，责之曰：'君为县宰，岂不知长吏名，乃作意相侮！'宰亦好犯上者，即大声曰：'今此事申府不报，便当申监司，否则申户部，申台，申省，申来申去，直待身死即休。'语罢，长揖而退。徐虽怒，然无以罪之。"②

除避讳改字外，还有避讳缺笔，这是唐代以来产生的。如为避唐太宗李世民讳，"世"字作"卋"；宋代避真宗赵恒讳，"恒"字作"怛"；清代避清世宗胤禛讳，"胤"字作"胤"。唐以后，为避孔子讳，"丘"字改写作"丘"。

此外，还有避讳缺字。就是临文遇到要避讳的字，干脆空缺不写或加一个方框，有时也可以注上"御名""上讳"等小字。如唐代魏徵等所修撰的《隋书》中，"韩擒虎"就被写作"韩擒"，空缺一字，避唐高祖李渊祖父李虎的名讳。唐代姚思廉修撰的《梁书》中将萧渊明、萧渊藻称为萧明、萧藻，也是为避李渊的名讳。因避讳而空缺，造成古籍文字上的混乱。比如隋代王世充，在唐代要避太宗名讳，那么就要写成"王充"，这样极易与汉代的思想家

---

① 曾慥《类说》卷四九引《籍川笑林》，文渊阁《四库全书》本。
② 周密撰，张茂鹏点校《齐东野语》卷四，北京：中华书局，1983年，第63—64页。

王充混淆。所以，如果多学习一些古代的姓名避讳知识，对于从事古籍整理或者阅读史料笔记，都有很大的帮助作用。

　　为避帝王的名讳，不光有大量的改名之事，还有一些改姓的例子。如姓籍的人为避西楚霸王项羽（名籍）讳，改为席氏。姓奭的人为避汉元帝刘奭讳，改为盛氏。姓庄的人为避汉明帝刘庄讳，改为严氏。姓庆的人为避汉安帝父讳，改为贺氏。姓师的人为避晋景帝司马师讳，改为帅氏。姓弘的人为避唐高宗的太子李弘讳，改为洪氏。姓姬的人为避唐玄宗李隆基讳，改为周氏。姓淳于的人为避唐宪宗李纯讳，改为于氏。姓啖的人为避唐武宗李炎讳，改为澹氏。

　　类似的情况还有，五代时王审知据闽，建立政权，闽人为避名讳，姓沈的只好去掉三点水改姓为尤氏。为避吴越王钱镠讳，姓钱的改为金氏，据《宋史·吴越钱氏世家》记载，宋代初年还专门下过诏令，凡浙中改姓金氏者悉可还复本姓。又据《闻见后录》称，宋初名臣文彦博本姓敬，后晋时期避石敬瑭讳，改为文氏，后汉时期复原姓敬，入宋后为避翼祖赵敬之讳，再次改姓文氏。

　　在前现代社会，帝王尊贵威严，迫使臣民改名改姓，曾被视为天经地义，有时甚至连天上的神仙也不能幸免。那个在广寒宫中"寂寞舒广袖"的仙女嫦娥，原本叫恒娥（恒是姓），因汉文帝名恒，于是仙女恒娥也只好屈从，改为嫦娥了。老子早在两千多年前就曾一针见血地指出："天下多忌讳，而民弥畔（叛）。"①

---

① 《老子》第五十七章。按"畔（叛）"字，通行本多作"贫"，郭店简本作"畔（叛）"，今从之。

当然，避讳制是在历史发展过程中形成的，有一些也并非定规，可以变通，有一些在上古时期并无严格限制，到后代才逐渐成了禁令。对此，古人曾做了一些探讨，认为以下几种情况可以不避讳：

已祧不讳。祧是指将隔了几代的祖宗的神主迁入远祖的庙中，《礼记》中有"舍故而讳新"的说法，所以一般认为已迁之祖的名可以不避讳。唐宪宗元和元年(806)礼仪使曾上奏说，高宗、中宗的神主已迁入远祖庙中，请求依礼不讳。宪宗下诏准奏。唐文宗开成年间所刻的石经，对于已祧的高、中、睿、玄四宗的名字皆不避讳。又，宋高宗绍兴三十二年正月，礼部太常寺上奏道："钦宗祔庙，翼祖当迁。……所有以后翼祖皇帝讳，依礼不讳。"高宗诏令准许。①

皇太子名不讳。据《日知录》卷三十二载：唐兵部尚书王绍的名字当初与宪宗李纯相同，而李纯时为广陵王。顺宗即位，将册封宪宗为皇太子。于是，王绍上书请求改名。诏令群臣讨论，有人认为皇太子也是人臣，故不必讳太子名。假如是太子东宫中的侍从，则必须避讳。但王绍似乎仍然改了名，所以，不讳太子名看来并非定制。如前面所列举的姓弘的人，就是为了避高宗的太子李弘的讳，才改为洪氏。明代崇祯时兵部主客司主事贺烺，也曾因避皇太子名而名世寿。

二名不偏讳。二名，就是我们现在常说的双字名。据说孔子的母亲名征在，但《论语》中却有"宋不足征也""某在斯也"等语，

---

① 脱脱等《宋史》卷一〇八，北京：中华书局，1977年，第2609页。

可见孔子并不讳二名。所以,《礼记·曲礼》中有"二名不偏讳"的说法。唐太宗李世民在位时,二名不相连者并不讳。他曾下令"其官号、人名及公私文籍有'世'及'民',两字不连续者,并不须讳"。当时大臣中有人名叫虞世南,官署中有民部。后唐明宗李嗣源也曾下敕说:"应文书内所有二字,但不连称,不得回避。……任自改更,务从私便,庶体朕怀。"①实际上,孔子生活的时代,讳法还属草创,并不严格;而太宗皇帝一代英主,敢于对礼法有所创改,并不拘泥;至于李嗣源则以李克用养子的身份,靠兵变登基,欲以宽宏仁爱收买人心,所以故作姿态。纵观整个封建社会,二名还是要讳的。

不讳嫌名。嫌名指名字的声音相同或相近。《礼记·曲礼》中说:"礼不讳嫌名。"注:"嫌名,谓音声相近,若'禹'与'雨','丘'与'区'也。"疏:"'禹'与'雨'音同而义异,'丘'与'区'音异而义同,此二者各有嫌疑……如此者不讳。"②但实际上,后世讳法逐渐严格,嫌名也要讳。顾炎武认为嫌名之讳,具体始于隋朝。如前面曾列举隋文帝的父亲名忠,而官名有"中"字音者,都改为"内"。唐德宗《重阳日赐宴曲江亭赋六韵诗用清字》诗中有:"时此万枢暇,适与佳节并。"③其中的"枢"字本应作"机",因与玄宗皇帝之名李隆基之"基"音同而讳。唐德宗名适(音 kuò),故括州被改为处州。另外,李贺应进士举的事,即便是从讳法来

---

① 《御名二字不连称不得回避敕》,见董诰等编《全唐文》卷一〇八,北京:中华书局,1983年,第205—207页。
② 《礼记》卷三《曲礼上》,见阮元校刻《十三经注疏》,北京:中华书局,1980年,第1251页上。
③ 《全唐诗》卷四,北京:中华书局,1960年,第44页。

看，既合于"嫌名不讳"，又合于"二名不偏讳"，但仍然要遭到别人的诽谤。由此看来，对于避讳制的变通是很有限的，即使从理论上说是不违背禁令的，但在实际中人们也不敢越雷池一步，冒天下之大不韪。

讳名不讳姓。《孟子·尽心》说："讳名不讳姓。姓所同也，名所独也。"换句话解释，就是说姓是氏族共同的标志，不必避讳，而名是个人的称谓，所以必须避讳。但据说明武宗朱厚照当政时，曾因猪与皇姓"朱"同音而禁天下养猪、杀猪。如有违犯，就将全家发配到边疆去充军。

避讳的通则除上列外，还有诗书不讳、临文不讳、旧名不讳、已废不讳、讳上不讳下、讳公不讳私等规定，相互间既有关联，又有交叉矛盾，学界已有不少成果①，此不赘述。

加谥

古代的帝王、诸侯、贵戚、大臣死后，朝廷要按照封建社会的道德标准，并根据死者的生平表现追加一个称号，古代把这叫作"加谥"或"追谥"，追加的称谓叫"谥"或"谥号"，评定谥号的规定和制度叫"谥法"。关于谥号的具体内容，下章还要专门讨论。谥号的实质和目的，一般都认为是褒贬善恶。但笔者认为，谥起初也具有某种禁忌的法术功能。因为在古人看来，人死后他的鬼魂仍附留在生前的旧名字上，因此，为避免提起死亡者的旧

---

① 范志新《避讳学》，台北：学生书局，2006年。向熹《汉语避讳研究》，北京：商务印书馆，2016年。

名字，招致鬼魂闻名而返，对生者作祟，就必须给死者另定称谓。据弗雷泽考察，澳大利亚土著人中最严格遵行的习俗之一就是绝不许提起一个死者(不管是男是女)的名字，如果大声说到某一已离开人世者的名字，就是对他们最神圣观念的极端违犯，所以人们总是谨慎地不去触犯，"这一习俗的主要动机似乎是害怕触怒鬼魂"。维多利亚土人也极少提起死者的名字，偶尔提起时总是用压抑的嗓音说"逝去的人"或"那不再在人世的可怜人"。他们认为，谈到死者时如果说出他的名字，就会激起死者鬼魂的愤恨，所以人们总是"小心避讳不说死者名字。万一不得不说时，也必须轻声细语，轻微到他们认为鬼魂听不到他们的声音的程度"。① 宋兆麟等所著《中国原始社会史》称："黎族禁止说祖先的名字，如果外氏族的人有意说自己祖先的名字，能引起械斗。云南凉山彝族把祖先灵牌藏于山岩，严禁他人移动，否则也会发生打冤家。"② 为了防止死者的鬼魂作祟，就必须防止提起死者的旧名字，给死者一个新的命名或称呼，据说如此能避免死者鬼魂的纠缠，这恐怕就是谥号的原始含义。

因避讳改名、改姓，最初包含着对姓名禁忌的法术意义。这一习俗不仅在古代中国，在古代西方也普遍存在。古代希腊高贵祭司的名字当他们在世之日是不能称呼的，如果称呼便是犯法。祭司们还要把自己的名字刻在铜牌或铅牌上，然后扔在大海的深

---

① [英]詹姆斯·乔治·弗雷泽《金枝》，徐育新、汪培基、张泽石译，北京：商务印书馆，2012年，第416—417页。
② 宋兆麟、黎家芳、杜耀西《中国原始社会史》，北京：文物出版社，1983年，第486—487页。

水里。"这样做的意图无疑要将名字深深地藏起来,还有什么比沉入海底更为可靠呢?什么样的人类眼光可以侦察出在碧海深处闪闪发光的它们呢?"①但这种原始的巫术活动后来逐渐被习俗化,残存在落后边远地区的文化中。另一方面,它又慢慢地演变为一种礼仪,被道德化和法律化,成为维护集权统治者至高无上权力的一种文化方式,是强化臣民畏服心理的一种武器。法术的神秘意义被等级专制的严苛所取代,社群组织给个体成员的识别符号,又深深地打上了等级与专制的烙印。

在古代中国,这种现象更为典型。从前面所大量列举的避讳、加谥的例子不难看出,表征自我存在的称谓符号,是如何在社会历史中一步步地被神秘化、等级化、权力化、制度化。如果说保护乳名、用不洁之物取恶名贱名、隐秘闺名还带有原始宗教的残存,出于对灾难的恐惧和法术的崇拜,表现出人对自身和自然物稚拙天真的认识,是一种原始文化心理在起作用,那么,避讳制的逐步形成和谥法的完善,则是人们有意识地利用习俗来完成某种政治使命,利用巫术来达到某种超宗教的目的。这样,本来纯属个人区别符号的名字中,便填充进许多社会、政治、伦理的杂拌物,在不自由的时代,个体的人唯一可自由取用的符号上,也悬挂出许多禁令,成为布满危险的雷区。姓名本是一种普遍的文化现象,但在礼法和等级森严的古代社会中,却透露出极强烈的反文化意味。

---

① [英]詹姆斯·乔治·弗雷泽《金枝》,徐育新、汪培基、张泽石译,北京:商务印书馆,2012年,第428页。

第二章　姓名的构成

　　幼名，冠字，五十以伯仲，死谥，周道也。

　　　　　　　　　　　　　　　《礼记·檀弓上》

　　现代人的姓名构成比较简单，只有姓与名这两部分。但在古代非常复杂，名目特别繁多。比如我们现在所说的姓氏，是一个合成词的连用，但在先秦时期，姓与氏是有严格区别的，姓是为了"别婚姻"，而氏则是为了"明贵贱"。我们现在所说的名字也是一个合成词，不必再单独拆开来理解，但在古代，名与字也是有区别的，名是"自纪自称"的，字则是在成人礼时所获得的新命名，是让别人称呼的。古人还有所谓的"号"，包括自号、别号、法号、道号、室号、谥号等等，也是现代人所少有的。

　　另外，古人的姓名顺序也与现代人不同。现代汉民族的姓名结构一般是姓在前，名在后，而先秦时期却不尽如此，男子的称谓结构中可以没有姓，女子的称谓中却必须有姓。同姓的女子为了互相区别，就在姓的前面加上排行序数，出嫁后则在姓的前面加上自己所在国的名称，也可以加上丈夫所在国的名称，丈夫死后则在姓的前面加上丈夫的谥号。所以，一个贵族女性可能有许多称呼。古代的贵戚官宦、文人墨客有时又以称官职、称地望、称排行、称别号为雅事，形成了称谓的多样性和丰富性，同时也导致了称谓的复杂和混乱。

对此，明朝时来中国传教的利玛窦神父，曾在日记中好奇地评述道：

中国人有几个本名的习惯是很有趣的，也是在欧洲所从未听说过的。如前所述，每个人都继承他的家族的古老而不可改变的姓氏，但名字的情况却不如此。它们是按与家族姓氏多少有关的意义而创造的。名字通常写起来是一个单字，也发一个单音，那实际上是一回事。然而，它也可能包含两个音节。这些名字中的第一个是父母给子女取的。女孩和成年妇女除了姓以外没有别的名字。她们按出生排行得到一个数目。男人和男孩的第一个名字只能让父母和较老的亲戚叫，所有别的人都按兄弟排行用数目称呼他，正像他们的姊妹被称呼那样。在拜帖或名片以及书信和其他写作中，他们签署父母为他们取的第一个名字。如果不是父母，不管是同辈人或上级，用这第一个名字称呼一个人或是提到某人父母或亲戚时用了这个名字，那就不仅被认为是失礼，而且是一种正面的侮辱了。一个男孩初次上学时，他的老师给他取一个新名字，叫作学名，是只有老师和同学使用的。到了弱冠之年或结婚时，则由一位著名官员荣授给他另一个尊称，这就叫作字。除了家中佣人以外,谁都可以用这个名字称呼他。最后,一个人到了中年,就又得到一个所谓的大名(指"号"),这是由地位最高的官员授予他的。不论他在场或不在场,谁都可以提他的这个名字,虽然他们的父母和年长的亲戚在他有了字以后就只称他的字。如果一个人参加了某个特殊的教派,介绍他入教的学士就又给他另一个名字,作为法名。虽然来访人的拜帖上都有家族姓氏和他的第一个名字,但人们在以官方身份互访时,都要请教别人更体面的名字,免得称呼时失礼。[1]

利玛窦所述,并不完全符合中国古代的命名习惯,但它是一个西方人对神奇的中国姓名文化兴趣盎然的粗浅了解。这位神父对汉语姓名的构成、命名的方式及习惯不厌其烦地罗列记述,正显示出中国文化的博大精深与玲珑别致、历史传统的古老悠久和坚定不移。他在字里行间所流露出的新鲜感和惊叹感,也足以说明中西文化的区别和差异,不仅表现在社会政治、创造发明、思维模式和性格特征上,就是在姓名结构和命名方式上,也存在着深刻的差别。汉语姓名的许多特点,不仅是历史传统的映现,同时也是民族性格和审美情趣的折射。

---

[1] [意]利玛窦、金尼阁《利玛窦中国札记》,何高济、王遵仲、李申译,北京:中华书局,1983年,第83—84页。

一、姓辨血缘

前面已经谈过,姓是一个血缘氏族的统一番号,是人的文明之根。姓产生于母系氏族社会中,是由一个共同的老祖母繁衍遗传下来的。人为什么要有姓呢?姓的作用又是什么呢?关于这个"本原"问题,班固在《白虎通·姓名》中曾解释道:

> 人所以有姓者何?所以崇恩爱,厚亲亲,远禽兽,别婚姻也,故纪世别类,使生相爱,死相哀,同姓不得相娶者,皆为重人伦也。①

班固的这段话主要是从儒家伦理学的视域来解释姓的作用,从今天的角度看基本上仍能站得住,我们可以据此把姓的作用归纳为以下三点:

第一,明血缘。早期的姓是整个氏族的称号,是为了"纪世别类",向别人昭示他们的族类,以便互相区别。这一特点主要说明了社群组织中氏族与氏族间的区别,"部落是对外隔离开来的集团,每一部落在有一定范围的一块土地上游动,本部落和邻接的部落都非常清楚地知道各自土地的边界。边界的不可侵犯性极端严格地被遵守着"。② 如果说边界是原始部落地域性区别标志

---

① 陈立撰,吴则虞点校《白虎通疏证》卷九,北京:中华书局,1994年,第401页。
② [俄]柯斯文《原始文化史纲》,张锡彤译,北京:人民出版社,1955年,第45页。

的话，那么姓则是原始氏族的血缘性区别标志，是自然的人在文化上留下的烙印。当然，从文化史的角度来看，应该首先存在不同地域、不同族类的血缘集团这个事实，然后才会出现观念上的标志——姓。但是，观念上的标志一旦产生后，就会反过来使人们更加自觉地、更加有意识地趋同避异，为集团内部的同力协作、互相配合找到极富有号召性的借口，为集团一致对外、抗敌御侮找到强有力的武器。姓本来是氏族图腾的产物，但在实物图腾消失后，它又变成了人类新的精神图腾。在漫长的历史时期，姓以其独特的凝聚力，把松弛涣散在天涯海角、四面八方的有共同遗传编码的个体统摄在一块，黏合在一块。特别在宗法思想盛行的古代中国，姓是诸种社会关系之外的另一个疏而不漏的网络组织，虽然这是一个隐形的网，但它的支线末梢却无所不到。"一损俱损，一荣俱荣"，这种封建制度的不成文法，在姓上体现得尤为充分。研究中国古代的社会组织，如果能从姓氏入手，将会获得一个新的视角，把握住复杂网络上的"纲"。

第二，别婚姻。在氏族社会中，同姓不婚，实质上就是禁止氏族内部成员互相通婚，这是世系群外婚制的一种更具体明确的规定，恩格斯曾指出：

> 氏族的任何成员都不得在氏族内部通婚。这是氏族的根本规则，维系氏族的纽带；这是极其肯定的血缘亲属关系的否定表现，赖有这种血缘亲属关系，它所联合起来的个人才成为一个氏族。摩尔根由于发现了这个简单的事实，就第一

次阐明了氏族的本质。①

恩格斯高度肯定了氏族内部不得通婚的作用，可见作为氏族称号的姓在远古社会中具有何等重大的意义。它一方面从肯定的角度说明，这种称号是维系血缘亲属和世系的重要纽带和网络组织；另一方面，它又从否定的角度规定，血亲氏族内部禁止通婚和发生性关系。后者的意义尤为深远，它进一步使人类超越蒙昧野蛮的原始状态，走向文明的新纪元。班固所说的"远禽兽"也就是这个意思。更重要的是，上古时期流传下来的史料极少，我们对氏族社会，特别是氏族社会的婚姻制度的了解和研究，主要依靠一些姓氏学的资料，如《左传》中所记载的"男女同姓，其生不蕃"②等等。可以这样说，姓是婚姻成立与否的决定条件，它从优生学的角度对婚姻做了苛刻而文明的规定。对古代姓氏文化的科学研究，必将深化人们对上古婚姻制度的认识。

同姓不婚的规定在汉以后并没有因姓氏制度的混乱而被破坏，它不仅是一种风俗习惯，而且具有了法律的权威性。如《唐律·户婚律》说：

> 诸同姓为婚者，各徒二年。缌麻以上，以奸论。若外姻有服属，而尊卑共为婚姻及娶同母异父姊妹，若妻前夫之女者，亦各以奸论。其父母之姑、舅、两姨姊妹及姨、若堂

---

① [德]恩格斯《家庭、私有制和国家的起源》，见《马克思恩格斯选集》第4卷，北京：人民出版社，1995年，第82页。
② 杨伯峻《春秋左传注》，北京：中华书局，1990年，第408页。

姨、母之姑、堂姑、己之堂姨及再从姨、堂外甥女、女婿姊妹，并不得为婚姻，违者各杖一百，并离之。①

"缌麻"本来是指居丧期间所穿丧服的一种。古代将丧服分为五个等级，叫作五服，五服的名称是斩衰、齐衰、大功、小功、缌麻。缌麻是指五服中最轻的一种，也是五服中关系最疏远的。男子为族曾祖父、族曾祖母、族祖父、族祖母、族父、族母、族兄弟、外孙(女之子)、外甥、婿、妻之父母、舅父服缌麻。人们一般将五服之内看作血亲，不能通婚。《明律》中也规定："凡同姓为婚者，各杖六十，离异。"②

但越到后来，姓的血缘区别功能就越小了。所以法律上对这类案件也"于曲顺人情之中仍不失维持礼法之意"，酌情处理。清代已对同姓不婚做了一些修正，认为："同姓重在同宗，如非同宗，当原情定罪，不必拘文。"③

现代的《婚姻法》废除了同姓不婚的规定，允许同姓结婚。这是因为现在的姓与上古时代的姓已经大不相同了。现在同姓的人有的存在血缘关系，有的虽有血缘关系，但已非常遥远了，有的根本就不存在什么血缘关系，只不过是姓氏发展过程中同字异源、简化合并的结果。对血缘关系很近的男女，即人们常说的血亲，仍然规定不能通婚。这里所说的血亲主要是指直系血亲、八

---

① 长孙无忌等撰，刘俊文点校《唐律疏议》卷十四，北京：中华书局，1983年，第262—263页。
② 怀效锋点校《大明律》卷六《户律·婚姻》"同姓为婚"条，北京：法律出版社，1999年，第62页。
③ 《大清律例汇辑便览》卷十《户律·婚姻》，清同治刊本。

亲等内直系血亲及直系姻亲、五亲等内旁系姻亲。

第三，崇恩爱，厚亲亲。人既然远离了蒙昧野蛮的原始状态，知道了自己所由出、所由生、所由养，就会对与自己有血缘关系的人产生崇敬爱戴之情，感情的强弱深浅与血缘的亲疏厚薄有着正比例关系。班固的这个看法，不仅是对上古社会道德水准的一个简单概括，而且从伦理学角度对姓做了一个极富有东方色彩的、温情脉脉的规定。作为中华民族传统美德的"崇恩厚亲"首先有着姓氏学上的深刻根据。

本书第一章曾引鲁迅《自题小像》一诗："灵台无计逃神矢，风雨如磐暗故园。寄意寒星荃不察，我以我血荐轩辕。"①现代中国人仍自称"炎黄子孙"，从姓氏学的角度来看，这话是什么意思呢？

原来黄帝是传说中姬姓部落的始祖，号轩辕氏、有熊氏，生活在姬水附近，与炎帝同出少典氏。后分路东进，在坂泉(今河北涿鹿东南)一战，打败了炎帝，又在涿鹿(今河北涿鹿南)之野击败九黎族，擒杀蚩尤，被推为部落联盟的领袖。据说黄帝有四个嫔妃，元妃是西陵氏女，名嫘祖，生昌意。次妃，方雷氏女，叫女节，生青阳。次妃，彤鱼氏女，生夷鼓(一作"夷彭")。次妃，名嫫母。这四个妃子共生子二十五人，别为十二姓。这十二姓分别是：姬、酉、祁(一作"祈")、己、滕、箴(一作"葴")、任、苟、僖、姞(一作"佶"，另一作"结")、儇、依。他们子孙相承，胄衍祀绵，并散布在各地，虽历经无数劫难，而龙脉永传，香火不断。《路史·疏仡纪·黄帝》之中还详细列举了黄帝子嗣苗裔分宗立氏的情况：

---

① 《鲁迅全集》第10卷，北京：人民文学出版社，2005年，第4158页。

（黄帝）子二十五，别姓者十二，祈、酉、滕、箴、任、苟、釐、结、儇、依及二纪也，余循姬姓。元妃西陵氏，曰傫祖，生昌意、玄嚣、龙苗。昌意就德，逊居若水，有子三人，长曰乾荒，次安，季悃。乾荒生帝颛顼，是为高阳氏。安处西土，后曰安息，汉来复者为安氏延李氏。悃迁北土，后为党项之辟，为拓跋氏。至郁律二子，长沙莫雄，次什翼犍，初王于代，七子。其七窟咄生魏帝道武，始都洛为元氏。十五世百六十有一年，周齐灭之，有党氏、奚氏、达奚氏、乞伏氏、纥骨氏、什氏、乾氏、乌氏、源氏、贺拔氏、拔拔氏、万俟氏、乙旃氏、秃发氏、周氏、长孙氏、车非氏、兀氏、郭氏、侯亥氏、车焜氏、普氏、李氏，八氏十姓，俱其出也。拓跋思敬镇夏，以讨巢功，赐李姓，有拓跋仁福者，为番部都指挥使，亦从其姓，将吏迎为州师。子彝超、彝兴，继有夏、银、绥、宥地。玄嚣姬姓，降居泜水，生帝喾，是为高辛氏。龙苗生吾融，为吾氏，吾融生卞明，封于卞，为卞氏。卞明弃其守降之。南裔生白犬，是为蛮人之祖。帝之南游，西陵氏殒于道，式祀于行，以其始蚕故，又祀先蚕。次妃方累氏曰节，生休及清，休继黄帝者也，是为帝鸿氏。清次封。清为纪姓，是生小昊。次妃彤鱼氏，生挥及夷彭。挥次十五王，造弧矢，及司率罟，受封于张，为弓氏、张氏、李氏、灌氏、叱罗氏、东方氏。夷彭，纪姓，其子始封于采，是为左人，有采氏、左人氏、夷鼓氏。次妃嫫母，貌恶德克，帝纳之曰："属女德而弗忘，与女正而弗襄，虽恶何伤？"是生苍林、禺阳。禺阳最少，受封于任，为任姓。谢、章、舒、洛、昌、契、终、泉、卑、禺，皆任分也，后各以国令氏。禺号生禺京、傜梁、儋人。京居北海，号处南海，是为海司，有禺强氏、强氏。儋人，任姓，生牛黎。傜梁生番禺，番禺是始为舟。(番禺)生奚仲，奚仲生吉光，是主为车，建侯于薛。又十二世仲虺，为汤左相，始分任。祖已七世成迁为挚，有女归周，是诞文王。逮武为世，复薛侯，后灭于楚为薛氏、蘗氏、且氏、祖氏、奚氏、稣氏、仲氏、挚氏、执氏、畴氏、伾氏、丕氏、邳妭姼氏、李氏、徐氏。终古，夏太史乘乱归商，为佟氏、谢氏。谢之后又有射氏、大野氏。苍林，姬姓，生始均，是居北狄，为始氏。结姓伯鯈，封于南燕，后有吉氏、姞氏、孔氏。密须、阚、允、蔡、光敦、偪、燕、鲁、雍、断、密、虽，皆结分也。箴、济及滑，箴姓分也，后合以国令氏。有虞氏作，封帝之后，一十有九侯伯，其得资者为资氏、氏邻，得郦者为郦氏、辅氏，得虖者为虖氏，得寇者为寇氏、口引氏、刘氏。国于郦者为郦氏、俪氏、食其氏、侍其氏。国于翟者为翟氏、氏翟、狄氏，于詹者为詹氏。自詹移葛，则为葛氏、詹葛氏。髡民依之分，狂犬任之种也。后武王克商，求封帝之裔于蓟，以复契，又有蓟氏、桥氏、乔氏、陈氏、苍林氏、有熊氏、轩氏、轩辕氏、陈氏。洛之后又有落氏、雒氏。阚之后又有监氏。密须之后又有须氏。舒之后又有舒子氏、纪氏。①

---

① 罗泌《路史》卷一四，上海：中华书局四部备要本，第88—90页。

今人根据《大戴礼记》《世本帝系》《国语·晋语》《轩辕黄帝传》《史记·五帝本纪》《路史·疏仡纪》诸书所载史料，参以相关研究成果谱列出黄帝的世系表，虽歧见纷呈，互有出入，但绵绵瓜瓞，龙脉传承，的确有所依据。

黄帝世系简表①

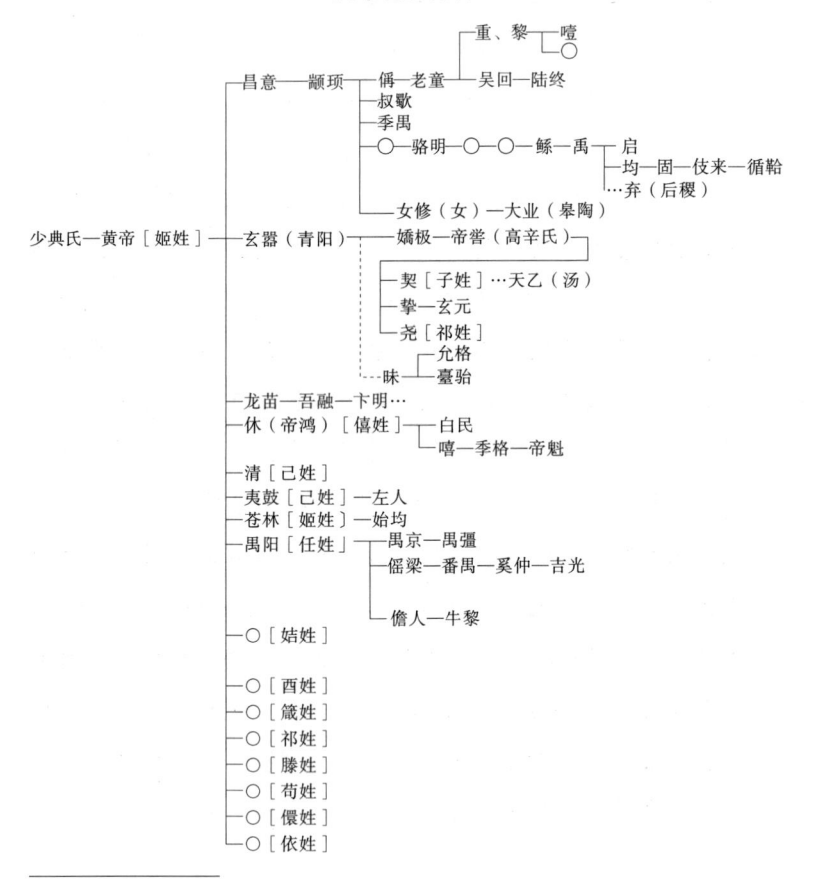

```
                              ┌重、黎─噎
                    ┌偶─老童─吴回─陆终
            ┌昌意─颛顼┤叔歜
            │       │季禺
            │       │             ┌启
            │       └○─骆明─○─○─鲧─禹┤均─固─伎来─循鞈
            │                        └…弃（后稷）
            │       ┌女修（女）─大业（皋陶）
少典氏─黄帝［姬姓］┤玄嚣（青阳）┤嬌极─帝喾（高辛氏）┐
            │                        ├契［子姓］…天乙（汤）
            │                        ├挚─玄元
            │                        └尧［祁姓］
            │                   ┌允格
            │              昧┤
            │                   └臺骀
            │龙苗─吾融─卞明…
            │休（帝鸿）［僖姓］┬白民
            │                └喜─季格─帝魁
            │清［己姓］
            │夷鼓［己姓］─左人
            │苍林［姬姓］─始均
            │禹阳［任姓］┬禹京─禹彊
            │          ├徭梁─番禺─奚仲─吉光
            │          └儋人─牛黎
            ├○［姞姓］
            ├○［酉姓］
            ├○［箴姓］
            ├○［祁姓］
            ├○［滕姓］
            ├○［荀姓］
            ├○［儇姓］
            └○［依姓］
```

---

① 徐铁生《中华姓氏源流大辞典》，北京：中华书局，2014年，第1592页，据附录十一改制。

炎帝世系简表①

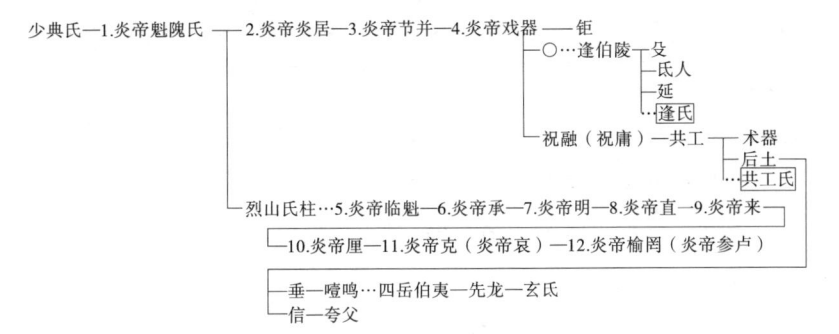

```
少典氏—1.炎帝魁隗氏—2.炎帝炎居—3.炎帝节并—4.炎帝戏器——钜
                                          ├—○…逢伯陵—┬—殳
                                          │           ├—氏人
                                          │           ├—延
                                          │           └—逢氏
                                          ├—祝融（祝庸）—共工—┬—术器
                                          │                    └—后土
                                          │                       共工氏
                    ├—烈山氏柱…5.炎帝临魁—6.炎帝承—7.炎帝明—8.炎帝直—9.炎帝来
                    └—10.炎帝厘—11.炎帝克（炎帝哀）—12.炎帝榆罔（炎帝参卢）
                    ├—垂—嚘鸣…四岳伯夷—先龙—玄氏
                    └—信—夸父
```

传说炎帝是姜姓部落的始祖，号烈山氏，一作厉山氏，一说即神农氏。相传是少典娶有蛴氏而生，原居姜水流域，后向东发展到中原地区。姜姓是古代羌人的一种，其苗裔有烈山氏、共工氏等，他们的后代分为齐、吕、申、许四个分支。

根据黄帝和炎帝的传说，我们大致可以推测出：（一）姓是由母系血缘决定的，黄帝有二十五个儿子，之所以"同生而异姓"，就是因为他们的母亲不同，分别由四妃所生。（二）黄帝之子十二姓和炎帝之后四姓，后来传布九州，大部分现在仍然常见。于右任先生总结道，"汉族固为其苗裔，而西藏族之羌，回族之安息，苗黎族之禺号，蒙古族之匈奴，东胡族之鲜卑，金人之祖且为黄帝之子清，清则金人之后也。是皆近世治史者所能考信。"②所以，后人把炎帝与黄帝，特别是黄帝推为中华民族的始祖，从姓氏学角度来看，也并非没有道理。

---

① 徐铁生《中华姓氏源流大辞典》，北京：中华书局，2014年，第1589页，据附录十改制。
② 于右任《黄帝功德纪·序》，西安：陕西人民出版社，1987年。

另如《国语·郑语》记载，祝融之后有八姓(实际上本为六姓，另两姓是从六姓分出来的)，这八姓在夏、商、周三代也建立了一批大国小国：

己姓：昆吾、苏、顾、温、董。

董姓：鬷夷、豢龙。

彭姓：彭祖、豕韦、诸、稽。

秃姓(由彭姓分出)：舟人。

妘姓：邬、郐、路、偪阳。

曹姓：邹、莒。

斟姓(由曹姓分出，无后)。

芈姓：夔越、蛮芈、楚。

这些姓现在并非全存在，有些在商、周时就已灭绝了，但它们给我们一个启发：姓的发展是以上古时期为数不多的几个氏族为圆心各自向四方辐射，最后交织融合在一起，形成了现在的数千个姓。

先秦时期男子虽然有所属的姓，如周人姬姓，殷人子姓，但并不把姓加在名字前面。男子一般只称氏，不称姓。顾炎武曾总结道："考之于《传》，二百五十五年之间，有男子而称姓者乎？无有也。"[1]旧小说《封神榜》和近人多径称周武王为姬发、周公为姬旦，是不合史实的。而女子则必须称姓，这是由于礼制规定同

---

[1] 顾炎武《顾亭林诗文集·亭林文集》卷一《原姓》，北京：中华书局，2008年，第26页。又，顾炎武著，黄汝城集释，栾保群、吕宗力点校《日知录集释》卷二三"集释"引《原姓篇》，上海：上海古籍出版社，2006年，第1279页。

姓不通婚，故对女子的姓特别注重，"姓焉者，所以为女坊也"①。即使买一个侍妾，如不知道她的姓，也要用占卜来判定。鲁昭公娶了吴女为夫人，因两国都是姬姓，为防止人们的非议，只好称吴女为"吴孟子"，不敢说是姬姓。即便如此，仍有人嘲讽他不知礼仪。②

商周时期称呼贵族妇女，可以在本姓后面加一"氏"字，例如郑武公所娶申侯的女儿便被称为姜氏，晋献公妃骊姬被称为姬氏，鲁文公妃敬嬴被称为嬴氏。在这种情况下，"氏"字前面的称呼是母系的姓，不是父亲的氏，也不是后世所冠的丈夫的姓。

待嫁的女子如果要加以区别，就在本姓的前面冠以孟（伯）、仲、叔、季，表示排行。例如：

孟姜　伯姬　仲子　叔姬　季芈

女子出嫁之后，如果要加以区别和称呼，多采用下列几种方法：

A. 在姓上冠以所自出的国名。例如：

齐姜　晋姬　郑姬　秦嬴　陈妫

B. 嫁给别国的国君，在姓上冠以配偶所受封的国名。例如：

秦姬　芮姜　息妫　江芈

C. 死后在姓上冠以配偶或本人的谥号，例如：

武姜（郑武公妻）　文姜（鲁桓公妻）
宣姜（卫宣公妻）　穆姬（秦穆公妻）

---

① 顾炎武《顾亭林诗文集·亭林文集》卷一《原姓》，北京：中华书局，2008年，第64页。
② 杨伯峻《论语译注》，北京：中华书局，1980年，第74—75页。

讨论姓时，还有以下几个概念容易混淆，经常纠缠不清，有必要梳理辨析。

百姓

这个词现在一般当庶民大众解释。但在殷商时，是指"禅让"时代流传下来的旧族。商王盘庚在迁都时对贵族臣民们训话时曾说：百姓是和我们共掌国事的旧人，他们的祖先曾立有功劳，商王在祭祀先王时，他们的祖先也得以配享。他们如果与商王同心同德，那么人民就会归附顺从，他们如果与商王离心离德，那么人民就会像躲避瘟疫一样离开商王。《国语·楚语》中也说："民之彻官百。王公之子弟之质能言能听彻其官者，而物赐之姓，以监其官，是为百姓。"[1]

西周时期此词又当百官讲。为什么百姓当百官解呢？因为先秦时期做官的都是贵族，庶民和贱人是没有资格做官的，而且只有贵族才有姓，庶民和贱人是没有姓的，即使到了春秋战国时期，一般平民也还是没有姓。如《左传》中的钼麑、灵辄，《庄子》中的庖丁、轮扁、匠石等，都是有名无姓。

由此可见，"百姓"这个概念最早可能是指许多的氏族，然后引申为许多的贵族，又引申出百官的意思，最后才扩展为普通大众的意思。这个词的词义演变很有意思，由广（大）到狭（小）再到广（大）。

---

[1] 徐元诰撰，王树民、沈长云点校《国语集解·楚语下第十八》，北京：中华书局，2002年，第520页。

同姓　异姓　庶姓

所谓"同姓",前面已谈了许多,简言之,就是同一血缘氏族的人,在周朝时则是指与周天子有共同血缘关系的姬姓诸侯。而"异姓"则刚好相反,是指不同血缘氏族的人。

"庶姓"则是对天子或诸侯国君的同姓而言。就异姓中别之,有时又以异姓之无亲者为庶姓。在周时则是指与姬姓没有婚姻关系的诸侯国,《左传·隐公十一年》:"薛,庶姓也。"注:"庶姓,非周之同姓。"[1]

单姓　复姓

单姓就是单字姓,汉民族大多数是单字姓。复姓则是指非单字姓,主要有双字姓、三字姓和四字姓,以双字姓居多,四字姓以上者极少。汉族的复姓多半是产生在商周和春秋战国时期,有些严格地讲,是属于"氏"而非"姓",如司马、欧阳、司空等。非汉族的复姓比较复杂,就字数而言,有双字姓、三字姓,还有四字姓、五字姓等。就分布地区而言,有代北复姓、关西复姓、诸方复姓等,下面列举几个例子:

代北双字姓:长孙、万俟、宇文、慕容、贺兰、达奚、呼延、乙干等。

关西双字姓:莫折、夫蒙、罕井、屈男、鲁步、不蒙、昨和等。

---

[1] 杨伯峻《春秋左传注》,北京:中华书局,1990年,第71页。

代北三字姓：步大汗、没鹿回、侯莫陈、阿史那、阿史德、普六茹等。

代北四字姓：自死独膊、井疆六斤等。

女真人四字姓：耨盌温敦。

清皇族四字姓：爱新觉罗。

吐蕃族五字姓：鹘提悉补野。

根据《中华姓氏大辞典》收录，中国古今各民族用汉字记录的双字姓四千三百二十九个，三字姓一千六百一十五个，四字姓五百六十九个，五字姓九十六个，六字姓二十二个，七字姓七个，八字姓三个，九字姓一个。最长的九字姓据说是爨邯汕寺武穆云籍鞲。①

侨姓　吴姓　郡姓

侨姓是指南北朝时随东晋王室渡江的贵族阶级，以王、谢、袁、萧四姓为著。琅琊王氏家族与晋王室"提挈三世，始终一心"，王导被尊为"仲父"，时人谓："王与马，共天下。"②这里的"马"指的是东晋统治者司马氏家族，而"王"指以琅琊王氏家族为代表的东晋门阀士族。此外，陈郡阳夏谢氏家族中的谢安、谢玄位兼将相，通过淝水之战，使东晋王朝转危为安，划江而治。袁环是东晋学术的奠基人。萧氏后起，但先后建立了齐、梁王朝。

吴姓是指东南土著大族，又称为吴中四姓、吴郡四姓或吴之

---

① 袁义达、杜若甫《中华姓氏大辞典》，北京：教育科学出版社，1996年。
② 房玄龄等《晋书》卷九八《王敦传》、《南史》卷二一史臣评论。专题研究见田余庆《东晋门阀政治》，北京：北京大学出版社，1989年。

四姓，其排列顺序，一说是顾、陆、朱、张，另一说是朱、张、顾、陆。萌生于东汉，崛起于东吴，鼎盛于东晋，中衰于刘宋，又分化并中兴于齐梁，衰落于梁陈，三百多年中起落兴衰，可叹可惜者甚多。①

所谓的郡姓，是指一郡之内的大姓望族。山东地区以王、崔、卢、李、郑为首；关中地区以韦、裴、柳、薛、杨、杜为著。古人以姓氏相呼必系郡望，所以有郡姓、甲姓、右姓等名称。《新唐书·柳冲传》中载柳芳论说："郡姓者，以中国士人差第阀阅为之制，凡三世有三公者曰膏粱，有令、仆者曰华腴，尚书、领、护而上者为甲姓，九卿若方伯者为乙姓，散骑常侍、太中大夫者为丙姓，吏部正员郎为丁姓。凡得入者，谓之四姓。"②魏晋以来，受九品中正制的影响，人们非常注重姓氏之辨，把姓氏的高贵与血缘的纯正作为选官授职和缔亲联姻的重要标志，这样便产生了一门专门的学问——谱学，专门鉴定姓氏的真伪，区分哪些是甲族大姓，哪些是庶族寒门，以防假冒。晋武帝时，贾弼之祖孙三代掌传谱学。贾氏《士族谱》的抄本被密藏在皇家档案馆中，由专人负责保管。梁武帝从整理士籍入手，依据东晋贾弼之《士族谱》、宋刘湛所修《百姓谱》，设立谱局，改定《百家谱》，共八十卷。东南士族另立一部，从此便确定了南朝百家士族和东南当地士族的谱系。谱学的内容主要是谱列世家大姓的地域分布、血统分支、等第阀阅。唐人柳芳论谱学时曾说：

---

① 方北辰《吴姓门阀士族集团形成试探》，《中国史研究动态》1985 年第 2 期。
② 欧阳修、宋祁撰《新唐书》卷一九九《柳冲传》，北京：中华书局，1975 年，第 5678 页。

过江则为侨姓，王、谢、袁、萧为大；东南则为吴姓，朱、张、顾、陆为大；山东则为郡姓，王、崔、卢、李、郑为大；关中亦号郡姓，韦、裴、柳、薛、杨、杜首之；代北则为虏姓，元、长孙、宇文、于、陆、源、窦首之。①

当时社会上流行的是出仕看阀阅，婚姻看门第，形成了"上品无寒门，下品无士族"的不正常现象，一些庶族寒门子弟，虽然满腹经纶、才华超众，但也很难出人头地。西晋著名诗人左思当时就感慨道："郁郁涧底松，离离山上苗。以彼径寸茎，荫此百尺条。世胄蹑高位，英俊沉下僚。地势使之然，由来非一朝。"②政治的等级制度与姓氏的等级制度互相补充，形成了一条贵贱尊卑的鸿沟，任何人都无法逾越。

婚姻上注重门第，只有同属著姓大族才能互相联姻，否则就会被社会嘲笑。据《陈书·儒林传》记载，有一人名叫王元规，是太原王氏，著名的望族。因幼时父死，寄居于舅家，落魄失意，当地的土豪拥有百万家财，想与他家联姻，把女儿嫁给他，他竟然不答应，觉得有辱门风。《魏书·崔辩传》中也说，崔家有一个姑娘一目失明，望族大姓家没有人愿意娶她，家里打算把她嫁给寒门庶族，她的姑姑听说这事后，非常伤心，说什么也不让侄女

---

① 欧阳修、宋祁《新唐书》卷一九九《柳冲传》，北京：中华书局，1975年，第5677—5678页。
② 逯钦立辑校《先秦汉魏晋南北朝诗·晋诗》卷七《咏史八首》其二，北京：中华书局，1983年，第733页。

下嫁，最后就让自己的儿子娶了她。这些都是当时流传的笑话。当然，也有一些士族大姓家的女儿，因长得丑陋不堪，找不到门户相当的婆家，只好晚上偷偷地嫁给远方的一些庶族寒门，以避免被人发现嗤笑。

　　类似的笑话还有许多。据说北魏孝文帝时，评定姓氏等第，已将汉族中的范阳卢氏、清河崔氏、荥阳郑氏、太原王氏评定为最高门。陇西李氏听到小道消息传说，闻风而动，派员昼夜兼程，策马赶到洛阳进行公关，试图将自己的姓也列入高等，无奈四姓的次序已经排定，李氏一族被高门贵第嘲为"驰李"，留下了一个笑柄。南齐时，明帝主持评定姓氏等第，因没有将河东薛姓列入郡姓，当时在殿上担任警卫的直阁薛宗起跑进来愤愤不平地说："我们的祖先曾去四川当官，但二世以后已归入河东谱系，迄今已是六世相传了，不能算是蜀人。陛下如不把我们薛姓列入郡姓，我今天只好碰死在这里了！"①

　　南朝齐时，世家大族东海王源，接受聘钱五万，将女儿嫁给寒族富阳满璋之子满鸾，遭到御史中丞沈约的弹劾，沈约曾专门写了《奏弹王源》一文，要求朝廷将王源从士族中清除出去，终身禁锢。北朝侯景率兵投奔南朝梁，请求与南方名门望族王、谢两家通婚，梁武帝当面拒绝，说："王谢门高非偶，可于朱张以下访之。"②据说侯景因此而气愤不已，于是后来有反叛动乱之举。

　　到了唐初，郡姓中最主要的是所谓的五姓七家，即李（陇西、

---

① 司马光《资治通鉴》卷一四〇《齐纪六》，北京：中华书局，1956年。
② 李延寿《南史》卷八〇《侯景传》，北京：中华书局，1975年，第1996页。

赵郡)、崔(清河、博陵)、卢(范阳)、郑(荥阳)、王(太原)等，这些旧士族"自恃郡望，耻与他人为婚"。唐太宗为了抬高皇族的地位，命令高士廉等人刊正修订姓氏等第，不久高士廉等将定本奏上，仍以山东崔姓为第一等，皇族李姓为第二等。太宗大怒，责令高士廉重修，明确指示说："不须论数世以前，止取今日官爵高下作等级。"①贞观十二年(638)时将书修成，共一百卷，题名《氏族志》。全书分九等，评定了当时的二百九十三姓，一千六百五十一家，以皇族李姓为第一等，外戚之姓为第二等，山东崔、郑等旧族列为第三等。唐高宗时又经李义府修改更名为《姓氏录》，共评定二百三十五姓，两千二百八十七家，"以四后姓、酂公、介公及三公、太子三师、开府仪同三司、尚书仆射为第一姓，文武二品及知政事三品为第二姓，各以品位高下叙之，凡九等。取身及昆弟子孙，余属不入"。② 李义府因为自己的儿子向望族七姓求婚不成，于是奏禁后魏陇西李宝等七姓十家自为婚姻。但被"禁婚"家愈发抬高了身价，仍暗中相互聘娶，官方也无可奈何。就连房玄龄、魏徵、李勣、李敬玄等宰辅重臣也与山东旧族通婚联姻，"民间修婚姻，不计官品而上阀阅"③，"男女婚嫁，不杂他姓"④，个别旧族"恃其族望，耻与他姓为婚"⑤，唐文宗对

---

① 刘昫等《旧唐书》卷六五《高士廉传》，北京：中华书局，1975年，第2444页。
② 欧阳修、宋祁《新唐书》卷九五《高俭(士廉)传》，北京：中华书局，1975年，第3842页。
③ 欧阳修、宋祁《新唐书》卷一七二《杜兼传附杜中立传》，北京：中华书局，1975年，第5206页。
④ 薛居正等《旧五代史》卷九三《李专美传》，北京：中华书局，1976年，第1230页。
⑤ 刘悚撰，程毅中点校《隋唐嘉话》卷中，北京：中华书局，1979年，第33页。

此现状大发感慨："我家二百年天子，顾不及崔、卢耶?"①足见郡姓观念影响之深远。

从姓名学的角度来看，郡姓的形成和谱学的发达，为研究氏族的发展、迁徙和演变提供了大量系统完整的资料，弥足珍贵。但从社会史上来说，这种严格区别贵贱高低的"姓氏之辨"，不过是等级社会利用人的文明之根统治人群、扼杀人性的一种极其落后的行为。

胡姓　蕃姓　虏姓

胡姓、蕃姓、虏姓均指少数民族的姓氏。据说胡俗本无姓氏，多以部落为号，一般一个部落就是一氏，因此胡姓大多就是部落名。北齐魏收撰《魏书·官氏志》，载北朝胡姓一百十八，今人姚薇元著《北朝胡姓考》，将《官氏志》所载诸胡姓进行整理分类，现分列其题目如下：

①宗族十姓

元氏　胡氏　周氏　长孙氏　奚氏　伊氏　丘氏　亥氏　叔孙氏　车氏

②勋臣八姓

穆氏　陆氏　贺氏　刘氏　楼氏　于氏　嵇氏　尉氏

③内入诸姓

连氏　仆氏　苟氏　梁氏　略氏　寇氏　罗氏　茹氏　葛氏

---

① 欧阳修、宋祁《新唐书》卷一七二《杜兼传附杜中立传》，北京：中华书局，1975年，第5206页。

封氏　阿氏　延氏　鹿氏　骆氏　薄氏　桓氏　和氏　吐谷浑氏
侯氏　贺若氏　浑氏　娄氏　鲍氏　卢氏　云氏　是氏　利氏
副氏　那氏　如氏　扶氏　单氏　几氏　兒氏　古氏　毕氏
庚氏　何氏　吕氏　莫氏　索卢氏　芦氏　韩氏　路氏　扈氏
輿氏　干氏　伏氏　高氏　屈氏　沓氏　石氏　解氏　奇氏
卜氏　林氏　邰氏　绵氏　盖氏　黎氏　明氏　门氏　宿氏
邢氏　山氏　房氏　树氏　乙氏

④四方诸姓

宇文氏　慕容氏　茂氏　雲氏　窦氏　陈氏　狄氏　稽氏
柯氏　尉氏　步氏　潘氏　薛氏　俟氏　展氏　费氏　綦氏
艾氏　猴氏　祝氏　缓氏　就氏　温氏　褒氏　杜氏　甄氏
嵇氏　越氏　狼氏　朱氏　库氏　兰氏　蒌氏　羽氏①

值得注意的是，魏收《魏书·官氏志》及姚薇元《北朝胡姓考》所列条目均为改革之后的新姓，例如元氏是由拓跋氏所改，胡氏是由纥骨氏所改，奚氏是由达奚氏所改，穆氏是由丘穆陵氏所改。

姚薇元还收录了《魏书·官氏志》未见的诸胡姓：

①东胡诸姓

娥氏　源氏　段氏　赫连氏　万俟氏　越质氏　豆氏　郝氏
张氏　王氏　乌氏　万氏　间氏

②东夷诸姓

馀氏　高氏　王氏

---

① 姚薇元《北朝胡姓考》(修订本)，北京：中华书局，2007年，第3—254页。

③匈奴诸姓

乔氏　张氏　高氏　赵氏　成氏　靳氏　金氏　董氏　卫氏　呼延氏　贺遂氏　曹氏　白氏

④高车诸姓

李氏　蛭氏　乞氏　斛律氏　斛斯氏　隗氏　翟氏　鲜于氏　史氏

⑤羌族诸姓

姚氏　雷氏　彭氏　王氏　党氏　不蒙氏　莫折氏　同蹄氏　荔非氏　弥姐氏　罕井氏　屈男氏

⑥氐族诸姓

苻氏　杨氏　吕氏　齐氏　啖氏

⑦賨族姓氏

李氏

⑧羯族诸姓

石氏　张氏　尔朱氏　乙速孤氏　沮渠氏　彭氏

⑨西域诸姓

白氏　支氏　康氏　安氏　米氏　石氏　何氏　史氏　曹氏　毕氏　罗氏　裴氏　车氏①

赐姓

在前现代社会中，帝王和皇室成员享有至高无上的权力，因此皇帝经常把自己高贵的姓氏赏赠给臣下，对皇帝来说，这不过

---

① 姚薇元《北朝胡姓考》（修订本），北京：中华书局，2007年，第255—426页。

是一时高兴的随意之举，而对臣下来说，则是莫大的荣幸，仿佛自己被批准加入了皇族，从此可以攀龙附凤，平步登天了。据《左传》记载，周代时已有了"赐姓"的现象，但那时的赐姓，是指某人被认可为某姓的法定继承后裔，与秦汉以后的赐姓并不相同。

西汉初，刘邦将项羽消灭后，就曾给项伯和娄敬赐姓，因为他们为汉高祖统一天下立了大功，因而赐姓刘氏，这便开启了后世帝王以赐姓褒奖功臣的先例。隋朝时，尉迟义臣因父亲战死有功，被隋文帝赐姓杨，编入皇室系谱。唐初曾对开国元勋杜伏威、邴元纮、徐世勣、安抱玉、胡大恩、弘播、郭子和等皆赐姓李表示嘉奖。也赐姓给一些少数民族首领，如鲜卑族首领拓跋赤辞、契丹首领库克等均曾被赐姓李。唐末时也曾赐姓李克用、李茂贞、李顺节等割据政权的首领或少数民族头目。武则天称帝时，曾给睿宗李旦赐姓为武，还曾给一个喜欢诡说符瑞的傅游艺赐姓为武。赐姓给李旦，是想让他成为武氏天下的皇嗣，赐姓给傅游艺，则是因他曾劝武则天称帝临政。

赐姓是帝王向功臣显示荣宠的手法，但有时则是为了拉拢文臣武将，"或借其用，或畏其逼，不得已也"。有时是因"财力既殚，爵赏又滥，不足以系人心，故设此以劝功"①，不过是送空头人情罢了。

也有一些赐姓很偶然，如五代时后汉的鸿胪卿谢服，随驾亲

---

① 赵翼著，王树民校证《廿二史劄记校证》卷二八"金末赐姓之例"条，北京：中华书局，1984年，第637页。

征,皇帝因其姓名连称义不祥而改赐为射咸,清嘉庆时的翰林祁隽藻,因皇帝误称其为"初隽藻",左右大臣不敢纠正皇上念错的字,于是以讹传讹,祁隽藻自己也就以初为姓。

改姓

改姓与赐姓不同。赐姓是一种荣宠,而改姓则大多为某种情势所逼,迫不得已而为之。主要有因匿罪而改姓、因避讳而改姓、因嫌恶而改姓,以及少数民族改汉姓和汉人改少数民族姓等几种情况。

因躲避政治迫害或匿罪而隐姓埋名者,从古以来,史不绝书。最著名的如春秋时越王勾践的谋臣范蠡,帮助越王恢复天下后,为防止越王诛杀功臣,便携着美女西施,变姓名,自称鸱夷子皮,泛舟湖海,隐于商贾,又称陶朱公,成为一代富豪。战国时范雎,为了逃出魏国,改姓张,名禄,后来在秦为相很长时间,仍没有恢复本姓。

因避讳而改姓的也很多。郑樵《通志·氏族略》中曾收录了一些,如籍氏为避项羽讳而改为席氏,奭氏为避汉元帝讳而改为盛氏,庄氏为避汉明帝讳而改为严氏,庆氏为避汉安帝讳而改为贺氏,师氏为避晋景帝讳而改为帅氏,弘氏为避唐太子李弘讳而改为洪氏,姬氏为避唐玄宗讳而改为周氏,淳于氏为避唐宪宗讳而改为于氏,唊氏为避唐武宗讳而改为澹氏。宋代名臣文彦博本姓敬,因避后晋石敬瑭的名讳,改为文氏,后汉时还复本姓,入宋后为避翼祖赵敬之讳,又一次改为文氏。

改姓过于频繁,时间又太久,故有时连当事人也搞不清楚自己姓氏的来历与读音。如甄姓本读"坚"音,三国时期,东吴孙权之父名坚,吴地人于是读"甄"为"真"。后北方前秦世祖名苻坚,隋文帝名杨坚,避讳与东吴相同。随着时间的推移,人们大多忘记了"甄"字的本来读音。到了宋徽宗时,有叫甄彻者考中进士,朝臣林摅宣读金榜,依古音读"甄"为坚,徽宗纠正说此字应读"真",林不服,据理分辩。于是只好传呼甄彻本人上朝询问,甄彻也自称其姓读"真"音,最后林摅竟被以"不识字"而贬黜,假作真时真亦假,让人哭笑不得。

如果说赐姓是表示荣宠的一种方式,那么因嫌恶而迫使某些人改姓,则是封建统治者表现他们憎恨之情的一种方式,有时甚至是惩处叛逆的一种武器。嫌恶改姓大约始于西汉末年,王莽因匈奴单于囊知牙斯违逆命令,便改匈奴单于为降奴单于。晋咸和初,成帝司马衍以叛逆罪诛杀南顿王司马宗,贬其族为马氏。南齐明帝杀叛逆之皇族萧子响,贬其族为蛸氏。唐高宗时,武则天杀王皇后、萧良娣,仍觉不解心头之恨,于是改王皇后姓蟒氏、萧良娣姓枭氏。又杀她自己的侄儿武惟良、武怀运,并改姓蝮氏。武后登帝位后,唐宗室琅琊王李冲、越王李贞起兵复唐,被武后派大军所镇压,所有参与者皆被改姓虺氏。山东省有伕(mǎ)姓,此姓原为马姓的一支,被清雍正皇帝下令改姓"骂",世代沦为贱民,直到民国初年才去掉双口、添上单人旁成为伕姓,表示重新获得基本人权。

少数民族改汉姓的例子也是很多的,最集中的恐怕要算魏晋南北朝时期,北魏孝文帝推行改革措施,其中有一项就是让鲜卑贵族都用汉姓,具体做法是把各个部落的复姓都改为音近的汉字。如皇族拓跋氏改为元氏，丘穆陵氏改为穆氏，步六孤氏改为陆氏，贺赖氏改为贺氏，独孤氏改为刘氏，贺楼氏改为楼氏，万忸于氏改为于氏，纥奚氏改为嵇氏，尉迟氏改为尉氏，达奚氏改为奚氏。改姓的贵族总共有一百多家。辛亥革命后，清宗室爱新觉罗氏中，有许多改为汉姓，其中有改为金氏的，有改为罗氏的，也有改为肇氏、德氏、洪氏的。著名作家舒庆春（老舍）、语言学家罗常培、相声表演艺术家侯宝林，都是满族人，在最近几代才改为汉姓。

汉族人改少数民族姓氏的情况也有。如南北朝时的梁御在其高祖时就改姓为纥豆陵氏。又《北齐书·綦连猛传》记载："綦连猛，字武儿，代人也。其先姬姓，六国末避乱出塞，保祁连山，因以山为姓。北人语讹，故曰綦连氏。"[1]《北齐书》中还记载有独孤永业，本姓刘，因母亲改嫁独孤氏，永业年幼，随母来到独孤家，并从其姓。辽、金、元三朝，曾多次把少数民族的姓氏赐给汉族官吏，在史书中经常能见到。但是从整个历史发展进程来看，还是以少数民族改汉姓者居多，而汉人改少数民族姓者则较少，且在数代之后，又大都恢复本姓。

冒姓

有些人为了获得贵族的特权和优惠条件，还经常不择手段地冒充姓某。冒姓分两种情况，一种为冒母家姓，如西汉的吕平，本是吕雉姐姐的孩子，他本来不姓吕，因诸吕势力很大，当时初

---

[1] 李百药《北齐书》卷四一《綦连猛传》，北京：中华书局，1972年，第539页。

封吕氏不久，所以他冒充母家的姓。还有一种情况是奴仆冒主人的姓。如汉代堂邑氏有奴，本是胡人，名叫甘父，后改称堂邑父，取主人之姓作为氏，单称其名，顾炎武认为，这就是"冒主姓之始"①。又据《新唐书》记载，中唐时期著名政治人物元载的父亲景升曾替曹王明妃元氏掌管田租，后来为了升官发财的方便，征得明妃元氏的许可，便冒为元氏。②

二、氏别贵贱

氏是由同姓衍生的分支，起源于父系氏族社会。上古时期，姓与氏既有联系，又有区别。《左传·隐公八年》："因生以赐姓，胙（zuò，分赐）之土而命之氏。"③孔颖达疏曰："姓者，生也，以此为祖，令之相生，虽下及百世，而此姓不改。族者，属也，与其子孙共相连属，其旁支别属则各自立氏。"④说明姓是旧的氏族称号，氏则是子孙繁衍、各立分支后的标志。举例说吧，子是殷人的姓，子姓下面又分为华氏、向氏、乐氏、鱼氏等；姬是周人的姓，姬姓的下面又分为孟氏、季氏、孙氏、游氏等；姜是齐人的姓，姜姓的下面又分为申氏、吕氏、许氏、纪氏、崔氏、马

---

① 顾炎武著，黄汝城集释，栾保群、吕宗力点校《日知录集释》卷二三《冒姓》，上海：上海古籍出版社，2006年，第1305页。
② 欧阳修、宋祁《新唐书》卷一四五《元载传》，北京：中华书局，1975年，第4711页。
③ 杨伯峻《春秋左传注》，北京：中华书局，1990年，第60—61页。
④《春秋左传正义》卷四，见阮元校刻《十三经注疏》，北京：中华书局，1980年，第1733页下。

氏等。

著名历史学家吕思勉在谈到氏的形成时，曾做了如下的概括：

> 命氏之法：诸侯即以国为氏，若践土之载书，晋重、鲁申、卫武、蔡甲午、郑捷、齐潘、宋王臣、莒期是也。诸侯之子曰公子，公子之子曰公孙。公孙之子，不得上系于诸侯，则别立氏。立氏则追溯其祖，故以王父字为氏。其中又分为二：嫡夫人之子，以五十字伯仲为氏，若鲁之仲孙、季孙是也。庶子以二十字为氏，如展氏、臧氏是也。①

吕先生对命氏之法的概括非常正确，但有些简单。实际上，氏作为区别贵贱、标明等级身份的称号，要比姓更复杂。

下面笔者把命氏的情况大致分为九类：

①诸侯以受封的国名为氏：

郑捷（郑文公） 蔡甲午（蔡庄公） 齐孙（齐灵公） 宋王臣（宋成公）

②卿大夫及其后裔以受封的邑名为氏：

屈完　知䓨　羊舌赤　解狐　臼季

③贵族以赏赐的爵位名为氏：

王　公　伯　侯

---

① 吕思勉《中国制度史·宗族》，上海：上海教育出版社，2005年，第220页。

④以贵族的谥号为氏：

楚庄王之后以谥号为氏，如庄蹻

宋武公之后以谥号为氏

宋宣公之后以谥号为氏

宋穆公的后代，支系子孙以谥号为氏

⑤以祖先的字为氏：

孔丘（宋公孙嘉之后，嘉字孔父）

仲孙阅（鲁公子庆父之后，庆父字仲）

叔孙得臣（鲁公子牙之后，牙字叔）

季孙肥（鲁公子友之后，友字季）

⑥以所居住的地名为氏：

西门豹　南宫括　北郭佐　东门襄仲　百里奚

⑦以所任官职名为氏：

卜偃　司马牛　乐正克　史墨

⑧以所从事的技艺为氏：

巫　陶　甄　匠

⑨以亲属的排行为氏：

伯　仲　叔　季　孟

战国以后，人们往往以氏为姓，姓氏的区别逐渐模糊，最后合而为一。到了汉代，则通称为姓，而且自天子以至一般平民都有了姓。旧的血缘宗法制度在姓氏上的表现被荡除了，这是社会进步的标志，也是姓氏学上的重大事件。

郑樵在《通志·氏族略》中将"得姓受氏者"分为三十三类，郑氏的划分标准不尽统一，他所划分的这些类别，已不是先秦严格

意义上的姓与氏，而是姓氏合称之后的产物。为了能让读者进一步了解古代学者对姓氏的分类研究，特对郑氏的分类做一简单介绍：①

①以国为氏，例如：

唐 虞 夏 商 殷 周 汉 鲁 晋 曹

（附）以郡国为氏，例如：

红 蕲 番 郴 邓 东阳 东陵 栎阳 周阳 广武

②以邑为氏，例如：

祭 尹 苏 毛 樊 单 甘 缑 郗 柳

③以乡为氏，例如：

裴 陆 阎 郝 尸 肥 颊 耨 胡母

④以亭为氏，例如：

采 俞豆 欧阳 麋

⑤以地为氏，例如：

傅 蒙 城 池 涂 嵇 鲑 桥

⑥以姓为氏，例如：

姚 妫 姜 归 任 风 姬 子 隗 巳

⑦以字为氏，例如：

林 家 忌 谋 旅 方 施 奇 贡 众

⑧以名为氏，例如：

轩辕 青阳 宓 鸿 昊 沃 禹 启 牧 甲

---

① 郑樵《通志》卷二五至三〇，北京：中华书局，1987年。

⑨以次为氏，例如：

孟 仲 叔 季 伯 丁 癸 祖 第五 主父

⑩以族为氏，例如：

因 左 昭 索 嗣 长勺 掌 景 馀

⑪夷狄大姓①，例如：

朴 释 赫 塞 宜茹 副 萎 异 歆

⑫以官为氏，例如：

雲② 史 青史 太史 左史 王史 侯史 士 籍 席 终古

⑬以爵为氏，例如：

皇 王 公 霸 侯 公乘 公士 庶长 不更

⑭以凶德为氏，例如：

蛸 莽 闻人 闻 兀 勃 螷 枭

⑮以吉德为氏，例如：

冬日 老成 考成

⑯以技为氏，例如：

巫 屠 甄 陶 优 卜 匠 干将

⑰以事为氏，例如：

所痛 冠 白马 青牛 苻 白鹿 锐 刍

⑱以谥为氏，例如：

庄 严 敬 康 武 桓 穆 僖 哀 幽

---

① 原文即作"夷狄"，见中华书局本，第443页，本书照录。
② 从前文所引资料来看，古代有"雲""云"二氏，此处《通志》原文作"雲"。

⑲以爵系为氏，例如：

王叔　王子　王孙　公子　公孙　士孙

⑳以国系为氏，例如：

唐孙　室孙　廖叔　滕叔　齐季　蔡仲

㉑以族系为氏，例如：

仲孙　叔孙　季孙　鱼孙　杨孙　古孙　福子

㉒以名氏为氏（国、邑、乡附），例如：

士丐　士季　士吉　巫咸　韩厥　彭祖

㉓以国爵为氏（邑爵附），例如：

夏侯　柏侯　莒子　戎子

㉔以邑系为氏（邑官附），例如：

原伯　温伯　召伯　甘士

㉕以官名为氏，例如：

师宜　吕相　尹午　侍其

㉖以邑谥为氏，例如：

苦成　古成　臧文　丁若

㉗以谥氏为氏，例如：

鳌子　共叔　惠叔　颜成　士成　尹文　斗文　武仲

㉘以爵谥为氏，例如：

成公　成王

㉙代北复姓，例如：

长孙　万俟　宇文　慕容　贺兰　达奚　呼延　乙干

㉚关西复姓，例如：

莫折　夫蒙　罕井　屈男　鲁步　不蒙　昨和

㉛诸方复姓，例如：

夫馀　黑齿　似先　朝臣　鸠摩　鄯善　且末　昭武

㉜代北三字姓，例如：

步大汗　没鹿回　侯莫陈　阿史那　阿史德　普六茹

㉝代北四字姓，例如：

自死独膊　井疆六斤

其中"以次为氏"中"第五"的来历，据民俗学家齐守成解释，传说荆轲刺秦王时，随行有五位勇士，荆轲刺秦失败后，五位勇士逃跑，为了躲避秦人的追杀，他们隐去了自己的名字，分别改为"第一""第二""第三""第四""第五"，故后人以序为氏。另一说，"第五"来源于刘邦建立汉朝后，把战国时齐国的后裔迁徙到今湖北房县一带定居。在迁徙齐国田姓贵族时，因为田姓人数众多，所以刘邦便下令把田姓改掉，以数字区别，分为"第一""第二"一直到"第八"。①

三、名以正体

名是社会成员互相区别的独特标志，可以根据命名的时间方式的不同，细分为乳名、别名和冠名。

乳名，即《白虎通》中所说的"幼小卑贱之称"②。上古时期，如果家中生下男孩子，就必须在产房门左边挂以角弓。《诗·小

---

① 李爽《中华姓氏中除单姓、复姓外 3—9 字姓氏皆有》，《辽沈晚报》2013 年 3 月 25 日 B16 版。
② 陈立撰，吴则虞点校《白虎通疏证》卷九，北京：中华书局，1994 年，第 401 页。

雅·斯干》:"乃生男子,载寝之床,载衣之裳,载弄之璋。"①璋,指圭璋,即宝玉,祝其成长后为王侯执圭璧。生后三日,父亲还要以弓矢射天地四方,表示这个孩子将来要以天下为己任。如果生下女孩子,则须在产房门右挂以佩巾,"乃生女子,载寝之地,载衣之裼,载弄之瓦"②。瓦,纺砖,古代妇女纺织所用。"弄璋"与"弄瓦"后来成了生男生女的代名词,实即源于此。这两者的区别表明男子是主外事的,女子则是管家务的。《女诫》上说:"古者生女三日,卧之床下,弄之瓦砖而斋告焉。卧之床下,明其卑弱,主下人也;弄之瓦砖,明其习劳,主执勤也;斋告先君,明当主继祭祀也。三者盖女人之常道,礼法之典教矣。"③"妇人之礼,精五饭,羃酒浆,养舅姑,缝衣裳而已矣。"④婴儿出生三个月由父亲命名,这便是乳名。《礼记·内则》中还详细记载着为小儿命名的仪式:"世子生,则君沐浴朝服,夫人亦如之。皆立于阼阶,西向。世妇抱子升自西阶,君名之,乃降。"⑤《仪礼·丧服传》也说:"故子生三月,则父名之。"⑥《内则》中还将命名时的细节绘声绘色地记录下来:"三月之末,择日……父执子

---

① 高亨注《诗经今注》,上海:上海古籍出版社,1980年,第265页。
② 高亨注《诗经今注》,上海:上海古籍出版社,1980年,第265页。
③ 范晔撰,李贤等注《后汉书·班昭列传》,北京:中华书局,1965年,第2787页。
④ 刘向撰,张敬注译《列女传今注今译》卷一《邹孟轲母》,台北:台湾商务印书馆,1994年,第37页。
⑤ 《礼记正义》卷二八《内则》,见阮元校刻《十三经注疏》,北京:中华书局,1980年,第1470页上。
⑥ 《仪礼注疏》卷三一《丧服传》,见阮元校刻《十三经注疏》,北京:中华书局,1980年,第1111页下。

之右手，咳而名之。"①不过，这可能只是贵族之家的讲究，后代并不严格遵守这种"三月之期""咳而名之"的仪式。但现在陕北民间在小儿满百日时，仍要邀请亲朋好友庆贺，并让来宾中的长者或显贵者给小儿命名，可能即与古礼有关。

别名，即曾用名，人一生可能会换几个名字，一般替换的名叫作别名或曾用名。

冠名，亦称官名，是一个人公开使用的正式称号。古代男子在二十岁成人时举行冠礼（束发加冠），女子在十五岁许嫁时举行笄礼（结发加笄），在这个仪式上获得的新命名就是冠名，一般通称为字，在下一节要专门谈，此处从略。本节所讲的名，实际上是指它的狭义，即乳名。

关于取名的方式，《左传·桓公六年》中曾说道：

> 名有五：有信，有义，有象，有假，有类。以名生为信，以德命为义，以类命为象，取于物为假，取于父为类。不以国，不以官，不以山川，不以隐疾，不以畜生，不以器币。周人以讳事神，名，终将讳之。②

这段话中所提到的信、义、象、假、类等五种命名方式的含义，王充在《论衡·诘术篇》中曾做过专门的解释：

---

① 《礼记注疏》卷二八《内则》，见阮元校刻《十三经注疏》，北京：中华书局，1980年，第1469页下。
② 杨伯峻《春秋左传注》，北京：中华书局，1990年，第115—116页。

其立名也，以信、以义、以像、以假、以类。以生名为信，若鲁公子友生，文在其手曰"友"也。以德名为义，若文王为昌，武王为发也。以类名为像，若孔子名丘也。取于物为假，若宋公名杵臼也。取于父为类，有似类于父也。①

《左传》中所谈的命名方式和《论衡》中的阐发，说明了古人对起乳名是非常重视的。用现代的语言来解释，所谓的"信"，就是表记、特征。根据小儿出生时的特征来命名，就叫"信"。如唐叔虞初生时，手掌上有字形似"虞"，故把他叫作"虞"。另如鲁桓公的儿子季友生下来的时候，手掌纹上有"友"字，于是取名叫"友"。义，指意义。根据一个人的德行来命名便叫"义"，像文王名昌，武王名发，便是取德行上的昌盛、发达之意为名的。根据类似形象来命名叫"象"。如孔子名丘，传说他生下来时头部中间低，四边高，像一座丘陵，所以取名叫"丘"。借用器物的名称来命名叫"假"。如宋昭公就是用舂米的杵臼命名的。孔子的儿子伯鱼出生时，恰巧有人来送鱼，所以孔子就给儿子取名为鲤。根据类似父亲之处来取名叫作"类"，例如儿子和父亲同日生，儿子就被取名为"同"。上古时期，人们对鬼神非常敬畏，所以人死之后，对他的名也要避讳。凡是以国名来命名的，必须改名。凡是以官称命名的，必须改掉职官名。凡是以祭祀物品命名的，就会招致毁礼废祀。

---

① 王充著，黄晖校释《论衡校释》，北京：中华书局，1990年，第1033—1034页。

单名　双名

从字数上来看，汉民族的命名主要有单字名和双字名两种。单字名出现的时间较早，可以一直追溯到私名产生的时候，传说中的尧、舜、禹、启都是单名。就信史考察，周文王名昌，周武王名发，周成王名诵，周公名旦，召公名奭，姜太公名尚，孔子名丘，孟子名轲，都是单名。古时重实用、少藻饰，加之单音节词发达，所以单字名非常盛行。但人的审美意识一般是由质朴到绮丽嬗变的，语言也是由单音节词向双音节词和多音节词发展，所以，春秋时期也出现了不少双字名，如仲孙何忌、魏曼多、散宜生、苏忿生等。可是，人们在读史籍时常会发现，如《春秋公羊传·定公六年》："二名，非礼也。"①《白虎通》中也说："《春秋》讥二名。"②这是怎么回事呢？西汉末年，王莽当政时还曾下令禁止使用双字名，只能通行单字名，认为这样才符合古制。在《汉书·王莽传》中有"匈奴单于，顺制作，去二名"③的记载，可见二名之禁，确实颁布过诏令。《汉书·匈奴传》中还具体记述王莽当政时，不仅禁止百姓取二名，而且要使臣转告匈奴单于，如果改了名字，将一定重重赏赐。于是单于特地给王莽上了一道表章，说道：

---

① 《春秋公羊传注疏》卷二六，见阮元校刻《十三经注疏》，北京：中华书局，1980年，第2339页下。
② 陈立撰，吴则虞点校《白虎通疏证》卷九，北京：中华书局，1994年，第411页。
③ 班固撰，颜师古注《汉书》卷九九上，北京：中华书局，1962年，第4077页。

幸得备藩臣，窃乐太平圣制，臣故名囊知牙斯，今谨更名曰知。①

王莽这样不遗余力地推行单字名，禁止双字名，除了复古心理作祟外，还有什么原因呢？

这个千古之谜，直到明末清初，才被著名学者顾炎武解开。顾炎武认为，古人命名或单或兼，古书经传均有记载，"《春秋》讥二名"并非讥双字名，而是讥其名多次变化无常者，"《左氏》说二名者，楚公子弃疾弑其君，即位之后，改名为居，是为二名"②。

排行命名

命名的另一种方式就是根据排行命名。一般来说，双字名用一字相同表示排行，单字名则以偏旁相同的字表示排行，还有一些下层人物，没有文化，就径直用序数命名来表排行。

顾炎武认为双字名表示排行始于晋末，他说："兄弟二名而用其一字者，世谓之排行，如德宗、德文、义符、义真之类。起自晋末，汉人所未有也。"③这一论断恐站不住脚。因为《左传》中就曾有长狄兄弟四人，分别叫侨如、焚如、荣如、简如，东汉时孔子的后裔孔僖有二子，分别叫长彦、季彦，东汉末著名书法家

---

① 班固撰，颜师古注《汉书》卷九四，北京：中华书局，1962年，第3819页。
② 顾炎武著，黄汝城集释，栾保群、吕宗力点校《日知录集释》卷二三"两名"条，上海：上海古籍出版社，2006年，第1329页。
③ 顾炎武著，黄汝城集释，栾保群、吕宗力点校《日知录集释》卷二三"排行"条，上海：上海古籍出版社，2006年，第1334页。

蔡邕为别人作碑文，中有"懿达、仁达"两兄弟，可见双字名表排行也是由来已久，并非晋末才出现。单名以偏旁表排行，如东汉末荆州牧刘表的两个儿子分别叫刘琦、刘琮，魏晋时卫恒之子卫璪、卫玠，张华之子张祎、张韪，梁代的钟岏、钟嵘、钟屿兄弟，北齐的高洋、高演、高澄、高湛兄弟等。至于在命名时以序数表示排行，出现得较晚。唐人喜欢称呼别人的排行，在诗文和笔记中记载甚多，但那并不是名，而是一种别号，我们留在下一节专门介绍。终其身以排行相称，再没别的名字者，据史料记载，在魏晋南北朝时已出现。《周书·异域传·獠》中记当时的獠人"俗多不辨姓氏，又无名字，所生男女，唯以长幼次第呼之。其丈夫称阿謩、阿段，妇人阿夷、阿第之类，皆其语之次第称谓也"①。宋代这种命名法也非常流行，如兴国军民熊二、鄱阳城民刘十二、南城田夫周三、符离人从四、楚州山阳县渔者尹一、解州安邑池西乡民梁小二、临川人董小七、徽州婺源民张四、黄州市民李十六、金华孝顺镇农民陈二等等（见洪迈《夷坚志》）。《水浒传》中的阮小二、阮小五、阮小七也是以排行为名的。清乾隆二十五年十一月，内务府给皇帝奏报一起杀人及勒卖妇女为娼案中写道："拿获民人阎二、媒婆郭氏，伙众开窑（即窑子，指妓院），设法抑勒，强将有夫民妇申丕显之妻翟氏等十户鬻卖，朋分身价。并阎二等之伙计：良乡县民人李大、张三、李四、吕六胡子等四人，将张二、刘二之妻勒卖后，在于谋财，将张二父子

---

① 令狐德棻等《周书》卷四九，北京：中华书局，1971年，第890页。

推落水中淹毙，将刘二父子在蒋家坟一同勒死。"①这些以排行命名者，大都是下层社会的百工细民。元代统治时期，曾发布禁令："庶民无职者不许取名，止以行第及父母年齿合计为名。"则变成了一种数字名，与单纯的表示排行序次命名又有所不同。

　　清人用数目命名的也很多："八旗幼童，喜以数目字命名，如七十二、八十三等名，多出于祖父母之纪年，因以为寿也。"②奕赓《清语人名译记》中也载有如得喜(四十)、尼音珠(六十)、那丹珠(七十)、扎昆珠(八十)、乌云珠(九十)等满语名字，这种命名以父母生子之年龄相加，作为儿女的乳名，比如父亲年二十四岁、母亲年二十二岁时得子，那么就将父母年龄加起来，合为四十六，给儿子取名"四六"。如果父年二十三、母年二十二，合为四十五，也可能给儿子取名"五九"，取两数之乘积以合父母年龄之和。

　　另外，还有一种是取儿女出生时所称轻重的斤数命名，比如鲁迅小说《风波》就写到了这样一个习俗。小说中的九斤老太，生下来时称了九斤重，故名。她的儿子生下来时只有七斤重，故称为"七斤"，称儿媳妇为"七斤嫂"。到了她的孙女儿时，更加每况愈下，只称得六斤，所以才惹得老太太不停地嘟囔："这真是一代不如一代！"

---

① 转引自韦庆远、吴奇衍、鲁素《清代奴婢制度》，北京：中国人民大学出版社，1982年，第55页。
② 福格撰，汪北平点校《听雨丛谈》卷一一"以数目字命名"条，北京：中华书局，1984年，第220页。

连名

连名是古代少数民族姓名结构的一个突出特点。以彝族姓名为例,其构成方法是取父名中一个字,放置到子名之中,这样父名与子名之间往往只差一个字或两个字,这样便于记忆,人们可以从古老的祖先一直背诵到自己的名字,而且还可以预计到下一代的连名。根据张联芳的研究,连名制在我国少数民族中流布很广,有二十多个民族普遍使用,其中最为古老和完备的要推彝族的连名制了。采用连名制的民族,有的使用姓,大多居住在南方,如彝语支各民族等;有的不使用姓,一般居住在北方,信仰伊斯兰教。连名制产生的时间不同,表现形式亦多样。主要有:母子连名或子母连名,父子连名或子父连名,舅甥连名,夫妻或妻夫连名,大名小名(乳名)连名,子父部落连名,子父祖三代连名,等等。[1]

毛奇龄《蛮司合志》卷八记载彝族"家其有名者或递承其父名之末字,故无姓。弘治中知府陈晟以百家姓八字,司分一字加于各名之上,诸甸皆受,惟纳楼不受"。根据马学良的研究,父子连名制在彝族社会中分黑彝和白彝两种体系。

黑彝连名不冠姓,如唐代彝族统治者南诏家族谱系:

金龙、龙独罗、罗盛、盛罗皮、皮罗阁、阁罗凤、凤加异、异牟寻、寻阁劝、劝龙晟、晟丰佑、世隆、隆舜、舜化员……

---

[1] 张联芳主编《中国人的姓名》,北京:中国社会科学出版社,1992年,第9页。纳日碧力戈对连名制也有较深入论述,见其所著《姓名论》(修订版),北京:社会科学文献出版社,2015年。

白彝父子连名必冠姓,如鹤庆、永胜高土司家族谱系:

高望秦、高秦成、高成君、高君辅、高辅余、高余武、高武茫、高茫善、高善诺、高诺义、高义和、高和亮、高亮从、高从军……①

云南基诺山曼雅寨的基诺人,也实行父子连名制,建寨人为姐右,以后依次为右保—保姐—巴保姐—姐约—约八—八撒—撒姐—姐白腊—白腊约—约子—不勒姐。

哈尼族的连名有两音节、三音节两种。两音节的如元江县李堂沙系谱:者每—每吕—吕波—波妞……三音节的则取双音节父名的一音节和双音节子名连成。如红河县李呈祥系谱:木实孔—孔欠莫—莫十书—书布孩……

独龙族的名字必须冠以家族名称和父名,女子还要加上母名,如:

白丽(家族名)·丁板(父名)·顶(母名)·阿克恰(爱称)·南(排行)。

白丽(家族名)·婻木(母名)·损(父名)·阿克备(爱称)·能(排行)。

孔当(家族名)·顶(父名)·阿克恰(爱称)·松旺(自取名)。

命名不仅是对个人的标志和区别,同时也是一定时代的文化反映,在个人的名字中也折射出时代精神和社会心理的光彩。

两汉特别是西汉时期,经济发展,国力强盛,整个社会充满

---

① 马学良《彝族姓名考源》,见《马学良文集》中册,北京:中央民族大学出版社,2009年,第247页。

雄阔宏大、蓬勃向上的气象，这种昂扬向上的社会心理反映在命名上，就出现了喜欢用"勇""超""雄""霸""彪""胜""武"等充满阳刚之气的字眼命名的现象。如班勇、班超、班彪、扬雄、法雄、黄霸、夏侯胜、苏武等。南北朝时张道陵的五斗米教盛行，上层贵族和文人莫不倾心，所以在命名上多用"之""道"等字眼，甚至父子不避同名，三四代人名中都用"之"字。以琅琊王氏为例，就可以清楚地看出这一特点：六世有晏之、允之、羲之、颐之、胡之、耆之、羡之、彭之、彪之、翘之，七世有昆之、晞之、玄之、凝之、徽之、献之、茂之、随之、伟之、越之、临之、望之，八世有陋之、肇之、桢之、静之、裕之、弘之、韶之、纳之、瓛之、泰之，九世有悦之、升之、唯之、瓒之、标之、逸之、珪之，十世有秀之、延之、舆之、等等。本来，六朝士族大姓特别注重家讳，唯独对"之""道"等字毫不避讳，就此中可以窥出这种风气之烈。

宋代人名字中多喜用"老""叟"和"翁"字，如著《东京梦华录》的孟元老、南宋词人刘辰翁等，这与当时社会优礼老人有关，这种表示成熟稳健、抒发优游自得的心理投射到命名上，就形成了许多人都喜欢故作老气横秋之态的风尚。清末严复翻译赫胥黎的《天演论》，很快风行一时，为知识界广泛接受，"物竞天择，适者生存"变成了最时髦的话题，故在当时人们的命名上也留下了痕迹。如陈炯明字竞存，秋瑾字竞雄，胡适字适之，此外还有李天择、张竞生等，都可以看出时代思潮对命名的影响。

有人曾将20世纪不同时期命名罗列，亦可看出命名与社会心理的共变关系①：

出生年代	姓名			
1948 年以前	贾得宝	孙发财	姚有禄	庞天佑
1949—1950	郑解放	叶南下	秦建国	向天明
1951—1953	司卫国	邓援朝	朱抗美	靳停战
1954—1957	刘建设	申互助	童和平	时志方
1958—1959	孟跃进	潘胜天	戴红花	王铁汉
1960—1963	任坚强	冯抗洪	齐移山	赵向党
1964—1965	高学锋	钱志农	艾学雷	方永进
1966—1976	董文革	张要武	房永红	邢卫兵
1977—1983	韩振兴	李跃华	宋富旺	彭文明

据陈章太用电子计算机所做统计，1949 年 9 月 30 日以前，人名常用的六个字是"英、秀、玉、珍、华、兰"，1949 年 10 月至 1966 年 5 月人名常用的前六个字是"华、英、玉、明、秀、国"，1966 年 6 月至 1976 年 10 月人名常用的前六个字则是"红、华、军、文、英、明"，1976 年 11 月至 1982 年 6 月人名常用的前六个字是"华、丽、春、小、燕、红"。②

命名还与所处的阶级和阶层有关。一般说来，统治阶级和贵族之家，因为是精英文化的专有者，所以在命名仪式和方法上也

---

① 《讽刺与幽默》1983 年 6 月 5 日。
② 中国社会科学院语言文学应用研究所社会语言学研究室编《语言·社会·文化》，北京：语文出版社，1991 年，第 469 页。

特别讲究，注意典故出处、独特别致和寓意深刻。而被统治阶级和市井细民们，由于文化水平很低，同时还有许多禁忌（如前面所引元代颁布的禁令，明确规定不准庶民无职者正式取名，只能用行第和父母年龄合计的数字命名），故名字较通俗质朴。缪荃孙《云自在龛随笔》卷一记载："张士诚兄弟九四、九五、九六。元人微贱无名，以父母之年合呼之。"①据说张士诚原名张九四，反元起义后做了王爷，嫌数字名不雅驯，有一个文人给他取名叫士诚，他感到这个名字很好。其实取名者援引了《孟子》中的一句话："士，诚小人也。"②这一句也可以句读为："士诚，小人也。"他因没有文化，上了文人的当，被人骂了半辈子"小人"而不知。除开用数字外，还多用姓氏加上他们所从事的职业或技艺等来命名。如银匠李四、炭张三、乳酪张家，现在许多城市还能看到"赖汤圆""张家剪刀""马家腊肉"之类的招牌。当然，这一方面是古代技艺百工行业的孑遗，另一方面也含有标榜老字号的用意。此外，男子多用"郎""哥"，女子则多用"娘""女"等仅能表现性别的字眼。我们读宋元话本和明清小说，看到下层群众和市民的名字，大多是店小二、卖油郎、郓哥、春哥、孙二娘、绣女等。在阶级社会中，统治者不仅占有生产资料和文化教育，还专有某些观念和范畴，从命名上也可以清楚地看出这一点。

命名也与地域文化有关。如北方晋陕一带乡下，称男性儿童，多在排行后加"愣""锤""害""鞑子""蛋"等字眼，称女性儿

---

① 缪荃孙《云自在龛随笔》，北京：商务印书馆，1958年，第15页。
② 赵岐注，孙奭疏《孟子注疏》，上海：上海古籍出版社，1990年，第52页。

童则多在排行后加一"女"字。江南一带多称男孩子为"囝",称女孩子为"丫"。岭南两广一带则多在儿童名字前加一"阿"字,这些都是受地域文化影响形成的习尚。

四、字以表德

古人除名之外,还有"字"。所谓的"字"就是男子在冠礼、女子在笄礼上所获得的新命名,《礼记·檀弓》篇中说道:

> 幼名,冠字,五十以伯仲。疏曰:始生三月而加名,故云幼名也;冠字者,人年二十有为人父之道,朋友等类不可复呼其名,故冠而加字;年至五十耆艾转尊,又舍其二十之字,直以伯仲别之。①

冠礼是男子在二十岁时所举行的一项非常隆重的仪式,古人认为男子二十岁时生理发育、思想性格都已成熟,可以离开家族独立生活,开辟自己的天地。所以,冠礼实际上是男子成年的标志,近乎现代的成人礼。

据《礼记·冠义》"重冠故行之于庙,行之于庙者,所以尊重事"②知,冠礼一般是在祖庙(士冠于祢庙,诸侯冠于太祖之庙,

---

① 《礼记注疏》卷七《檀弓》,见阮元校刻《十三经注疏》,北京:中华书局,1980年,第1286页中。
② 《礼记注疏》卷六一《冠义》,见阮元校刻《十三经注疏》,北京:中华书局,1980年,第1680页上。

天子冠于始祖之庙)之中举行的。亲自主持这一仪式的，是受冠者的父亲。古人的冠礼大致有以下三个步骤：

第一，卜筮。指在举行仪式前，对冠礼的日期和来宾进行卜筮。卜筮的地点也在祖庙。

第二，挽髻。就是将受冠者的头发束于头顶挽成发髻。这项工作大多由参加冠礼的来宾去做。

第三，加冠。由来宾中有威望的人给受冠者戴冠。首先，要加缁布冠，其次，加皮弁冠，最后加爵弁冠。这是士人冠礼的主要内容。

在冠礼上，习惯上还有一个新的命名仪式，一般由来宾据名而题取相应的字，题字者当众大声念祝词道："礼仪既备，令月吉日，昭告尔字。爰字孔嘉，髦士攸宜，宜之于假，永受保之。"[①]

女子的笄礼一般是在十五岁左右出嫁前夕举行。这表示该女也已成年，可以"自家而出"嫁到夫家"宜其家室"了。古人认为，"嫁"的意思就是从父母家转到丈夫家。未嫁之前，女子以父母为家；既嫁之后，就以丈夫为家。因此，"嫁"不是离开而是被称作"归"，就是说女子找到夫家才算有了最后的归宿。所以，女子的名与字具有不同的意义。名是由父母在其初生时所取，是她作为父母家成员的标志；字则表明她将要成为夫家的成员，因而，在既嫁之后，就只能称字而不能再称名了。

在冠礼和笄礼上获得的新命名，是男女青年成人的标志。

[①]《仪礼注疏》卷三，见阮元校刻《十三经注疏》，北京：中华书局，1980年，第957页下。

《礼记·冠义》上说："已冠而字之，成人之道也。"①有了这个新命名，青年就可以在社交场合上使用，同辈之间、同僚之间，就不能再称呼幼小之名了。

名字关系

名和字既有区别，又有联系。名是幼小卑贱之称，而字则是成年人的正式称号。"古者名以正体，字以表德"②，所以字又叫"表字"，"古称孩而名之，冠而字之。盖以名者义之制，字者名之饰，先民之论其亦多矣。故吐情自纪，名以示谦；均体相称，字以为重"③。这是两者相区别之处。另一方面"字则展名取同义"④，"人生幼而有名，冠为之字，名字者，一言之殊号。名不可二，挚乳浸多谓之字"⑤，说明字实际上是用同义词对名的转述和进一步解释。

名和字存在着非常密切的语义联系，这种联系或显或隐，或直接或间接，通过对命名的文化背景的研究，大多能寻找出语义间的关联性。例如：孔子有弟子名宰予，字子我；名端木赐，字子贡；名冉耕，字伯牛；名卜商，字子夏。屈原，名平，字原（《尔雅·释地》："广平曰原。"）。元代散曲作家张养浩，字希

---

① 《礼记注疏》卷六一《冠义》，见阮元校刻《十三经注疏》，北京：中华书局，1980年，第1679页下。
② 王利器撰《颜氏家训集解·风操第六》，北京：中华书局，1993年，第92页。
③ 《册府元龟》卷八二四"名字"条，北京：中华书局影宋本，1989年，第3058页上。
④ 王充《论衡·诘术篇》。
⑤ 章太炎撰，陈平原导读《国故论衡·小学略说》，上海：上海古籍出版社，2003年，第8页。

孟,名与字也是互相解释的,他的名实际上用《孟子·公孙丑上》"我善养吾浩然之气"①句意,表示希冀和仰慕孟子"至大至刚""充塞天地"的凛然正气和高尚人格,所以字叫作"希孟"。

还有一些古人的名和字由于词义的变迁,现在已不容易看出它们之间的意义联系,但如仔细研究,还是能找出一些共同点的。例如孔子,名丘,字仲尼。根据《史记·孔子世家》记载,孔子的父亲叔梁纥和母亲颜氏曾"祷于尼丘(山名,即今山东曲阜东南的尼山)",遂生孔子,因此名丘,字仲尼。他的弟子颜回,字子渊,《说文》:"渊,回水也。"回水是指旋转的水。樊须,字子迟,古代"须"和"迟"都有等待的意思。这些联系都比较曲折隐蔽。

清代学者王引之在《春秋名字解诂》中指出,名与字存在着"五体六例"的联系。五体分别是指同训、对文、连类、指实、辨物。同训,谓名和字同义互训,可以相互解释,例如前面所举宰予字子我,"予"和"我"都是第一人称代词。对文,是指名与字是反义词,例如孔子有一弟子名曾点,字晳,点是指小黑痣,而晳是指人脸上洁白无瑕,反义相训。另如楚公子黑肱、郑公孙黑,也都字子晳。还有韩愈字退之、朱熹字元晦、赵孟頫字子昂等。南宋有一位写过《碧鸡漫志》的王灼,有人说他字海叔,也有人认为当作"晦叔",究竟哪一种看法正确呢?根据名字对文反训的原理,笔者以为作"晦叔"有道理。连类是指名和字在字义上隐含着某种联系,或是字义部分重合,或是用法有某种一致性。如鲁国

---

① 赵岐注,孙奭疏《孟子注疏》,上海:上海古籍出版社,1990年,第52页。

的南宫括字子容，"括"与"容"都有"包纳"的意思，在这一点上，两词的意义是相重合的。又如鲁国的孟之侧字反，"反侧"一语出自《诗·周南·关雎》"悠哉悠哉，辗转反侧"，作为动词意义基本相同。指实是说名和字虚实相生，动静配合，互为联系。如前举孔子弟子冉耕字伯牛，牛是静物，耕是动作；齐公子固字子城，由城墙的形象联想到牢固的性质，《论语·季氏篇》中有"今夫颛臾，固而近于费"之句，其中"固"字，就是指城池的坚固。辨物是说名与字是部分同整体的关系。如孔子的儿子名鲤字伯鱼，鲤是鱼这个类概念中的一个子概念。

字的构成

先秦时期，贵族之家的"字"要包括表示排行的伯、仲、叔、季等。长子称伯（庶长子另称为孟），次子称仲，以下称叔，幼子称季，例如：

伯禽　仲尼　叔向　季路

有时候在男子字的后面再系一"父"字或"甫"字，女子字的后面再系一"母"字，表示业已成人，可以做父母了。完整的字的形式是"伯×父""仲×母"这样的模板。例如：

伯禽父　仲山甫　仲尼父　叔兴父

女子字的前面还要加姓，姓的前面还要加表示排行的孟仲叔季，这样女子字的全称就变成：排行+姓+字+母。例如：

孟妊车母　仲姞义母

汉代以来，人们除了沿用传统的排行法外，还出现了一些新的表示排行次序的字。如：

元。元有大、始的意思，所以一般用作长子、长女的名字。如东汉陈纪字元方，弟谌，字季云；晋代桓彝的长子桓温字元子；《红楼梦》中贾宝玉的大姐贾元春。

长。长字也有大、始的意思，所以同"元"字一样，用于长子。如西汉著名辞赋家司马相如字长卿；西汉末年孔子的后裔孔均字长平；晋代王导的长子王悦字长豫。《史记》的作者司马迁，字子长，虽然史乘对他究竟在家中行次为几语焉不详，但笔者根据名字互训的原理，推断他为司马谈的长子，当无大错。

次。次有第二或下一位的意思，用于排行，同仲相似。如东汉时期祭遵字弟孙，他的从弟祭肜字次孙。

幼。幼有小、末的意思，常用于末子或幼子的名字。如东汉末年的孙坚字文台，他的小弟弟孙静即幼台；三国时司马防的小儿子司马敏，字幼达；晋代谢安的哥哥谢奕有三子，小儿子谢玄即字幼度；南宋著名词人辛弃疾字幼安，可能也是家中行辈较低者。

稚。与幼同义，也用于幼子或行辈较低者。如三国时的夏侯渊有五子，少子惠字稚权；晋代思想家葛洪亦为幼子，故字稚川。

少。与幼、稚同，用于末子。如东汉的许荆为幼子，故字少张。任安字少卿、董宣字少平、贡禹字少翁，可能都是幼子。

春秋战国时期，男子取字最常见的方式就是在字的前面加"子"字，这是由于"子"是男子的尊称。例如：

子渊(颜回)　子有(冉求)　子牛(司马耕)

子夏(卜商)　子我(宰予)　子贡(端木赐)

子产(公孙侨)　子犯(狐偃)　子胥(伍员)

兼举名字

在先秦时期,名和字连着说的时候,一般要先称字,后称名。例如:

季(字)友(名)　　孟明(字)视(名)

孔父(字)嘉(名)　叔梁(字)纥(名)

汉代以后,则变为先称名后称字。例如曹丕《典论·论文》中便有:

  今之文人,鲁国孔融(名)文举(字)、广陵陈琳(名)孔璋(字)、山阳王粲(名)仲宣(字)、北海徐幹(名)伟长(字)、陈留阮瑀(名)元瑜(字)、汝南应玚(名)德琏(字)、东平刘桢(名)公幹(字)。①

王安石《游褒禅山记》中也有:

  四人者,庐陵萧君圭(名)君玉(字),长乐王回(名)深父(字),余弟安国(名)平父(字)、安上(名)纯父(字)。②

封建的尊卑等级观念也渗透在名字的称谓中。过去尊长者对

---

① 严可均校辑《全上古三代秦汉三国六朝文·全三国文》卷八,北京:中华书局,1958年,第1097页。
② 王安石《临川先生文集》卷八三,北京:中华书局,1959年,第869页。

卑下者一般称呼名，卑下者自称也称名；卑下者对平辈或长辈则不能称名，只能称字。这是一般的通例。

但也有例外情况，有时卑下者也自称字。例如王羲之在《敬谢帖》中自称"王逸少白"，唐代的权德舆在《答杨湖南书》中自称"载之再拜"，白居易《与元九书》称"乐天再拜"，元稹作《白氏长庆集序》自书曰"微之序"。

有时君上对臣下也称字。据顾炎武考证，晋代以后人主对臣下多不称名。蔡撙为梁吏部尚书侍中，有一次，梁武帝设饼宴招待诸大臣，蔡撙也列席。武帝频频呼唤蔡撙的名，蔡撙竟不答，食饼如故。武帝知道他因称名而不高兴，于是改称蔡尚书，蔡撙这才放箸答应。武帝便问："你刚才还好像聋人似的，现在为什么如此敏捷？"蔡撙回答说："我好赖也算是贵戚，并且职在纳言，陛下不应如此轻慢地以名呼唤。"武帝听后面有惭色。另如，北魏的王昕对汝南王悦自称"元景"，北齐的祖珽对长广王湛自称"孝徵"，隋时崔颐《答豫章王启》自称"祖浚"，王贞《答齐王暕启》自称"孝逸"。唐太宗时，封伦、房乔、高俭、尉迟恭等，并以字为名，这是因为君主常称臣下之字的缘故。"其时堂陛之间未甚阔绝，君臣而有朋友之义，后世所不能及矣。"①从呼名还是称字这一细节，也能略窥出君臣之间的人际关系究竟是和谐默契还是对立紧张。

---

① 顾炎武著、黄汝成集释，栾保群、吕宗力校点《日知录集释》卷二三"人主呼人臣字"条，上海：上海古籍出版社，2006年，第1328页。

五、号以美称

古代对人的称谓，除了名字之外，还有号。号的情况也比较复杂，大致可以分为自号、别号、法号、道号、室号、堂号、绰号、谥号、称地望、称官爵、称行第等各类情况。关于号的性质，《释名》中曾解释说："号，呼也，以其善恶呼名之也。"董仲舒在《春秋繁露》中对名和号的不同意义做了辨析："古之圣人謞而效天地谓之号，鸣而命施谓之名。名之为言，鸣与命也；号之为言，謞而效也。"①《周礼·春官·大祝》"辨六号"注："号谓尊其名更为美称焉。"②说明号本来是指公众对某人评价的称呼，这种评价多涉及道德上的善恶和行为上的美丑。关于号产生的时间，顾炎武曾这样总结道：

> 自夏以前，纯乎质，故帝王有名而无号。自商以下，浸乎文，故有名有号。而德之盛者，有谥以美之，于是周公因而制谥，自天子达于卿大夫，美恶皆有谥，而十干之号不立。然王季以上不追谥，犹用商人之礼焉，此文质之中而臣子之义也。③

---

① 苏舆撰，钟哲点校《春秋繁露义证·深察名号第三十五》，北京：中华书局，1992年，第285页。
② 《周礼注疏》卷二五，见阮元校刻《十三经注疏》，北京：中华书局，1980年，第809页。
③ 顾炎武著，黄汝城集释，栾保群、吕宗力点校《日知录集释》卷二"帝王名号"条，上海：上海古籍出版社，2006年，第58页。

顾氏认为号产生于殷商以后，对"德之盛者"则加谥以赞美，周公制谥后，上自天子下到卿大夫都有谥，谥可分为美恶两类。这些看法基本上是正确的。下面分别具体谈一谈。

自号

自号一般是由自己拟定的，它与名字不一定存在语义上的联系，但往往能透露出主人的志趣理想和人生态度，特别是一些知识分子和诗人作家，愤世嫉俗，特立独行，在自号上也能表现出来。

东晋时期的大诗人陶渊明，自号五柳先生，并曾作传以自况：

> 先生不知何许人也，亦不详其姓字。宅边有五柳树，因以为号焉。闲静少言，不慕荣利。好读书，不求甚解；每有会意，便欣然忘食。性嗜酒，家贫不能常得；亲旧知其如此，或置酒而招之。造饮辄尽，期在必醉，既醉而退，曾不吝情去留。环堵萧然，不蔽风日，短褐穿结，箪瓢屡空，晏如也。常著文章自娱，颇示己志。忘怀得失，以此自终。
>
> 赞曰：黔娄之妻有言："不戚戚于贫贱，不汲汲于富贵。"极其言兹若人之俦乎？酣觞赋诗，以乐其志。无怀氏之民欤？葛天氏之民欤？[①]

[①] 逯钦立校注《陶渊明集》卷六，北京：中华书局，1979年，第175页。

这个自号和这段自传,将这位"古今隐逸诗人之宗"的生活情趣和人生态度,表现得生动真切,陶渊明"不戚戚于贫贱,不汲汲于富贵""不为五斗米折腰向乡里小人"的傲骨衷肠跃然纸上。元代杂剧和散曲作家马致远,号东篱,就是取陶渊明"采菊东篱下,悠然见南山"诗句,表明他对陶渊明的高风亮节、娴雅散淡的仰慕和对黑暗污秽现实的愤憎。晚清著名诗人黄遵宪则取陶诗"结庐在人境"一句作为室号名"人境庐",也传达出他的理想和追求。

唐初王绩号东皋子,又自号五斗先生,并仿陶渊明《五柳先生传》,作《五斗先生传》以自况:

>有五斗先生者,以酒德游于人间。有以酒请者,无贵贱皆往,往必醉,醉则不择地斯寝矣,醒则复起饮也。常一饮五斗,因以为号焉。先生绝思虑,寡言语,不知天下之有仁义厚薄也。忽焉而去,倏然而来;其动也天,其静也地,故万物不能萦心焉。尝言曰:天下大抵可见矣。生何足养,而嵇康著论;途何为穷,而阮籍恸哭?故昏昏默默,圣人之所居也。遂行其志,不知所如。①

清代大画家、"扬州八怪"之一的郑燮号板桥,《红楼梦》的作者曹霑号雪芹,都在别号中寄寓了他们的理想和情趣,淡雅隽

---

① 董诰等编《全唐文》卷一三二,北京:中华书局,1983年,第1328页。

永，以致后来竟以号行，他们的名字反而很少被后人所提及了。笔者以为，自号是了解古代诗文作家审美情趣的一个窗口，通过自号可以管窥古人的志趣和情怀。从古人多以遁叟、志圃、居士、野夫、布衣、散仙、道人、渔者、野樵、遗老等词题写自号，就可以看出他们的价值取向和人生理想。当然，也有不少贵族豪门，东施效颦，附庸风雅，取一些恬淡古拙的别号，以掩盖他们的名利贪欲之心，这应该另当别论。文不如其人，号也不尽如其人，这都是常有的事。

自号可以是三个字，例如晋代的葛洪自号抱朴子，唐初诗人王绩号东皋子，晚唐诗人李商隐号玉溪生，元代词人仇远号山村民，元代画家倪瓒号云林子、幻霞子、荆蛮民，清代画家石涛别号大涤子。也可以是四个字，其中以"某某先生""某某居士""某某山人""某某道人"最多。以先生为号者有：五柳先生陶渊明、笑笑先生文同、东莱先生吕祖谦、明道先生程颢、伊川先生程颐、阳明先生王守仁等。以居士为号者有：青莲居士李白，香山居士白居易，东坡居士苏轼，易安居士李清照，幽栖居士朱淑真，秦观别号邗沟居士、淮海居士等。以山人或野人为号者有：华阳山人顾况、三外野人郑思肖、九龙山人王绂、四溟山人谢榛、射阳山人吴承恩、八大山人朱耷。以道人自号者有：白石道人姜夔、龙洲道人刘过、松雪道人赵孟頫、清远道人汤显祖等。也可以是五个字，如明代戏曲作家高濂号瑞南道人，又号湖上桃花渔，明代小说家、"三言"的作者冯梦龙号墨憨斋主人，"二拍"的作者凌濛初别号即空观主人，连意大利教士利玛窦来华传教时，也给自己取号大西域山人。有六个字的，如清代画家金农号二百砚田富翁，现代著名画家潘天寿自号雷婆头峰寿者。甚至有七个字者，如清代画家郑板桥仰慕徐渭（号青藤道士），故自称为"青藤门下牛马走""青藤门下一走狗"。

但最常见的自号多为两个字，其中又多以山、陵、湖、川、谷、村、翁、斋、庵、堂等字构成。如晏几道号小山，王安石号半山，文天祥号文山，元好问号遗山；杜甫号少陵，梅尧臣号宛陵；范成大号石湖；陈亮号龙川，归有光号震川；黄庭坚号山谷，方回号虚谷；刘克庄号后村，陶宗仪号南村；陆游号放翁，岳珂号倦翁；杨万里号诚斋，萨都剌号直斋，著《酸甜乐府》一书的维吾尔族文学家贯云石号酸斋，徐再思号甜斋；张翥号蜕庵，刘效祖号念庵，张岱号陶庵。著名古文字学家唐兰谈到殷墟卜辞研究时说："自雪堂导夫先路，观堂继以考史，彦堂区其时代，鼎堂发其辞例，固已极一时之盛。"①这就是所谓的"甲骨四堂"，分别指罗振玉（雪堂）、王国维（观堂）、董作宾（彦堂）、郭沫若（鼎堂）。

古人有时还以年岁自号，其中有些是以生年自命的。例如五代的杨凝式、明代的周星诒都自称癸巳人，明代的徐洪星自称甲子老人，清代周寅号甲寅人，吴衡照号辛卯生，黄丕烈自称癸未人，汪适孙号甲子生，查士标号后乙卯生。研究古代人物，如果传记资料缺乏，这些别号对考证古人的生卒年岁有很大的帮助。还有些是以某年寿辰为号的，我们经常在书画题款上见到的花甲子、八十老翁、百岁老叟等皆是。

---

① 唐兰《天壤阁甲骨文存·自序》。

有些人甚至以号行天下,而名和字竟失传了。如章回小说《水浒传》的作者施耐庵,耐庵可能就是他的号,而名和字以及生平事迹旧籍记载绝少,已不可考。写《金瓶梅》的作者兰陵笑笑生,评《红楼梦》的脂砚斋,都已无法考知他们的姓、名、字了。

有些人的号非常奇异古怪,如果参以生平事迹,仔细研究,可以见出命号者的思想信仰、学识才情、经历遭遇。如元代姜思周号花酒头陀、丁祐号有发僧,明代徐树丕号活埋庵道人,表现出作号者内有隐衷,情多愤激。明代唐寅号江南第一风流才子,又号普救寺婚姻案主者,表现出命号者放荡不羁、自由解放的异端思想。清代僧人成果号"万里行脚僧,小浮山长,统理天下名山风月事,兼理仙鹤粮饷,不醒乡侯",则是通过模拟别号的方式,宣泄玩世不恭的情绪,堪称是一篇人物思想录。萧遥天曾经说:"一个人往往拥有百数十个的,这也是中华知识分子特有的名字艺术。把一个喜立别号的人的此类艺术静心欣赏,是一篇精简的自叙传,凡志趣、寄托、才调、业绩、癖好、居室、收藏、形貌,多可窥其大概,甚至心坎深处的隐衷,也自此处流露。他们多好以隐逸自高,渔樵自乐,托名于斋堂园墅,遁迹于湖海山川。其弊则常见高倨庙堂,犹号山人居士;混迹市井,自道林隐真逸;饮酒食肉,也称道人和尚;颐指气使,署款钓徒樵夫……"①

钱锺书《围城》第三章中董斜川放言高论唐以来的诗坛,提及"陵谷山原",虽是在古典诗歌中点将,但也涉及人物的字号:

---

① [马来西亚]萧遥天《中国人名的研究》,北京:国际文化出版公司,1987年,第95—96页。

苏小姐道:"我也是个普通留学生,就不知道近代的旧诗谁算顶好。董先生讲点给我们听听。"

"当然是陈散原第一。这五六百年,算他最高。我常说唐以后的大诗人可以把地理名字来包括,叫'陵谷山原'。三陵:杜少陵,王广陵——知道这个人么?——梅宛陵;二谷:李昌谷,黄山谷;四山:李义山,王半山,陈后山,元遗山;可是只有一原,陈散原。"说时,翘着左手大拇指。鸿渐懦怯地问道:"不能添个'坡'么?"

"苏东坡,他差一点。"

鸿渐咋舌不下,想东坡的诗还不入他法眼,这人做的诗不知怎样好法,便问他要刚才写的诗来看。苏小姐知道斜川写了诗,也向他讨,因为只有做旧诗的人敢说不看新诗,做新诗的人从不肯说不懂旧诗的。①

董斜川所说的"三陵"是指杜少陵(杜甫)、王广陵(王令)、梅宛陵(梅尧臣);"二谷"是指李昌谷(李贺)、黄山谷(黄庭坚);"四山"是指李义山(李商隐)、王半山(王安石)、陈后山(陈师道)、元遗山(元好问);"一原"是指陈散原(陈三立)。董斜川所罗列的这十位诗人,有些是称自号(如杜少陵、王半山、黄山谷、陈后山、元遗山、陈散原),有些是称表字(李义山),有些是称生地郡望(如李昌谷、王广陵、梅宛陵)。

---

① 钱锺书《围城》,北京:人民文学出版社,1991年,第90页。

自号是中国人命名的一大特色，西方人称谓中偶尔也能见到有别名、艺名、笔名和绰号等，但那只是极个别的，不像中国人那样普遍。古今文人墨客大都在名字之外，另有自号，有些人甚至有不止一个自号，一般称作别号或别署。在社交场合或书函往来时，根据不同的需要，使用不同的别号。这样就显得典雅、斯文，充满书卷气，给人以风流儒雅的感觉，特别是古代诗文笔记中在提到某些作家和文人时，经常不称名字，直呼别号，所以掌握一些自号和别号的知识对我们阅读古籍也很有帮助。

法号　道号

法号和道号实际上也是别号的一种。法号是指佛教徒受戒时由本师授予的名号，又称法名或戒名。道号则是指道教徒入教后所取的一种教名。

佛教自从东汉末年传入中国以来，影响逐渐扩大，信徒不断增加。正式出家的信徒，应由僧侣另取称谓，不用原来的俗名，以示超脱了尘世的伦常人情，成了佛国的子民。晋以前，信徒的法名均"依师为姓"，如：支谶的弟子名支亮，支亮的弟子名支谦；支法护因师事竺高座故又称为竺法护，竺法护的两个弟子分别名竺德成、竺文盛；魏道生因从竺法汰出家而改名竺道生。东晋以来，僧人道安认为僧侣应废除世俗姓氏而以"释"为姓："大师之本，莫尊释迦，乃以释命氏。"《增一阿含》中也说："四河入海，无复河名，四姓为沙门，皆称释种，既悬与经符，遂为永式。"①从此，便确立了中土僧人以释命氏的佛教戒规，后代各派皆遵其法式。在佛教徒的法名中，还经常嵌有道、昙、慧、僧、法等字，如释慧远、释慧能、释法和、释僧肇、释昙邕等。李白在《僧伽歌》诗中曾记与他交往的一教徒说："真僧法号号僧伽，有时与我论三车。"②另外，对某宗某派的开山或杰出人物，则多尊称为"大师"，如智俨被称为"至相大师"、神会被称为"菏泽大师"等，也可以称作"禅师"或"国师"，如怀海被称为"百丈禅师"、澄观被称为"清凉国师"等。

道教徒虽然不像佛教徒那样，有统一规定的法名用字，但也多有教名。教名的得来有几种方式。一种是自号的，如葛洪自号抱朴子、司马承祯自号白云子、陈抟自号扶摇子、俞琰自号全阳子、白玉蟾自号海琼子等。也有些是被后人和教徒赐封追赠的，如：老子被称为"太上老君"，唐时又被封为"太上玄元皇帝"，到宋时则被封为"太上老君混元上德皇帝"；关尹被称为"无上真人""文始先生"；五斗米道的创始者张道陵被称为"张天师""正一天师"；许逊被称为"许真君"；施肩吾被称为"华阳真人"；张伯端被称为"紫阳真人"；丘处机被称为"长春真人"；等等。

佛教徒的法号和道教徒的道号本身就有许多特点，很值得研究。同时，这种命名方法还对世俗之人和文人墨客有很大的影响。文士们喜欢追风模仿，别号中多用居士，如李白号青莲居士、白居易号香山居士、李清照号易安居士，就都来自佛教。佛

---

① 释慧皎撰，汤用彤校注《高僧传》卷五《释道安》，北京：中华书局，1992年，第181页。
② 王琦注《李太白全集》，北京：中华书局，1977年，第405页。

教将受过"三皈""五戒"的在家佛教徒称为居士。《维摩诘经》上说，维摩诘居家学道，号称维摩居士，慧远《维摩义记》卷一说："居士有二：一、广积资产，居财之士，名为居士；二、在家修道，居家道士，名为居士。"[1]别号中的散仙、仙人、道人、道侣等，一眼望知，是受道徒的道号影响而形成的一种时髦。

室号　堂号

与自号相联系的还有室号和堂号。室号、堂号本是贵族豪绅及文人墨客对其居住之所或者亭堂楼阁的题名，但有时也可以做别号称呼，或者加上"先生""主人"等字眼后做别号用。如明代毛晋就自称为"汲古阁主人"。

室号的产生与魏晋南北朝以来贵族文士喜欢在风景优美之地建筑园林别墅有关，新修建了园墅就必须给这一景物题一个名字，后来则进一步扩展到给住所也题取名字。过去农村许多富户人家的门口都有题名匾额，写一些吉利话，后面则加上"居""斋""堂""园""楼"等字，今陕西韩城一带仍然保留着这样的遗风。

唐代已出现题写室名、堂号和楼号的，著名的有杜甫在成都郊外的浣花溪草堂。王维买到宋之问的蓝田辋川别业后，对各个风景观光点都进行了修葺，并逐一题名咏诗，还邀友人裴迪唱和，集成《辋川集》。宋元以来，文人们感到仕途经济不易成功，于是纷纷躲到居所，或钟情山水，或寄意于金石书画，或大量创

---

[1] 慧远《维摩义记》卷一，见《大正藏》第38册，台北：新文丰出版社，1988年，第441页。

作，或潜心搜集整理，借以消遣行乐，所以在室名、堂号上也表现出他们的志趣和爱好。下面分为斋、堂、楼、阁来介绍。

以斋命室者特别多。如朱国盛的拜石斋、唐树义的梦斫斋、施邦彦的点易斋、陆增祥的百砖砚斋、陈均的十三汉镜斋、叶昌炽的五白经幢斋、周德馨的千镜万泉斋等。宋代大书法家米芾藏有王羲之、谢安等人的书法真迹，又有一方王羲之用过的古砚，因此题其居所为宝晋斋。周春购到宋刻陶渊明诗集和礼书，辟室专藏，秘不示人，题其居为礼陶斋，后二书相继售出，故又将室名改为梦陶斋。清代赵之谦家中蓄养千鹤，故自号为仰视千七百二十九鹤斋，仿佛一养殖场。国民党元老于右任珍爱书艺，曾将洛阳出土的东汉《熹平石经》买下捐赠碑林，又将洛阳出土的一百多方北朝墓志献给碑林，他的书斋叫鸳鸯七志斋，也是因他收藏北魏墓志中七对夫妇的墓志，故起了这样一个有趣的斋号。

以室题写居所者有章谔的五万卷藏书室、朱鸿训的周篆秦碑汉瓦室、潘正亭的周朩兄簋唐曲江碑宋双砚三长物室，简直成了文物陈列展览室了。

以楼命室者有廖凤征的玩剑楼、丁国典的八千卷楼、陆心源的皕宋楼、王宗炎和胡凤丹的十万卷楼、潘什成的周敦商彝秦镜汉剑唐琴宋元明书画墨迹长物之楼，则几近于书库和杂货铺了。

以堂命室者，如清乾隆皇帝喜欢收藏书法作品，其中以王羲之、王献之、王珣的三件墨迹为稀世珍品，宝爱异常，故题其堂为三希堂。宋代的蒋璨和清代的周庆云都仰慕苏东坡的文采风流和道德文章，故分别名其室为景坡堂、梦坡堂。

绰号

自号与别号一般是自己题取的，而绰号则是别人根据某人的体貌、行为、特征所题取的，绰号不像别号那样严肃，它有时带些谐谑和漫画的味道，故意采取夸张性的手法，强调某人的某个特点，造成幽默和喜剧性的语言效果。绰号不像别号那样可以公开使用，而是在私下或别人在背后称呼的。但有些绰号得到被题取者的认可，也可以公开使用，甚至被题取者本人也以绰号自称，如《水浒传》中的许多人物在向别人通报姓名时就连绰号一起讲出。李逵每到战前，就对敌方自称是"黑旋风爷爷"。因为绰号具有谐谑性、夸张性、非正式性的特点，所以有时又称作诨名、诨号或外号。

绰号是以极简洁的形象化语言概括人物的体貌和个性特点，富有文学意味。近人刘大白曾专门对绰号进行过深入细致的研究，写有《绰号文学的研究》一文，把古人的绰号分为状貌、德行、威望、声价、命运、财产、业务、技能、学识、艺术、武勇、行为、举止、臭味、谈吐、著作、服舆、身份、嗜癖、谐谑等二十类。下面笔者对古人的绰号略做分析。

绰号产生的时间还不能确定，不过在西汉时期已有了类似绰号的称呼了。如汉武帝时的名将李广，骁勇善战、箭术超人，匈奴人非常敬畏他，称他为"飞将军"，凡是他所驻守的防区，匈奴人一般不敢贸然进犯。武帝时的另一位奇才终军，少机敏好学，十八岁时就被选为博士弟子，擢升谏议大夫，以弱冠之年出使南越(今两广地区)，说服南越王臣服汉朝，死时年仅二十余，时人称为"终童"。

东汉时期盛行人物品题，当时流行的"一句话"品题方式，实际上就是一种绰号。如《说文解字》的作者许慎因精通经学被称为"五经无双许叔重"、戴凭被称为"解经不穷戴侍中"、冯豹被称为"道德彬彬冯仲文"、贾逵被称为"问事不休贾长头"、董宣被称为"抱鼓不平董少平"等等，开后世人物品题和起绰号的先河。

绰号的臧否人物，褒贬是非，往往能做到"一字之褒，荣于衮冕；一字之贬，严于斧钺"。据《朝野佥载》记载，武后时张元一好品题，以赵廓渺小，起家御史，谓之"枭坐鹰架"；孔鲁丘为拾遗，有武夫气，谓之"鹜入凤池"；苏味道有才识，为"九月得霜鹰"；王方庆体质鄙陋，为"十月被冻蝇"；娄师德长大而黑，一足蹇，为"行辙方相"；吉顼长大，好昂头行，视高而望远，为"望柳骆驼"；元本身黑而瘦，为"岭南考典"；朱前疑身体垢腻，为"光禄掌膳"；东方虬身长衫短，为"外军校尉"；唐波若矮短，为"郁屈蜀马"；长孺子视望阳，为"呷醋汉"；苏徵举止轻薄，为"失孔老鼠"。而张元一腹粗脚短，吉顼亦目之为"逆流虾蟆"。魏光乘亦好品题朝士，以姚元崇长大行急，为"趁蛇鹳鹊"；卢怀慎好视地，为"觑鼠猫儿"；姜皎肥而黑，为"饱椹母猪"；齐处冲好眇目视，为"暗烛底觅虱老母"；吕延嗣长大少发，为"日本国使人"。① 欧阳修《归田录》中也记载："盛文肃公（盛度）丰肌大腹而眉目清秀，丁晋公（丁谓）疏瘦如削……梅学士（梅询）……性喜焚香……坐定撒开两袖，郁然满室浓香。有窦元宾者……不喜修

---

① 张鷟《朝野佥载》卷四，北京：中华书局，1979年，第87—88、90—91页。

饰，经时未尝沐浴。故时人为之语曰'盛肥丁瘦，梅香窦臭'也。"①这些绰号大都能抓住人物的体貌或行为特征，极尽夸张变形之能事，造成谐谑和漫画的效果，虽寥寥数字，却能传神写照。千年之后读此，仍能仿佛其人，似闻其声，这正是绰号的高超绝妙之处。

古人的绰号，大致可以概括为四类：

第一类是以体貌形象特征为号的。如三国时期的刘备双耳硕大，被人呼为"大耳儿"，关羽须髯若神，被人称为"美髯公"。《水浒传》中的人物大多有绰号，其中青面兽杨志、矮脚虎王英、豹子头林冲等，都是以体貌形象为号。

第二类是以技能和学业造诣为号的。如东汉的张芝以擅草书知名，被时人号为"草圣"。王羲之书学造诣极深，各体均长，其书矫若惊鸿，婉若游龙，所以被称为"书圣"。唐代的李白被时人称为"谪仙人"，又与杜甫、王维、刘禹锡、李贺分别被称为诗仙、诗圣、诗佛、诗豪、诗鬼。晚唐作家温庭筠，才华横溢，考试常为人代笔，押官韵、八叉手而成八韵，时人号为"温八叉"。北宋时期的宋祁曾填《玉楼春》词一阕，中间有"红杏枝头春意闹"一句，为人们所传诵，而张先曾填《天仙子》一阕，其中的"云破月来花弄影"，亦被人们交口赞誉。据说，宋祁任尚书时拜访张先，命人通报说："尚书欲见'云破月来花弄影'郎中。"张先回答说："得非'红杏枝头春意闹'尚书耶？"②秦观写有《满庭芳》词，

---

① 欧阳修《归田录》卷二，北京：中华书局，1981年，第28页。
② 胡仔纂集，廖德明点校《苕溪渔隐丛话·前集》卷三七，北京：人民文学出版社，1962年，第252页。

中间有"山抹微云,天连衰草,画角声断谯门。……斜阳外,寒鸦数点,流水绕孤村"等名句,一时为人们所传唱,苏轼称他为"山抹微云君"。贺铸因写了"一川烟草,满城风絮,梅子黄时雨"这样的名句,被时人称为"贺梅子"。三国时期魏宫人薛灵芸,妙手针工,在没有灯烛的黑暗中也能缝制衣服,被宫中称为"针神"。《水浒传》中的鼓上蚤时迁、神行太保戴宗、金枪手徐宁,也都是从技能方面称号的。

第三类是以性格和品德特征为号的。其中又可细分为褒义和贬义的两种。如宋代的刘随,遇事明锐敢行,明察秋毫,人号"水晶灯笼";唐代的李林甫,嫉贤妒能,口蜜腹剑,被人称作"肉腰刀"。

第四类是以人物的行为和嗜好为号的。如《水浒传》中的宋江被称为"及时雨",就是赞扬他行侠仗义、解困济贫行为的;北齐时的魏收行为轻薄,被人称为"惊蛱蝶";南明奸相马士英在大敌当前、戎机仓皇之际仍然以斗蟋蟀为戏,被人称为"蟋蟀相公";《红楼梦》中的贾宝玉瞧不起仕途经济,不喜读书,行为狂放,顽劣异常,所以被人称为"混世魔王"。

绰号有时与人的实际并不相符,甚至是攻击诬蔑之辞。据说在辛亥革命前,清朝统治者曾诬称孙中山先生为"孙大炮",被列名于四大寇之中,后来吴稚晖要拜见孙中山,还以为他可能真是一个红眼睛、绿眉毛的江洋大盗呢。对此,鲁迅曾深有感触地说:

中国老例,凡要排斥异己的时候,常给对手起一个诨名——或谓之"绰号"。这也是明清以来讼师的老手段;假如要控告张三李四,倘只说姓名,本很平常,现在却道"六臂太岁张三"、"白额虎李四",则先不问事迹,县官只见绰号,就觉得他们是恶棍了。……这一种手段也不独讼师有。民国元年章太炎先生在北京,好发议论,而且毫无顾虑地褒贬。常常被贬的一群人于是给他起了一个绰号,曰"章疯子"。其人既是疯子,议论当然是疯话,没有价值的了,但每有言论,也仍在他们的报章上登出来,不过题目特别,道:《章疯子大发其疯》。有一回,他可是骂到他们的反对党头上去了。那怎么办呢?第二天报上登出来的时候,那题目是:《章疯子居然不疯》。①

古代的官僚贵族或文人雅士,在互相交往应酬时,还喜欢互称官职、地望和排行。这些实际也相当于别号。

称官职的如陈子昂被称为陈拾遗、李白被称为李翰林(或李供奉)、王维被称为王右丞、杜甫被称为杜工部、韩愈被称为韩吏部。称官职时有时还故意省略掉所任的职务,而只称任职的地区。如骆宾王被称为骆临海,是因为他曾任过临海县丞,岑参被称为岑嘉州,韦应物被称为韦苏州,柳宗元被称为柳柳州,等等,也是因为他们都曾在该地任过州郡长官。王谠《唐语林》云:"开元以后,不以姓名而可称者,燕公、许公、鲁公;不以名而

---

① 鲁迅《华盖集·补白》,见《鲁迅全集》第3卷,北京:人民文学出版社,2005年,第110—111页。

可称者，宋开府、陆兖州、王右丞、房太尉、郭令公、崔太尉、杨司徒、刘忠州、杨崖州、段太尉；位卑而名著者，李北海、王江宁、李馆陶、郑广文、元鲁山、萧功曹、独孤常州、崔比部、张水部、梁补阙、韦苏州……元和后，不以名可称者，李太尉、韦中令、裴晋公、白太傅、贾仆射、路侍中、杜紫微；位卑名著者，贾长江、赵渭南。"①都属于称官职的例子。

地望是指籍贯和郡望。古人特别重视郡望，常以此自炫，故可做别号来称呼。称地望的如韩愈被称为韩昌黎、柳宗元被称为柳河东、孟浩然被称为孟襄阳等。明末清初作家侯方域在《马伶传》中曾说："见昆山犹之见分宜也，以分宜教分宜，安得不工哉？"其中的分宜和昆山分别是严嵩和顾秉谦的籍贯，这里做人名来称呼。

称郡望和籍贯后来形成了一种称谓风俗，但也出现了一些流弊，钱大昕《十驾斋养新录》卷十二曾讥嘲道："自魏晋以门第取士，单寒之家，屏弃不齿，而士大夫始以郡望自矜。唐宋重进士科，士皆投牒就试，无流品之分。而唐世犹尚氏族，奉敕第其甲乙，勒为成书。五季之乱，谱牒散失，至宋而私谱盛行，朝廷不复过而问焉。士既贵显，多寄居他乡，不知有郡望者盖五六百年矣。唯民间嫁娶名帖偶一用之，言王必琅琊，言李必陇西，言张必清河，言刘必彭城，言周必汝南，言顾必武陵，言朱必沛国，

---

① 王谠撰，周勋初校证《唐语林校证》卷四"企羡"，北京：中华书局，1987年，第358页。

其所祖何人,迁徙何自,概置弗问。此习俗之甚可笑者也。"①

在唐代还盛行称排行的风气。据说当时有一种《讳行录》,将名讳和行第并列,以便在社交场合和文字酬答时能很顺利地查找到某人的排行。该书的具体做法是"以四声编登科进士族系、名字、行第、官秩及父祖讳、主司名氏"。原注:"起兴元元年(784),尽大中七年(853)。"②大中以后据载还有过此类书的续编。排行的数字起自大(即数字"一"),如李颀听了著名琴师董廷兰弹琴之后,曾写了《听董大弹胡笳弄兼寄语房给事》的七言歌行,其中董大就是指董廷兰。数字量大者有五十,如张曙被称为张五十郎。唐人排行的原则,一般是依据同曾祖的兄弟排行,或按同祖父的兄弟排行,即民间所说的"大排行",并不是说同父所生子女就有十几、几十之多。如白居易兄弟只四人,而行第则称白二十二郎。

互称行第不仅在社会上流行,而且在宫廷里边也存在。如宫中称太宗皇帝为二郎、中宗为三郎,玄宗也被称为三郎。有时皇帝称呼大臣也叫行第,如唐高祖称呼裴寂为裴三,玄宗称呼宋济为宋五,德宗称呼陆贽为陆九。上行下效,一时成为一种时髦和风气。这种以行第相称的方法在宋代仍然流行,如苏轼称九二郎、苏辙称九三郎,柳永和秦观均在家族中排行第七,故俗称柳七、秦七等。

---

① 钱大昕《十驾斋养新录》卷十二"郡望"条,上海:上海书店出版社,1983年,第268页。
② 王应麟著,翁元圻等注,栾保群、田松青、吕宗力校点《困学纪闻》卷十四,上海:上海古籍出版社,2008年,第1625页。

谥号

古代帝王、诸侯、大臣、显宦卒后，朝廷按照一定的标准，根据卒者的生平行为和表现，另外起一个称号，这便是谥号。给予授谥的活动叫作加谥。加谥的具体标准和规定叫谥法。

一般认为，谥号产生于商代，当时只有最高统治者有谥。周公制礼作乐，对谥法也做了进一步的规定，上自天子下至卿大夫都可以有谥。谥的内容可以分为美、恶两类，以此来表示对死者一生功过的褒贬评价，"使有德则谥善，无德则谥恶，大行受大名，细行受细名"①。用张守节的话说便是："谥者行之迹也，号者功之表也。""行出于己，名生于人。"②

笔者在第一章曾提出这样一个观点，认为谥的本质和目的，是基于对死者名字的禁忌和法术功能，是为了避免提起死者的名字招致鬼魂闻名而返对活人作祟而另行起的一个新称谓。郑樵《通志·谥略》中说：

> 周人卒哭而讳，将葬而谥，有讳则有谥，无讳则谥不立。③

将加谥与避讳联系起来，认为凡属需要禁忌避讳者才有必要加

---

① 郑樵《通志》卷四六《谥略第一·序论第二》，北京：中华书局，1987年，第604页。
② 张守节《史记正义·谥法解》，见《史记》第10册附录，北京：中华书局，1982年，第18页。
③ 郑樵《通志》卷四六《谥略第一·序论第五》，北京：中华书局，1987年，第604页。

谥，而那些不必禁忌避讳的村夫野人、市井细民，则不必在死后追谥。可以佐证笔者所言不虚，而是有根据和出处的。

关于谥法，郑樵《通志·谥略》中分为三类，分别是：上谥法，有"神、圣、贤、文、武、成、康、献、懿、元"等一百三十一字。中谥法，有"怀、悼、愍、哀、隐、幽、冲、夷、惧、息"等十四字。下谥法，有"野、夸、躁、伐、荒、炀、戾、刺、虚、荡"等六十五字。

郑樵所分这三类，其实就是褒扬性的美谥、怜悯性的平谥和贬抑性的恶谥三类。上谥法，就是美谥，一般"用于君亲焉，用于君子焉"，多为带褒义表扬的谥字，具体的每个字都还有解释，例如：

经纬天地曰文　布义行刚曰景
威强敌德曰武　柔质慈民曰惠
圣闻周达曰昭　圣善周闻曰宣
行义说民曰元　安民立政曰成
布纲治纪曰平　照临四方曰明
辟土服远曰桓　聪明睿哲曰献
温柔好乐曰康　布德执义曰穆

郑氏所说的中谥法，就是平谥，一般"用于悯伤，用于无后者"，多是一些表示同情的谥字。例如：

恭仁短折曰哀　在国遭忧曰愍（亦作"闵"）
慈仁短折曰怀　恐惧从处曰悼

下谥法则是恶谥,"用于奸夷,用于非君子"①,是一些带贬抑批评的谥字。例如:

乱而不损曰灵　　好内远礼曰炀

杀戮无辜曰厉　　逆天虐民曰抗

先秦时期的谥号多用一个字,例如:

周文王　　周武王　　周厉王

周幽王　　齐桓公　　晋文公

秦穆公　　楚庄王

但也有用两三个字的,例如:

楚考烈王　　赵孝成王　　魏安釐王

睿圣武公　　贞惠文子

武则天开创了皇帝生前为自己叠加谀词即自己给自己定谥的先例。字数的增加就是溢美的累积,所以明朝皇帝谥号十七字,清朝皇帝后来居上,竟多达二十二字。这样就无法当名字叫了,只能在特定场合偶尔用一下。

除皇帝外,文臣武将也可以用谥号,例如:

文成侯(张良)　　宣成侯(霍光)

忠武侯(诸葛亮)　昭明太子(萧统)

文忠公(欧阳修)　武穆王(岳飞)

一般情况下,"文"字用于文臣,"武"字用于武将。只有文武双全,才可以用"忠"字。司马光认为,"文正是谥之极美,无以复加",此后"文正"就成了人臣极美的谥号了。

---

① 郑樵《通志》卷四六《谥略第一·序论第一》,北京:中华书局,1987年,第604页。

下面将唐张守节据周公《谥法》所作的《谥法解》加以整理，抄录于后，供读者参考：

民无能名曰神　　靖民则法曰皇
德象天地曰帝　　仁义所往曰王
立志及众曰公　　执应八方曰侯
赏庆刑威曰君　　从之成群曰君
扬善赋简曰圣　　敬宾厚礼曰圣
照临四方曰明　　谮诉不行曰明
经纬天地曰文　　道德博闻曰文
学勤好问曰文　　慈惠爱民曰文
愍民惠礼曰文　　赐民爵位曰文
绥柔士民曰德　　谏争不威曰德
刚强直理曰武　　威强敌德曰武
克定祸乱曰武　　刑民克服曰武
夸志多穷曰武　　安民立政曰成
渊源流通曰康　　温柔好乐曰康
安乐抚民曰康　　合民安乐曰康
布德执义曰穆　　中情见貌曰穆
容仪恭美曰昭　　昭德有劳曰昭
圣闻周达曰昭　　治而无眚曰平
执事有制曰平　　布纲治纪曰平
由义而济曰景　　耆意大虑曰景
布义行刚曰景　　清白守节曰贞

大虑克就曰贞　　不隐无屈曰贞
辟土服远曰桓　　克敬动民曰桓
辟土兼国曰桓　　能思辩众曰元
行义说民曰元　　始建国都曰元
主义行德曰元　　圣善周闻曰宣
兵甲亟作曰庄　　睿圉克服曰庄
胜敌志强曰庄　　死于原野曰庄
屡征杀伐曰庄　　武而不遂曰庄
柔质慈民曰惠　　爱民好与曰惠
夙夜警戒曰敬　　合善典法曰敬
刚德克就曰肃　　执心决断曰肃
不生其国曰声　　爱民好治曰戴
典礼不愆曰戴　　未家短折曰伤
短折不成曰殇　　隐拂不成曰隐
不显尸国曰隐　　见美坚长曰隐
官人应实曰知　　肆行劳祀曰悼
年中早夭曰悼　　恐惧从处曰悼
凶年无谷曰荒　　外内从乱曰荒
好乐怠政曰荒　　在国遭忧曰愍
在国逢艰曰愍　　祸乱方作曰愍
使民悲伤曰愍　　贞心大度曰匡
德正应和曰莫　　施勤无私曰类
思虑果远曰明　　啬于赐与曰爱
危身奉上曰忠　　克威捷行曰魏

克威惠礼曰魏　　教诲不倦曰长
肇敏行成曰直　　疏远继位曰绍
好廉自克曰节　　好更改旧曰易
爱民在刑曰克　　除残去虐曰汤
一德不懈曰简　　平易不訾曰简
尊贤贵义曰恭　　敬事供上曰恭
尊贤敬让曰恭　　既过能改曰恭
执事坚固曰恭　　爱民长弟曰恭
执礼御宾曰恭　　庇亲之阙曰恭
尊贤让善曰恭　　威仪悉备曰钦
大虑静民曰定　　纯行不爽曰定
安民大虑曰定　　安民法古曰定
辟地有德曰襄　　甲胄有劳曰襄
小心畏忌曰僖　　质渊受谏曰釐
有罚而还曰釐　　温柔贤善曰懿
心能制义曰度　　聪明睿哲曰献
知质有圣曰献　　五宗安之曰孝
慈惠爱亲曰孝　　秉德不回曰孝
协时肇享曰孝　　执心克庄曰齐
资辅共就曰齐　　甄心动惧曰顷
敏以敬慎曰顷　　柔德安众曰靖
恭己鲜言曰靖　　宽乐令终曰靖
威德刚武曰圉　　弥年寿考曰胡
保民耆艾曰胡　　追补前过曰刚

猛以刚果曰威　　猛以强果曰威
强义执正曰威　　治典不杀曰祁
大虑行节曰考　　治民克尽曰使
好和不争曰安　　道德纯一曰思
大省兆民曰思　　外内思索曰思
追悔前过曰思　　行见中外曰悫
状古述今曰誉　　昭功宁民曰商
克杀秉政曰夷　　安心好静曰夷
执义扬善曰怀　　慈仁短折曰怀
述义不克曰丁　　有功安民曰烈
秉德尊业曰烈　　刚克为伐曰翼
思虑深远曰翼　　外内贞复曰白
不勤成名曰灵　　死而志成曰灵
死见神能曰灵　　乱而不损曰灵
好祭鬼怪曰灵　　极知鬼神曰灵
杀戮无辜曰厉　　愎很遂过曰刺
不思忘爱曰刺　　蚤孤短折曰哀
恭仁短折曰哀　　好变动民曰躁
不悔前过曰戾　　怙威肆行曰丑
壅遏不通曰幽　　蚤孤铺位曰幽
动祭乱常曰幽　　柔质受谏曰慧
名实不爽曰质　　温良好乐曰良
慈和遍服曰顺　　博闻多能曰宪
满志多穷曰惑　　思虑不爽曰厚

好内远礼曰炀　　去礼远众曰炀
内外宾服曰正　　彰义掩过曰坚
华言无实曰夸　　逆天虐民曰抗
名与实爽曰缪　　择善而从曰比①

共一百九十四个谥字，其间多有重复甚至相抵牾之处，但据此可以了解古代社会谥号的大概、谥字与解释词的关系，也可以帮助我们从一个新的角度研究古汉语词义的训诂与诠释，不仅为姓名学，同时也为词义学保留了一份珍贵的资料。

谥号本来是褒贬善恶的，按理说应该是死者生前事迹和品德的盖棺定论，类似极简版的悼词。但实际上并非如此，有些是根据统治阶级的需要而定的，所以可能与谥主的生前表现完全不符，甚至是非常虚伪的。例如南宋的大奸相、大卖国贼秦桧死后就被宋高宗谥为"忠献"，一直到宋宁宗时，在朝野人士强烈要求之下，才改谥为"缪丑"。

除了朝廷的加谥外，还有一种私谥。这是指有声望的学者和知名人士在死后由其亲友们所加的谥号。私谥最早见于春秋时期。据《列女传》记载，鲁国人黔娄修身清节，不求仕进，屡辞诸侯之聘。死后，曾子去吊丧，问其妻"何以为谥"。其妻说谥"康"。曾子以为黔娄生不得其美，死不得其荣，不能谥"康"。其妻说："彼先生者，甘天下之淡味，安天下之卑位，不戚戚于贫

---

① 张守节《史记正义·谥法解》，见《史记》第10册附录，北京：中华书局，1982年，第18—31页。

贱，不忻忻于富贵，求仁而得仁，求义而得义，其谥为'康'，不亦宜乎？"①柳下惠本姓展名禽字季，居住于柳下，尝仕鲁为士师，三黜而不去，人问之，他回答道："直道而事人，焉往而不三黜；枉道而事人，何必去父母之邦？"②卒后，门徒将诔之，他的妻子说："将诔夫子之德耶？则二三子不如妾知之也。"③于是谥为"惠"，故后人多称其为柳下惠。又如东汉时期的太学士陈寔死后，前来吊唁者有三万多人，谥为文范先生；东晋著名诗人、大隐士陶渊明死后，颜延年为他作诔，谥为靖节征士；隋代哲学家王通死后，门人私谥为文中子；北宋文学家黄庭坚死后，门人谥为文节先生；北宋哲学家张载死后，门人谥为明诚夫子。

庙号

对古代帝王除了称谥号外，还可以称庙号。所谓庙号本是指帝王死后，在太庙立室奉祀，并追尊以某祖、某宗的名号，以便于供奉。按照《周礼》，天子七庙，也就是天子可敬七代祖宗，如有庙号，就可以一代代地保留。依照礼法定义，祖有功，宗有德。一般来说，每个朝代的第一个皇帝多被称为太祖、高祖或世祖，以后的嗣君则称为太宗、世宗等。庙号始于殷代，太甲被称为太宗，太戊被称为中宗，武丁被称为高宗。汉代承袭殷制，惠帝追尊高帝庙为太祖庙，景帝追宗孝文帝庙为太宗庙，宣帝追尊

---

① 刘向撰，张敬注译《列女传今注今译》卷二《鲁黔娄妻》，台北：台湾商务印书馆，1994年，第75页。
② 杨伯峻《论语译注》，北京：中华书局，1980年，第192页。
③ 张敬注译《列女传今注今译》卷二《柳下惠妻》，台北：台湾商务印书馆，1994年，第73页。

武帝庙为世宗庙。所以汉高祖的全号是太祖高皇帝，汉文帝的全号是太宗孝文皇帝，汉武帝的全号是世宗孝武皇帝。

年号

年号本是古代帝王用以纪年的名号，后来也可以当作帝王的称谓。帝王建元有年号，从汉武帝开始。汉武帝即位的那一年（公元前140年）被称为建元元年，第二年称为建元二年，依此类推。新皇帝即位必须改变年号，这叫作"改元"。同一皇帝在位时也可以改元，例如汉武帝曾经改元为元光、元朔、元狩、元鼎、元封、太初、天汉、太始、征和、后元等。唐玄宗在位时曾用了先天、开元、天宝等三个年号。历史上改元最多的可能要算武则天，从建元光宅算起，先后改元为垂拱、永昌、载初、天授、如意、长寿、延载、证圣、天册万岁、万岁登封、万岁通天、神功、圣历、久视、大足、长安等。除建元外，先后改元十六次，创历史最高纪录。明清两代的皇帝基本上不改元，因此可以用年号称呼皇帝。例如：明太祖朱元璋可以称为洪武皇帝，明成祖朱棣可以称为永乐皇帝，明世宗朱厚熜可以称为嘉靖皇帝，明思宗朱由检可以称为崇祯皇帝，清圣祖玄烨可以称为康熙皇帝，清德宗载湉可以称为光绪皇帝，清末帝溥仪则可以称为宣统皇帝，等等。

相声表演艺术家侯宝林的相声段子《说年号》，讽刺酸腐文人解释清朝十三帝的年号，说雍正，是因为他当皇帝时坐歪了，别人一拥，他就坐正了，说宣统之所以成了清朝亡国之君，是因为他宣布总统了，令人喷饭，由年号的知识变成了称号笑话了。

尊号

尊号是尊崇皇帝和皇后的称号，这是生前奉上的。据《史记·秦始皇本纪》秦始皇二十六年记载，"臣(李斯)等谨与博士议曰：'古有天皇，有地皇，有泰皇。'泰皇最贵。臣等昧死上尊号，王为'泰皇'"[1]。语言学家王力据司马光《请不受尊号札子》认为"尊号起于唐武后中宗之世"[2]，看来是不确切的。后来一般嗣位的新皇帝尊前皇帝为太上皇，尊前皇后为太后，也都属尊号。唐代以来，尊号越变越长，例如武则天受尊号为圣神皇帝、中宗为应天神龙皇帝、玄宗为开元神文圣武皇帝、皇太祖为应天广运仁圣文武至德皇帝。尊号有时甚至可以连续给一个人上几次，但都是封建文人的阿谀奉承之辞，没有什么意义。此处只是作为与称号有关的典章制度给大家提示一下。

与尊号相关的还有所谓的追尊先祖、封赠三代之类情况，这是指继位的后代君主或后世子孙对先世祖先进行缅怀悼念的一种方式，也是封建时代的一种礼仪。顾炎武曾就汉人追尊之礼谈道："太上皇，高帝父也，皇而不帝；戾太子、悼皇考，孝宣之祖若父也，太子、皇考而不帝；春陵节侯、郁林太守、巨鹿都尉、南顿令，光武之高、曾若祖、父也，侯而不帝，太守、都尉而不帝，君而不帝，此皆汉人近古。而作俑者，定陶共皇一议

---

[1]《史记》卷六《秦始皇本纪》，北京：中华书局，1959年，第236页。
[2] 王力主编《古代汉语》，北京：中华书局，1999年，第977页。

也。"①秦始皇登基后，就曾追尊庄襄王为太上皇。赵匡胤开国，就追尊高祖为文献皇帝，尊曾祖为惠元皇帝，祖为简恭皇帝，父为武昭皇帝。越到后代，追尊的称号越长，而且不光君王，就连贵族大臣也可以追尊和封赠自己的祖先。如吴充在欧阳修的《行状》中就首列欧阳修的职衔标目——"推诚保德崇仁翊戴功臣观文殿学士特进太子少师致仕上柱国乐安郡开国公食邑四千三百户食实封一千二百户赠太子太师"，然后又叙其世系祖考："曾祖彬，累赠金紫光禄大夫、太师、中书令；祖偃，累赠金紫光禄大夫、太师、中书令、兼尚书令；父观，皇任泰州军事判官，累赠金紫光禄大夫、太师、中书令、兼尚书令，追封郑国公。"②类似的荣誉称号头衔，有时甚至多达几百字，洋洋洒洒，颇为风光气派。

---

① 顾炎武著，黄汝城集释，栾保群、吕宗力点校《日知录集释》卷十四"汉人追尊之礼"条，上海：上海古籍出版社，2006年，第829页。
② 欧阳永叔《欧阳修全集》附录一，北京：中国书店，1986年，第1335页。

第三章　命名的方式

> 皇览揆余初度兮，肇赐余以嘉名，名余曰正则兮，字余曰灵均。
>
> 屈原《离骚》

从学理上说，名字不过是社会成员在人我交往过程中互相区别的符号，此"名"与彼"实"并不一定存在本质的、必然的联系。但是，在中国文化传统中，自古迄今都非常重视名实关系的统一。从孔子的"名不正，则言不顺；言不顺，则事不成"①开始，人们就特别关注以名正实，名实统一。公孙龙著《名实论》强调名必须与实相当："夫名，实谓也""审其名实，慎其所谓"。②《荀子·正名篇》也主张"制名以指实""名闻而实喻"。③ 王安石甚至

---

① 杨伯峻《论语译注》，北京：中华书局，1980年，第133—134页。
② 公孙龙著，吴毓江校释，吴兴宇标点《公孙龙子校释》，上海：上海古籍出版社，2001年，第52—53页。
③ 王先谦撰，沈啸寰、王星贤点校《荀子集解》，北京：中华书局，1988年，第415、422页。

认为："盖儒者所争，尤在于名实。名实已明，而天下之理得矣。"①虽然他们所讲的"名"与"实"主要是指哲学和逻辑学上的概念与实在的关系，但这种强调"循名责实"的文化氛围，使得中国人自古以来就把命名看成一桩非常重要的大事。战国时期，屈原在他的抒情长诗《离骚》一开始就叙述道：

皇览揆余初度兮，肇赐余以嘉名，名余曰正则兮，字余曰灵均。②

对这几句诗的解释，古今歧义颇多。王逸的《楚辞章句》中说："言父伯庸观我始生年时，度其日月，皆合天地之正中，故赐我以美善之名也。"③闻一多则据刘向《九叹》，认为"肇"为"兆"的假借字，说这一句是写父亲伯庸"卜于皇考之庙，皇考之灵因赐以此名此字也"④。但不管哪一种解释，至少证明，作者把父亲为他命名这件事与世系祖考放在一块交代，并把它作为自己"内美""修能"的一部分而津津乐道，足见命名这件事的重要性。

在实际生活中，人们往往把名字当作呈露个人内心世界的一

---

① 王安石《答司马谏议书》，见《临川先生文集》，北京：中华书局，1959年，第773页。
② 洪兴祖撰，白化文、许德楠、方进等点校《楚辞补注》，北京：中华书局，1983年，第4页。
③ 洪兴祖撰，白化文、许德楠、方进等点校《楚辞补注》，北京：中华书局，1983年，第4页。
④ 闻一多《离骚解诂甲》，见《闻一多全集》第五册，武汉：湖北人民出版社，2004年，第258页。

个窗口，试图通过名字隐微地表达自己的抱负、希冀、追求和情趣，别人也可以通过名字来窥测和释读他人的精神世界。这倒有点像刘勰在《文心雕龙》中所说的："缀文者情动而辞发，观文者披文以入情，沿波讨源，虽幽必显。"①所以，古人在命名时尽量从字义、字形、字音等多方面全面考虑，给人视觉、听觉和意念上留下良好的印象，使人们能领悟到命名者美好深微的寓意。

一、命名方式的多样性

第一，仰古。孔子自称"述而不作，信而好古"②，"克己复礼"③，因此，后人命名时也多表现出对古代的制度和人物的景仰，具体方式是在古人的名字前加上如、希、尊、应、学、宗、敬等字作为自己的名字。如刘子舆字希孟（孟轲字子舆），章中旦字希周（周公旦），宋学朱字用晦（朱熹字用晦），雷渊字希颜（颜渊），罗蒙正字希吕（吕蒙正）。仰慕同姓先达昔哲者，则直接在名字中间加仰、慕、宗等字。如孔宗尼、颜慕渊、孟敬舆、张希良、梁式鸿、萧仰何、李景白、李尤白、韩望愈等。

第二，明志。中国人非常看重伦理道德和功业，所以在命名时也多有表现。以德命名者有曹操字孟德、刘备字玄德、朱德字玉阶、李宗仁字德邻。以仁命名者有三国的曹仁、唐代的薛仁

---

① 黄叔琳注，李详补注，杨明照校注拾遗《增订文心雕龙校注》，北京：中华书局，2000年，第592页。
② 杨伯峻《论语译注》，北京：中华书局，1980年，第70页。
③ 杨伯峻《论语译注》，北京：中华书局，1980年，第130页。

贵、明代的王守仁、清代的康广仁等。以义命名者有南朝宋的刘义庆、刘义隆，唐代的李义府、李义山等。以忠命名的如唐代的杨国忠、宋代抗金名将韩世忠、明代的张献忠等。以孝命名的有曹操的谋士郭嘉字奉孝、明代的方孝孺。以信命名的有汉代淮阴侯韩信、隋末瓦岗军将领单雄信、明末李自成军中的李信等。以谦命名者多袭用《尚书·大禹谟》中"满招损，谦受益"之意，如宋代吕祖谦字伯恭、明代于谦字延益、明清之际的钱谦益字受之。以圣人之志表示自己心迹者如宋代的吕必用字则行，表现出强烈的用世之志，后来仕宦无望，恬退修身，改以不用为名，则耕为字，取《论语》中"用之则行，舍之则藏"①之意。

第三，慕利。物质生活的优裕和社会地位的高贵，是一般人所向往的。就连圣人孔子也曾承认："富与贵，是人之所欲也""富而可求也，虽执鞭之士，吾亦为之"②。所以人们在题取名字时，有时也不免将这些欲望溢于言表，通过命名来表示渴望和企求。如汉代的李广利、刘传富、盖宽饶等。宋代的俞成在《萤雪丛说》中嘲讽道："今人生子妄自尊大，多取文、武、富、贵四字为名。"③《清稗类钞》还记载了一则笑话："宗室宝廷，字竹坡，光绪中官礼部侍郎。尝典试福建，以道经浙江，纳九姓渔船女为妾，讳吏议褫职。有二子：一名寿富，号伯福，别号一二；一名富寿，号仲福，别号二一。"④现代人命名也常有这类词，如王永

---

① 杨伯峻《论语译注》，北京：中华书局，1980年，第68页。
② 杨伯峻《论语译注》，北京：中华书局，1980年，第36、69页。
③ 俞成《萤雪丛说》，见《丛书集成初编》，北京：中华书局，1985年，第10页。
④ 徐珂编《清稗类钞》第5册，北京：中华书局，1984年，第2162页。

贵、李冒富、张得利等。隋唐以来，人们一般要通过科举考试来求取功名富贵，一旦金榜题名，成为文魁状元，那么就会自然而然得到荣华富贵，所以在命名中多有唐殿魁、许占魁、黄开榜、郭魁士、蔡廷魁等。

第四，免灾。灾难和疾病是人类的大敌，所以，人们总是通过各种方式来表示消灾免病和逢凶化吉的愿望，命名有时也是表达的一种方式。如汉代的骠骑将军霍去病，北周的司马消难，宋代的辛弃疾、冯去疾、黄去疾、石保吉、孙逢吉等。

第五，祈寿。庄子说"人生也有涯"，是指人的自然生命的有限性。截至目前，世界上还没有一个人能超越生命的有限性，摆脱自然规律对生命的约束。但是，人们又总是希望能将自然生命尽量延长一些，这种对生命的执着和祝愿，有时也通过命名表现出来，希望自己或儿女能长命百岁。所以在命名时多喜用寿字，如向王昭君索贿的毛延寿、《三国志》的作者陈寿、明代开国元勋徐达之子徐增寿、现代画家潘天寿等。或用千秋，如汉代的车千秋、蔡千秋等。另外，如用延年、万年、永年、大年、龟年、万龄、延龄、松龄、鹤龄命名者也是非常多的。唐宋以来，命名中多喜用老、叟、翁、父（甫）等字，除了反映出社会上优礼老人的时代风气外，恐怕也流露出命名者对耄耋之寿的期望。

关于命名的方式，笔者在第二章中曾援引王引之对《春秋》一书中人物名字的分类研究，但那是一种历史理论研究，在后来的实际生活中，人们并不严格遵循那些规则。在民间，常见的命名方式有如下几种：

第一，以生辰八字为依据。古代以人出生的年、月、日、时为四柱，配合甲、乙、丙、丁、戊、己、庚、辛、壬、癸等十天干和子、丑、寅、卯、辰、巳、午、未、申、酉、戌、亥等十二地支，合为八字，用以推算人的命运好坏。在命名时，则利用四柱八字之中的干支与阴阳五行的对应关系进行推算，如果生辰八字中缺少五行中的哪一种元素，就在名字中进行补足。比如，根据推算发现新生儿缺金，名字中就多出现金字，如用鑫字命名就最典型，还有人用铁、锡、锦命名，实际上也是以金为部首。八字中缺木，就多用林、森、材等字命名。缺水、缺火、缺土都依此类推。

还有些人则直接以五行命名，如鲁迅小说《故乡》中的闰土，是闰月所生，五行缺土，所以他的父亲叫他闰土。其他如水生、金生、木生、土生、火生等都取此意。另外，也有人以五行之象的干支命名，如近代天津著名的大侠霍元甲，其名中的"元甲"即是，其他如寅生、壬官、丙生等等，不胜枚举。

第二，以辈分为依据。这种命名方式又可细分为两种情况。一种是以五行序辈。所谓五行序辈，就是根据五行相生的原理来进行排辈。因为五行除了与生辰八字相配之外，它自身也存在着生成、相生、相克的关系。五行生成的顺序是水、火、木、金、土，据说是天一生水，地二生火，天三生木，地四生金，天五生土。五行相生的顺序是木、火、土、金、水，其中木生火，火生土，土生金，金生水，水生木。五行相克的顺序是水、火、金、木、土，其中水克火，火克金，金克木，木克土，土克水。所以人们命名时，就用五行相生的顺序，取有木、火、土、金、水偏旁部首的字为名，每一代用一个偏旁部首，周而复始，相承不断。这既是为了序辈，又是为了取子孙繁盛、生生不息的寓意。

据钱大昕《十驾斋养新录》卷十九载，早在唐代就有人以五行命名。例如有人名叫毕构，六岁能作文，二十岁就中了进士，做官很有声望。其子叫毕炕，其孙分别叫毕垌、毕增，其曾孙（毕垌所生）四人，分别叫镐、钛、鋂、锐，恰好符合木生火、火生土、土生金的相生序列。① 宋时尹源之弟名洙，源之子名林，林之子名焞。宋代理学家朱熹的名字"熹"字下面四点是火字旁，他的父亲叫朱松，他的儿子一个叫朱塾，一个叫朱埜，一个叫朱在，他的孙子分别叫钜、钧、鉴、铎、铨，他的曾孙分别叫渊、洽、潜、济、濬、澄，五代人的顺序井然。南宋大奸相秦桧，儿子名叫秦熹，孙子叫秦埙、秦堪，曾孙叫秦钜，玄孙叫秦浚，也符合五行相生之序。

另一种是以祧字序辈。所谓祧字是指夹在名字中用以序辈的字。在一些大家族中，每一辈规定用一个字，所以有时又把这种名字叫作族名。如《红楼梦》中的贾府，荣国公贾源、宁国公贾演都是水字辈；他们的子辈是人字辈，如宁府的贾代化、荣府的贾代善；他们的孙辈则是文字辈，如贾敷、贾敬、贾赦、贾政、贾敏等；他们的重孙一辈是玉字辈，如贾珍、贾琏、贾珠、贾环等，贾宝玉也是这一辈；玄孙一辈是草字辈，如贾蓉、贾菌、贾蔷、贾芸、贾芹、贾芷等。不仅荣、宁两府如此，连贾府的近支族人也遵循此例，例如贾代儒（人字辈），贾效、贾敦（文字辈），贾琼、贾瑞（玉字辈），贾芬、贾萍（草字辈）等。

---

① 钱大昕《十驾斋养新录》，上海：上海书店出版社，1983年，第446页。

还有一种祧字是祖宗在生前就为后世几代甚至几十代子孙规定好。如孔府就是如此，自元明以来，便按照"希言公彦承，宏闻贞尚衍，兴毓传继广，昭宪庆繁祥，令德维垂佑，钦绍念显扬"等字的行辈取名。如明成祖永乐八年袭封的第五十九代衍圣公孔彦缙，就是取第四字"彦"为名；第六十代衍圣公孔承庆，则用的是第五字"承"；第七十六代衍圣公孔令贻用的是第二十一字"令"。1920年，孔令贻又续定二十个祧字："建道敦安定，懋修肇彝常，裕文焕景瑞，永锡世绪昌。"呈报当时的北洋政府内务部批准并咨行各省县行告周知。广东《洪氏宗谱》所列从十七世至二十八世的祧字分别为："元亨利贞，永昌世德，大振家声。"[①]

第三，以父母对传宗接代的祈望和对子女的期待为依据。如乡下人都盼望生男孩子，就给已出生的男孩起名叫连生、续根等，如已出生的是女孩，就取名叫招弟、迎弟、望弟、改瑛、改霞等，有的干脆给取名改转。据说有位丈夫盼子心切，可太太偏偏连生几胎都是女孩，丈夫一气之下就给最小的女儿取名"断根"，借以发泄他的怨憎之情。许多父母还把他们对儿女的期待和希望寄寓在名字之中。如过去人们认为"万般皆下品，唯有读书高"，而读书的目的就是金榜题名、升官发财、光宗耀祖，所以，父母们便将这一愿望寄寓在孩子的名字上，时时刻刻提醒孩子们"尔其毋忘乃父之志"。常见的魁星、魁首、金榜、状元、士秀、高宦等名字，就包含着父母对孩子的期冀，真可谓用心良苦，但目的却简单而明确——在一个随意性的称谓符号中倾注着

---

① 华南师范学院历史系编印《洪氏宗谱》(1981年)，第123页。

迫切而专一的功利企图。笔者有一年去湖北某地搞调研，遇到一位自称是唐代高士孟浩然后裔的人，名字叫孟大学，诉说他前几年因家庭成分不好，不能进入高等学校深造的苦衷。虽然不知他得名的来历，但就名字本身分析，可见这位孟公对求学深造的强烈愿望。当然，这种愿望与乃祖孟浩然"红颜弃轩冕，白首卧松云"的风流旷达是不能相提并论的。

第四，以出生时所遇见的人、物、时、事为依据。如唐代诗人李白，字太白，他名字的来历，据李阳冰《草堂集序》载："惊姜之夕，长庚入梦，故生而名白，以太白字之。"[1]就是说李白出生的那天晚上，他母亲梦见有长庚星（即太白星）飞过，故给他取名为白，字太白。孔子的儿子降生时，适逢有人来送鲤鱼，孔子就给他的儿子取名为鲤，字伯鱼。鲁迅原名周樟寿，是他的祖父介孚公给他取的。据周作人回忆，鲁迅生于光绪七年八月初三日，即1881年9月25日。那时他祖父正在北京当"京官"，在接到家信的那一日，恰逢有一尊贵的客人来访，便拿那人的姓做名字，为的是取个吉利的兆头。那个客人可能是姓"张"，所以鲁迅的小名叫阿张，随后再找同音异义的字做学名，于是就成了"樟寿"，号豫山，取义于豫章。后来上学堂，同学们据谐音取笑他为"雨伞"，他便让祖父改名为"豫才"。他的弟弟周作人，原名槐寿，小名阿魁，也是由祖父取的。据说介孚公在接到家信时，有一个姓魁的京官来拜访，所以就拿别人的姓做小名，这是介孚公给孙子们起名字的一个定例。现在有许多人名如"建国""国庆"就

---

[1] 王琦注《李太白全集》，北京：中华书局，1977年，第1443页。

是出生在全国解放、庆祝胜利之时,有人名"建军"则是出生在八一建军节时,还有人名"反修",也是20世纪60年代中苏关系紧张时的产物。

第五,以神奇的收养为依据。如过去民间常见的偷名、借名、祈名、寄名等都属于这一类。我们留待下一章专门介绍。

以上这几种命名方式都反映了文化传统中的阴阳和合、五行生成的民族意识,以及强调血缘宗族的思想,它是社会心理的一种体现,同时也是传统文化的一种折射。深广的中华文化孳乳了汉语名字,而名字之中又蕴含着丰富复杂的文化现象,这两者之间存在着"剪不断,理还乱"的关系。但从民俗学的资料来看,古往今来的普通大众一般并不深究命名符号背后所潜藏的形式上的文化哲理,他们在命名时所关注的是名字用字能否为同一文化氛围中的公众所认可,名字用字能引起人们什么样的情绪反应和心理变化,这又涉及汉语文字同命名的关系问题。以下,笔者援引民俗中的各种看法,从命名用字的字义、字形、字音等角度,探讨命名的特点及其各种宜忌。

二、根据字义命名

名字虽然是一个区别性的符号,但它能通过视听感官作用于人们的心理,使人们联想到命名者的寓意。所以,命名时在意念上多强调字义的抽象美,在视觉上多强调字形的形象美,在听觉上则多强调字音的音乐美,这是命名最基本的要求。本节先讨论抽象美。要取一个好名字,应该对名字用字的字义有所了解,以下先谈谈名字用字与字义有关的几个问题。

避过分俚俗

现代人已经很少像古人那样名、字、号俱全了。一般人只有一个乳名和本名，有些人终其一生只有一个名字。加之，在现代社会中，孩子一生下来就要去派出所申报户口，写在户籍簿上的名字，就算是一个人法定的正式称谓，今后若要更改名字，手续比较复杂，会增加很多麻烦。所以，民间在命名时多强调，如果是乳名，使用的时间比较短，同时为了表亲昵、讨吉利、避灾难，取一些俚俗的名字，诸如"铁蛋""毛娃""狗剩"之类，无可厚非，但如果是本名，就必须慎重，一个俚俗的名字很容易使人产生没有教养、没有学问等的联想，虽然这可能完全是一种误解和偏见，但对孩子今后的社会交往、事业发展，会产生一种潜在的心理影响，这个阴影可能会笼罩一个人的一生。有人曾指出，除了乳名之外，在政界、商界、军界或学界的知名人士中，很少能发现有叫"阿猫""阿狗""山丫"等俚俗不洁的名字。这是为什么呢？就是因为人们从潜意识甚至无意识中感觉到名字虽与人不一定有本质的联系，但它能给人心理上产生非常大的作用。前面所列举的那些俚俗名字，纵使名字所有者才华横溢或地位显赫，但总给人滑稽可笑、不伦不类的感觉，不能使人肃然起敬。

人们往往会由名字所得来的第一印象，去判断一个人的才情性格。例如，"若云""云逸""若飞"等名字，会使人联想到一位豪爽放旷、任情自然、潇洒而富有诗意的人；"铁军""志超"等名字，则使人联想到一个抱负远大、雄心勃勃、事业心很强的开拓型人才；"厚德""万福"等名字会使人联想到一位稳健乐观的忠厚长者；而"幽兰""惠芬""淑娴""娉婷"等名字则会使人联想到一个娴雅温婉的姑娘。美国的一位社会心理学家还做过这样一个实验：将哥伦比亚大学和巴纳德学院的男学生们召集起来，叫他们去看三十张吸引人的陌生姑娘的照片，并要求依次按喜欢、漂亮、聪明和不喜欢、不漂亮、不聪明这样的标准，分别写出自己对每个姑娘的评语。两个月之后，他们又被召集起来去看那些照片，这时照片上已被标上了每个姑娘的名字。结果发现，那些标有漂亮名字的姑娘的照片被评为喜欢、漂亮的增多了，尽管前次她们不曾被认为是漂亮、喜欢；而那些标有不很优雅名字的姑娘的照片被评为漂亮、喜欢者大大减少，尽管前次她们曾被评为漂亮。看来，名字的雅驯与粗俗对人的心理确实有影响。

避过分洋化

中国是一个泱泱古国，有自己固有的伦理道德、审美意识和文化价值，所以在命名上不应该妄自菲薄，自轻自贱。既要显示出自己的个性风格，又要保持民族特色、民族气派。民间认为，喜欢过于洋化的名字，或因血统的关系选用一些洋化的名字，如大卫、约翰、玛丽、丽莎、安娜等，本无可厚非，甚至还是一种随俗雅化的时尚，但在日后的社会变迁和人我交往中，可能会给对方心理上造成一种说不清道不明的微妙印象，甚或联想到这些名字的取用者可能是一些混血或殖民者的后裔。当然，这也许是一种误解，但这种误解也可能会影响取用者本来可以获得的机遇。为误解而付出这样的代价，无论如何都是不划算的。

避冷僻

汉字的数量非常多，仅《康熙字典》就收有四万二千一百七十四字，另外繁简字、古今字、正俗字、存废字之间往往有非常细微的差别。有些人起名字，总喜欢找些非常冷僻难识的字，以炫耀自己的博学多识。但一般人们认识的常用字，却不过三四千字，而命名又主要是为了让别人称呼，并不是为了卖弄学问。有人曾举例说，当你去某个部门申请工作时，主管领导看了你的履历表，如果认不出你的名字，那么对你的印象肯定也是很模糊的。如果他在叫你时，把你的名字读错又经你纠正，这场面可能会使领导尴尬，领导会觉得失了面子而窘迫甚至恼怒，你也可能会因为领导竟然连你的名字用字都不认识而生轻视之心，日后在上下级相处过程中，就可能发生一些龃龉或不协调、不融洽的现象。最感到头疼甚至不堪忍受的是，铅印时代的排字工人，可能要为你名字中的一个字找遍所有的配备字盘，甚至最后还要为你的名字专门铸一次字，他们可能会为此而心生怨憎。在大数据时代，打字录入虽不再是难事，但生僻字的排印与读音仍会产生许多问题，故还是要尽量避免冷僻的名字用字。

避丰满

中国古人认为，事物过于丰满充盈，就预兆着虚陷亏缺的开始。所谓日中则倾，月盈则亏，乐极生悲，盛极而衰，说明至高至尊的事物存在着转化为至低至卑的可能性。《周易·乾》中说：

"上九，亢龙有悔。"①《易传·象传上·谦》中说："天道亏盈而益谦。"②《后汉书·方术传》中也说："盈满之咎，道家所忌。"③因此，民间在命名时强调尽量避免用"顶""满""丰""盛""最"等过于丰盈的字眼。

避虚荣

汉语中有些语汇，就其单字本身的意义来看，并没有什么不好的，但如果把它们放到一定的文化氛围中，就会使人产生漂浮的感觉。如女子名字中常喜欢用的花、萍、艳、桃、柳等字眼就是。花虽俏丽明艳一时，独占秀色，出尽风头，但一场风雨过后，就会零落成泥碾作尘。杨柳亦属柔软脆弱之物，成语中的狂花浪柳、残花败柳等，就表示出对这种事物所具有的象征意味的情感评价，"晓来雨过，遗踪何在？一池萍碎。春色三分，二分尘土，一分流水"④，就是对这种悲怜感伤之情的形象说明。桃花令人引起红颜易衰的联想，萍与柳又都是飘零和离别的象征物，所以民俗中认为，取名时应尽量避开这些表面上艳丽的字眼。

避刚猛

有些词语，如豪、强、炎、猛、闯、刚等，虽然斩钉截铁，

---

① 《周易》卷一《乾》，见阮元校刻《十三经注疏》，北京：中华书局，1980年，第21页。
② 高亨著《周易大传今注》，济南：齐鲁书社，1979年，第178页。
③ 范晔撰，李贤等注《后汉书》卷八二上《方术传》，北京：中华书局，1965年，第2720页。
④ 邹同庆、王宗堂《苏轼词编年校注》，北京：中华书局，2002年，第314页。

读起来刚强有力，有男子汉派头，但也容易使人联想到浑噩猛愣、放荡不检、使气任性、不拘礼法，误认为是一些赳赳武夫，所以，自古以来，一般贵族士大夫在给男孩子命名时，都尽量避开这些用字。因为中国文化认为，刚烈坚强之人，并非那些喜怒形于辞色、遇事拔刀而起的血勇之人，而是一些内蕴浩然之气、遇事不惊不怒、谈笑风生的伟丈夫。苏东坡曾经说过："古之所谓豪杰之士者，必有过人之节，人情有所不能忍者。匹夫见辱，拔剑而起，挺身而斗，此不足为勇也。天下有大勇者，卒然临之而不惊，无故加之而不怒，此其所挟持者甚大，而其志甚远也。"[1]男子应尽量将勇猛刚强内化为自己的性格和品德，而不要外露于辞色和名字之上。当然，一些身体羸弱、性格过于懦弱的人，则可以通过用一些刚猛字命名，来表示增强、补足和矫正的希冀。

以姓取名

在运用字义命名上，古来还有一种"以姓取名"或叫"连姓为义"的方法。顾炎武《日知录》卷二十三载：

> 古人取名连姓为义者绝少。近代人命名，如陈王道、张四维、吕调阳、马负图之类，榜目一出，则此等姓名几居其半，不知始自何年。尝读《通鉴》，至五代后汉，有虢州伶人靖边庭。胡身之注曰："靖，姓也。优伶之名，与姓通取一

---

[1] 孔凡礼点校《苏轼文集》，北京：中华书局，1986年，第103页。

义，所以为谑也。"考之自唐以来，如黄幡绰、云朝霞、镜新磨、罗衣轻之辈，皆载之史书，益信其言之有据也。嗟乎！以士大夫而效伶人之命名，则自嘉靖以来然矣。①

其实，这种命名方法并非只有伶人才采用，一般贵族也喜用。如唐代著名诗人元结之祖名叫元亨，字利贞，就是套用《周易·乾卦》中的一个成句。此外，唐宋时期还有安如山、王佐才、王者辅、江万里、李无言、凌万顷、王侯喜、时丰稔、贺寿等。明清以来，用此法取名已成一时风气，除顾炎武所列举的以外，还有王者宾、王者香、王者师、温如猛、席上锦、席上珍、冷于冰、江天一、连成璧、黄河清、游于诗、高其危、高其倾、古之贤、莫如忠、龙在田、龙从云。单名的有方圆、井田、奚自、张弓等。近现代人也常用此法命名，如戈壁舟、苗得雨、马识途、成方圆、盛中国、胡适、田间、田汉、万里、苗壮、苗丰、谷丰、谷雨等。这些名字或取古书成语，或化诗文名句，或套固定词组，若取用得法，不仅寓意精警深刻，而且雅趣横生。

三、根据字形命名

汉字虽然是一种表意体系的文字，但它的象形特点仍然非常明显，所以人们在选择名字用字时，应尽量注意一下名字的形象

---

① 顾炎武著，黄汝城集释，栾保群、吕宗力点校《日知录集释》下册，上海：上海古籍出版社，2006年，第1332页。

美，即字形的匀整协调及参差变化。这样，在视觉上和书写时都感到极舒适大方。民间认为，命名的字形具体可以从以下两点注意：

避笔画繁

汉字的笔画，从一、乙、刀、口、牛等笔画少的常用字，到一些三四十画的繁难字都有。笔画太多的字，写起来很不方便。如果一位小学生，刚开始上学，就让他整天练写几十画的名字，对他来说，不仅是一种折磨，使他对写字产生厌倦反感，而且是一种极大的智力浪费。同时，笔画过多的字，也大都是一些冷僻字，这些字给人们造成的误解，前面已经叙述过了。

避偏旁部首同

有些人取名时喜欢将姓名用字的部首偏旁搞相同，并将此作为一种命名技巧来推广，如李季、张弛，但这种技巧实际上不值得提倡。如果姓名三个字的部首偏旁完全相同，就会使人产生一种单调之感。特别是当你在书法签名时，就会更强烈地感觉到，偏旁部首相同的名字，如江浪涛、何信仁、郭郁邦等，不论如何安排布局，都有一种呆板单调之感，不会产生点画纵逸、变化多姿、曲折交替、气韵生动的美学效果。我们既然是用汉字取名，就不仅要考虑意义上高雅脱俗的抽象美，而且要注意书写时的形象美。

在运用字形命名时，过去有两种技巧，一是割姓为名，另一是增姓为名。所谓的割姓为名是指取名时截取姓的一部分作为名，或者把姓分割为两部分作为名。如商汤时的辅弼大臣伊尹，其中名就是取姓的一部分"尹"而构成的，此外如宋代的陈东、清代的阮元都属这一类。《清稗类钞》还记载了这样一则"割姓为名"的笑话："某县文童沈氿应试，学使以氿字颇僻，诘其胡以取此，对曰：'古有伊尹，后有阮元，沈氿亦犹是耳。'学使笑曰：'若亦知氿字何义乎？'曰：'不知。'曰：'淫淫之行耳。'《说文》：'氿，淫淫行貌。'故引为戏也。"[1]现代著名音乐家聂耳，著名作家舒舍予(老舍)、张长弓、董千里、杨木易也都属此类。另外还有雷雨田、何人可等也是将姓割裂为两部分作为名的。所谓的增姓为名是指在姓的基础上再增添一些笔画或部首构成名，如王匡、林森、于吁、金鑫、李季等。

古人命名时经常喜欢利用字形的离合变化做文章。有些人将名剖分为字，如南宋末年的诗人谢翱，字皋羽，字即由名部分截割而成。明代的章溢字三益、徐舫字方舟、宋玫字文玉，清代的尤侗字同人、林佶字吉人、李楷字皆木，都属此类。也有人取双名中的一部分为字，如清代的毛奇龄字大可、卢文弨字召弓等。还有些人是将姓名剖分为号，如清代的胡汪号古月老人，是分姓入号，徐渭号水月田道人，则又是分名入号。《镜花缘》第八十六回侍女玉儿讲了这样一则故事：有一家姓王，兄弟八个，求人替起名字，并求替起绰号。所起名字，还要形象不离本姓。一日，有人替起道：第一个，王字头上加一点，名唤王主，绰号叫作"硬出头的王大"；第二个，王字身旁加一点，名唤王玉，绰号叫

---

[1] 徐珂编《清稗类钞》第5册，北京：中华书局，1984年，第2153—2154页。

作"偷酒壶的王二";第三个,就叫王三,绰号叫作"没良心的王三";第四个,名唤王丰,绰号叫作"扛铁枪的王四";第五个,就叫王五,绰号叫作"硬拐弯的王五";第六个,名唤王壬,绰号叫作"歪脑袋的王六";第七个,名唤王毛,绰号叫作"拖尾巴的王七";第八个,名唤王全,玉儿说到此处,忽向众人道,这个全字本归入部,并非人字,所以王全的绰号叫作"不成人的王八"。引得众人捧腹大笑。① 这些技巧都是利用字形的离合变化,以增添命名的趣味性。

四、根据音韵命名

名字更多的是要被别人呼叫,所以,除了要具备抽象美和形象美之外,还要注意呼叫时抑扬顿挫的音乐美,追求嘹亮上口、起伏变化的听觉效果。在这方面,民间认为,命名时应注意以下几点:

避声韵同

汉语字音(或称音节)可以分成声母、韵母、声调三部分。一个字起头的音叫声母,其余的音叫韵母,字音的高低升降叫声调。例如,《百家姓》中的第一个姓"赵"字读音为"zhào",其中"zh"就是声母,"ao"是韵母,"zhào"的声调是去声。在命名时,尽量使姓名用字的声母、韵母有所区别,不要完全相同。譬如

---

① 李汝珍《镜花缘》,北京:人民文学出版社,1979年,第638页。

"王锦川"这个名字中的声母和韵母就都不同,读起来富有变化,非常上口;而"汪文伟"这个名字,虽然意思很好,字形也不错,但三个字的声母全同,都是"w",读起来就不够响亮。假若有人名叫"鲍伯邦",看起来还蛮有意思,但读起来非常拗口,像绕口令似的,非常别扭。有人名叫"顾叔武""阎炎贤",由于姓名用字的韵母相同而不好发音,使人简直没法区别。若改为"顾炎武""阎叔贤",就好听多了。

避声调同

声调是指字音高低升降的变化。现代汉语的声调有四种,分别叫作阴平、阳平、上声、去声,简称"四声"。命名时,应尽量选择那些声调不同的字,使得字音有高低起伏、缓急强弱、抑扬顿挫的变化,产生一种旋律感。特别是名字末尾的一个字,读音最关键。如选用平声字,就可以通过声腔的不停振动,将字音传送得非常久远,产生一种余音袅袅、不绝如缕的效果。如"毛泽东"这个名字,前两个字是阳平声,声调较短促,第三个字是阴平声,而且是一个后鼻韵母字,通过声带和鼻音的共同作用,将字音送出来,如隐隐雷声,贯耳而来,非常嘹亮。最后一个字的读音如选用上声字,就显得纤曲变化,含蕴无穷。如选用去声字,就会显得干脆利索、斩钉截铁、刚强有力。诸葛亮、鲁迅等名字就是这方面的成功例子。但如张书襄、赵立志、柳景选等名字,从声调的角度来衡量,就比较单调,不能产生出丰富的音乐效果。

避不雅谐音

有些人的名字，表面上看非常高雅，但由于读起来会与另外一些不雅的词句声音相同或相似，便很容易引起人们的嘲弄和谐谑，成为人们开玩笑的谈资，产生某种滑稽的喜剧效果。明代冯梦龙《古今谭概·巧言部》曾辑录了许多这类笑话，现抄录几则。

一则题目叫《贾黄中、卢多逊》：

> 贾黄中与卢多逊俱在政府。一日，京中有蝗虫，卢笑曰："某闻所有乃假蝗虫。"贾应声曰："亦闻不伤禾，但芦多损耳。"①

两位官员利用名字的谐音各逞文才，互为讥讽，堪值一笑。

另一则的题目叫《聂豹、郑洛书》：

> 永丰聂豹、三山郑洛书，为华亭、上海知县，同时有俊声，然议论殊不相下。一日，同坐察院门侧，人报上海秋试罕中式者。聂笑曰："上海秀才下第，只为落书。"郑应声曰："华亭百姓当灾，皆因业报。"人咸以为妙对。②

如果说，以上这两则笑话只不过是官僚文士们茶余饭后偶博

---

① 冯梦龙编著，栾保群点校《古今谭概》，北京：中华书局，2007年，第357—358页。
② 褚人获辑撰，李梦生校点《坚瓠集》，上海：上海古籍出版社，2012年，第55页。

一粲的游戏之作，无伤大雅的话，另外有些人则因名字谐音而犯了忌讳，或丢掉了锦绣前程，或生财无路，发达无门。《清稗类钞》中就曾记录了"孝钦后恶王国均之名"一段掌故：说的是江苏有一举子名王国均，清同治戊辰年进士，殿试已列入前十本卷子，进呈御览。等到送呈时，孝钦后因王国均三字之音与"亡国君"相同，非常恼火，于是将其抑置三甲，后来随便给了一个教谕的闲差，在山阳县执教二十多年。后因才能卓异被选为云南某县令，未到任就死掉了。[①]

从前，福建兴化府有人名叫应柏材，博学多能，并深通簿记，擅长经商理财之术，可是各公司商号都不敢聘用他。为什么呢？原来此公的姓名连读，谐音"应破财"，商人以发财聚富为第一目的，但如让一位姓名谐音"应破财"的做财务总监，当然是非常忌讳的。所以此公虽胸有韬略，腹有奇才，但美志最终未遂，抱恨终身。

又有人名叫毕培光，外出经商，虽然他也懂得恪守信誉、和气生财、薄利多销等生意经，但是因为姓名的谐音"毕赔光"（毕者，全部也，意思是连老本一块蚀光了），所以在与顾客和商户的交往中，引起人们的各种联想和猜疑，影响了他的商务和进项，最后愈来愈难维持，真的倒闭关门了。

避带暗音

所谓带暗音的字是指那些多义字，它的读音本身就会使人联

[①] 徐珂编《清稗类钞》第5册，北京：中华书局，1984年，第2157页。

想到一些暗淡无光、萧瑟凄凉的意象,用此类字命名,易于使人产生悲伤哀悯之情,如冬、淡、末、尾、暗等。所以,这类字在民间的命名中,也多属回避之列。

以上是民间有关命名的一些习见的方式和宜忌,从纯学术的观点来看,有些说法不尽周全,有些解释则牵强附会,但它至少说明姓名植根于民族文化之中,含濡于历史传统之内,表现出民族文化心理的隐形结构,同时与民族文化的物态形式——语言文字,也存在着非常密切的关系。可以这样说,离开汉语谈中国人的命名方式,无异于缘木求鱼。

第四章　姓名文化的内容

> 赋家之心，苞括宇宙，总览人物，斯乃得之于内，不可得而传也。
>
> 《西京杂记》

姓名既是一种普遍的社会现象，又是一种特殊的文化现象。与其他精神现象一样，姓名也是在民族文化的温床上形成的。它以缩微的方式，存储着社会历史的全息相，是一种内涵异常丰富的文化载体。离开文化侈谈姓名，无异于缘木求鱼，不会有什么结果的。只有把这种个体成员的区别符号，放回到整个文化场中，才能真正认识到它的多重性质。可以说，只有在文化这个大范畴之中，才能确证和界定姓名的性质，而姓名学的深入研究，又可以帮助人们重新理解文化，开拓文化学的新视野。

一、姓名民俗

1. 命名的习俗

命名既然是一种特殊的文化现象,在发展过程中就形成了许多风俗习惯,而这些风俗习惯本身就是民族文化心理的积淀,是逝去的历史的活化石。通过对命名风俗的考察,不仅有助于全面地研究姓名的演进过程,而且还可以"借一斑略窥全豹"——理解民族文化史的整体风貌。

卜名

古代帝王生子时,一般要请卜官取名,并让他们占卜吉凶。《大戴礼记·保傅》中便记载了这样一个命名习俗:

> 太子生而泣,太师吹铜曰:"声中某律。"太宰曰:"滋味上某。"然后卜名,上无取于天,下无取于坠,中无取于名山通谷,无拂于乡俗,是故君子名难知而易讳也。①

这段资料说明,先秦时期贵族生子时,对命名是非常严肃认真的。屈原《离骚》"皇览揆余初度兮,肇赐余以嘉名"两句,其中

---

① 戴德撰,卢辩注《大戴礼记》,见《丛书集成初编》,北京:中华书局,1985年,第39页。

的"肇"字，据闻一多解释，是"兆"的通假字，《九叹·离世篇》叙述屈原名字的来源时也说："兆出名曰正则兮，卦发字曰灵均。"①都是指命名时必须占卜吉凶，根据占卜的兆象，来给孩子命名。《宋书·后废帝本纪》记载："太宗诸子在孕，皆以《周易》筮之，即以所得之卦为小字（名）。"②故刘昱有名"慧震"。据说唐代的陆羽，也是由占卜获得姓名的。相传他是一个私生子，被遗弃漂流水滨，为竟陵的智积禅师所救，养育成人，收为弟子，及长，耻从削发，便用《易经》自筮，得"蹇"之"渐"，卦辞道："鸿渐于陆，其羽可用为仪。"于是，便以陆为姓，名羽字鸿渐。

后代依据生辰八字命名的方式，实际上就是卜名这一习俗的进一步系统化和理论化。

借名

古人为了让小孩命硬，使名字产生反巫术的能力，便经常以所崇拜的人神或自然物为名，这就是借名。《中华全国风俗志》记载："曲江之北有大山二，一狮子山，一即象山。两山相接处有石门，乡人称为双石门，为曲江通海之道。一般乡愚呼之为石公。有时小儿啼哭不安，即选择黄道吉日，备香糕、果品、素斋、纸钱、锡箔等等，至双石门借名。其名必嵌有石字。先用朱纸请道士书'双石成'或'石天宝'等名字，至双石门，拈香祈祷后，将朱纸所书之名贴于石门上，沿路呼所取名字还家。俗传如

---

① 洪兴祖撰，白化文、许德楠、方进等点校《楚辞补注》，北京：中华书局，1983年，第286页。
② 沈约《宋书》卷九，北京：中华书局，1974年，第177页。

此能使小儿强壮，易于长大。此种举动，俗称借名。"①还有一种拜山岩为干爹，故所借名中必有一个"岩"字。清代石方洛有《且瓯歌》记此风俗："岩亲爷，世灵钟。吾家生有人中龙，只恐造物忌人聪，愿把儿名附骥踪，儿父应呼岩亲翁。"②另据《太平御览》所引《东观汉记》知，廉范任蜀郡太守时，为政清廉，政绩颇著，百姓非常爱戴他，便纷纷用他的名字为自己的小孩取名。

还有些人因景慕和崇仰古昔圣贤，于是或袭用古人的名字，如汉代的司马相如崇敬蔺相如的为人，就直接用他的名字。或在名字中道出仰慕师法之意，据说陆游出生的前一夜，其母梦见北宋文学家秦观。秦观字少游，是著名的"苏（轼）门四学士"之一，因写过"山抹微云，天连衰草"这样的佳句，又被时人称为"山抹微云学士"。陆游的父亲陆宰觉得这个梦很神奇，希望自己的孩子能像秦观一样才华横溢，文采飞扬，便将"游"字取作孩子的名，以"务观"为字。后来的许多人取名时，"不以希颜为名，则以望回为名；不以次韩为名，则以齐愈为名"。另如姚述尧、范祖禹、潘景尹等，实际上都可归入借名一类中。

寄名

与借名相似的，还有所谓的寄名。寄名是将孩子舍给庙宇、道观，让孩子拜和尚、道士为师，象征性地出家，以便借助神佛僧道的法力来保佑长命。《清稗类钞·风俗》："惧儿夭殇……且

---

① 胡朴安《中华全国风俗志》，北京：气象出版社，2013年，第340页。
② 转引自叶大兵、乌丙安主编《中国风俗辞典》，上海：上海辞书出版社，1990年，第217页。

有寄名于神鬼，如观音大士、文昌帝君、城隍土地，且及于无常是也。"①《苏州风俗》中说："或寄名神佛，借神威佛法护持；或寄名于子息众多之家，托其荫庇得以长成……红绸口袋一口，中藏寄儿庚帖，以万年青叶副之，悬于厅堂，曰'寄名袋'。"②有时僧道人还要为小孩取个法名，并赠送一套僧道服装，还有一件寄名锁和一道寄名符。《金瓶梅》中的西门庆就曾将自己的儿子官儿寄名给玉皇庙吴道官，吴道官为孩子起名吴应元，永保富贵遐昌，并送一副银项圈，上刻"金玉满堂，长命富贵"，一道朱书辟非黄绫符，上书着"太乙司命，桃延合康"八字。③《红楼梦》中亦记述了这种风俗，第二十九回写贾府到清虚观打醮，凤姐对张道士说："张爷爷，我们丫头的寄名符儿也不换去?"张道士便拿了一个茶盘子，搭着大红蟒缎经袱子，托出巧姐的符来。④ 第六十二回写宝玉过生日时，张道士又送来了四样礼，同时还有换的寄名符。鲁迅先生在小时候也由父母寄名于寺院，得法名"长庚"，还有一件百家衣，就是"衲衣"，还有一条称为"牛绳"的东西，上挂零星小件，如历本、镜子、银筛之类，据说是可以避邪的。这种仪式一直要到小孩成年完婚后才算结束，到时候要从寺院或寄名家取回所寄的红布袋，俗称"拔袋"。

---

① 徐珂编《清稗类钞》第5册，北京：中华书局，1984年，第2192页。
② 转引自万建中《中国民俗通志·生养志》，济南：山东教育出版社，2005年，第230—231页。
③ 兰陵笑笑生著，陶慕宁校注《金瓶梅词话》，北京：人民文学出版社，2000年，第464页。
④ 曹雪芹、高鹗《红楼梦》，北京：人民文学出版社，2005年，第396页。

偷名

偷名的用意与借名和寄名类似，也是想通过获取神奇名字来增强抵御邪恶灾难的力量。但偷名并不是事先征得被偷者的认可，而是采取突发性的行为，获取被偷者家中的某件器物，来给自家小孩命名，仿佛神秘的力量能通过器物传导给自家小孩。《中华全国风俗志》中记载道："偷名之举，则先探知某家人丁兴旺，请人向其家偷一饭碗及筷。偷时如为其家所觉，则云不到，复更人去偷。偷名者返时，儿母抱小孩于门前迎接，称为接名。偷名者呼名，儿母即代儿应之。以为偷取名后，自此可以无灾病矣。"[1]

撞名

撞名与偷名类似，也是采取突发性的方式来获取命名。具体的做法是：择黄道吉日，在大路之畔，陈列果品，焚香烧钱，然后静候行人路过。第一个经过路畔的人，便被看作小孩的干父母，享以果品，以求认继。而其人无论如何不能推卸，只得承认为干父母，并给小孩更换自己的姓，还要另取一名。青海河湟地区颇流行此法。方式具体为两种：一是先求神灵指点方位和日期，遇上什么人就让小孩跟什么人姓，结成"何爷"与"保子"的关系。倘遇上狗，就叫"狗保子"，倘连一条狗都遇不上，干脆就叫"长路保"。另一是选定多儿多女并且生肖与小孩相合者，协商同

---

[1] 胡朴安《中华全国风俗志》，北京：气象出版社，2013年，第340页。

意后登门去认，其人何姓，便以该姓为氏。前一章引鲁迅之弟周作人的回忆，述及他们弟兄俩的小名，都是由祖父介孚公取的，介孚公接到家中来信报告孙子出生的那一日，恰好碰上姓张的、姓魁的客人来访，于是就以客人之姓为兄弟俩分别取小名阿张、阿魁，这实际上也是一种撞名法。

2. 姓名通灵

姓名是个体生命的给定符码，它本来只具有区别性的功能，为了"吐情自纪"①，"别众猥而显此人尔"②。但是在原始民族中，人们认为姓名不仅是肉体的称谓，而且是灵魂的表征，对姓名的禁忌实质上是对一种超验的法术的防御和避讳。关于这一问题，笔者在第一章第三节中曾做过详细的分析，请读者参阅。姓名巫蛊就是在这种观念下形成的一种巫术迷信。

中国文化还认为，姓名凝聚着人的生命体验，是人的精神生命。所谓"雁过留声，人过留名"，似乎流芳百世或遗臭万年的不是人的肉身尸骨，而是名字，是绵延的精神，是不朽的生命。人们不敢贸然触犯法律和道德戒条，总会说"怕留骂名"，而对某些放纵不检、行为不端的人，也总说他们"名声不好"。这样看来，姓名在具体的文化环境中就不仅仅具有识别作用，不仅仅是形体的称谓，而且是对人的精神表征。加之，汉字不仅仅是语音的载体(或书写的符号)，汉字比拼音文字蕴含着更多更广的体验世界

---

① 陈立撰，吴则虞点校《白虎通疏证》卷九，北京：中华书局，1994年，第406页。
② 陈立撰，吴则虞点校《白虎通疏证》卷九，北京：中华书局，1994年，第407页。

的信息，所以，用汉字命名所表征的生命体验，就更加温婉隐微，也更加博大精深。有关姓名释读、姓名语谶、姓名算命等迷信，就是在姓名与精神有联系这一大的系统理论下的具体延展。

姓名巫蛊

姓名巫蛊是将姓名神秘化的一种表现。具体做法是通过对人的姓名作法诅咒，据说就能产生一种超验的力量，甚至可以置人于疾病或死亡的境地。《新唐书》曾载高骈有一个仇人，做了一个桐木偶人，在偶人的背上刻上高骈的姓名，所以高骈每每为之所制。① 这种施术于名，使人遭受不幸的蛊法，古籍中记载甚多，现举几个例子。

小说《封神演义》中曾说闻太师攻打周武王、姜子牙时，屡攻不下，于是请姚天师设"落魂阵"，筑一土台，设一香案，台上扎一草人，草人身上写姜子牙的名字，又在草人头上点盏催魂灯，足下点七盏促魄灯。姚天师披发仗剑，步罡念咒，发符用印，一日三次，连拜了三四天，就将姜子牙搞得颠三倒四、坐卧不安。适逢南极仙翁和赤精子帮助，才破了邪法，保住了性命。后姜子牙在昆仑散仙的帮助下，依葫芦画瓢，也用此法对付赵公明。他也扎一草人，上书赵公明的名字，又请昆仑散仙前来施术，散仙给他一张桑枝弓，三只桃枝箭，让他先射草人左目，子牙依命先射左目，远在千里之外成汤营里的赵公明便大叫一声，闭了左

---

① 欧阳修、宋祁撰《新唐书》卷二二四《高骈传》，北京：中华书局，1975年，第6391页。

眼。子牙二箭射右目,三箭劈心一射,赵公明便一命呜呼了。《红楼梦》第二十五回"魇魔法叔嫂逢五鬼,通灵玉蒙蔽遇双真",记述赵姨娘因嫉恨贾宝玉和凤姐,便求助马道婆算计复仇。马道婆便用剪子铰了两个纸人,写上宝玉、凤姐的年庚名字,又铰了五个青面鬼,拿针钉在一起,然后作起法来,宝玉和凤姐果然都中了邪,险些将命丢掉。

据陕北乡下老人讲,从前起宅建房时,如主家对匠人和雇工款待不周,惹怒了匠人,有时匠人便会削一小木人,写上主家的名字,藏在梁柱之间以示报复,主家日后便会遭不测。若写上全家的名字,那么主家满门都会遭遇凶事,甚至会出现梁断墙倒的大祸。所以,在建宅时,主家对匠工一定要客气,吃喝款待要好,特别是在盖房上梁、砌窑合龙口之日,即使是贫穷之家,也要倾其所有,大摆酒宴,招待匠工和邻里,并且要亲自监工,防止有人暗中做手脚,为蛊作法。现在很多地方建屋上梁与合龙口时,仍然要放鞭炮,明面上是庆祝工程顺利,但潜意识里也含有对巫蛊的驱赶。只是在科学昌明的今天,人们不再相信这类迷信了,只留下一个鸣放鞭炮的仪式而已。

也有人以巫蛊作为栽赃陷害政敌的一种手段。例如杨广为了消灭自己皇位的竞争对手,暗中制作偶人,写上皇上隋文帝和汉王杨谅的名字,缚手钉心,派人埋在华山之下,又让杨素挖掘出来,然后构陷越王杨秀,杨秀遂被废为庶人。[①] 这种事例在古代社会的宫廷斗争中屡见不鲜,汉武帝曾因巫蛊之案,大兴冤狱,

---

[①] 魏徵、令狐德棻《隋书·庶人秀传》,北京:中华书局,1973年,第1242页。

株连枉杀了不少人。

在现代文明社会中，也还残存着姓名巫蛊的痕迹。例如司法部门行刑前，都要在死囚犯的名字上用朱笔画一个"✕"，公布四方，然后才绑赴刑场，就地正法。似乎在画了"✕"之后，已将犯人的生命处决。在西方，为了发泄对仇敌的痛恨之情，自古以来就有烧偶像和模拟像的习俗，"许多人都曾企图通过破坏或毁掉敌人的偶像来伤害或消灭他的敌人。他们相信，敌人将在其偶像受创伤的同时，本人也受到伤害，在偶像被毁掉的同时，本人也会死去。这可能是'同类相生'这个原则的最常见的应用了"[1]。"同类相生"实即模拟巫术的一种，同名字巫蛊是一回事。

姓名释读

姓名释读是通过对姓名字音和字义的随意解释，来附会某种征兆或结果。《左传·桓公二年》曾记载：

> 初，晋穆侯之夫人姜氏以条之役生大子，命之曰仇。其弟以千亩之战生，命之曰成师。师服曰："异哉，君之名子也！夫名以制义，义以出礼，礼以体政，政以正民。是以政成而民听。易则生乱。嘉耦曰妃，怨耦曰仇，古之命也。今君命大子曰仇，弟曰成师，始兆乱矣，兄其替乎！"[2]

---

[1] [英]詹姆斯·乔治·弗雷泽《金枝》，徐育新、汪培基、张泽石译，北京：商务印书馆，2012年，第28页。
[2] 杨伯峻《春秋左传注》，北京：中华书局，1990年，第91—92页。

这段话是说晋穆侯在攻打条戎的战役中吃了败仗,心情不好,于是给大儿子取名叫仇。后在千亩之役中打了胜仗,所以给刚生下的小儿子取名叫成师。晋国大夫师服对此颇为不满,议论说,这样取名不符合礼法,是祸乱的预兆,当哥哥的将会衰微。后来果如师服所预言的,仇几经磨难才嗣位,在他死后,政权又被成师所控制。三国时,后主刘禅继位后,据说蜀名士谯周曾根据刘备和刘禅的名字议论道:"先主讳备,其训具也,后主讳禅,其训授也,如言刘已具矣,当授与人也;意者甚于穆侯、灵帝之名子。"[1]具是备、拥有的意思,授则是让出、拱手送给别人的意思,谯周根据先主、后主两人名字的意思,预言刘禅将会失天下。这当然是一种巧合。

姓名语谶

与姓名释读相关联的,便是语谶。语谶是一种预言性的隐语,它利用谜语或歌谣的形式,来预言某些重大事件。语谶不仅仅表现为姓名,也可以是地名或物名,我们在这里只谈有关姓名的语谶。语谶与姓名释读并不完全相同。释读是对已有的姓名进行随意的、附会性的解释。而语谶则是预先设计好的、有固定答案的政治隐语,所以它具有人为的预见性和唯一性的特点。语谶在先秦时即已偶然出现,但大量产生还是在汉代以来。两汉时期阴阳五行思想和谶纬之学相结合,对语谶的兴盛无疑起了推波助

---

[1] 陈寿撰,陈乃乾校点《三国志》卷四二《杜琼传》,北京:中华书局,1959年,第1022页。

澜的作用。

据说在秦朝覆亡的前九年,那个为秦始皇入海求仙药的卢生曾奏《录图书》,并预言说:"亡秦者胡也。"于是秦始皇命令大将蒙恬带兵三十万北击胡(即匈奴),但他没有想到,亡秦的"胡"应验在他的儿子胡亥身上。东汉末年董卓灭亡之前,曾流传这样一首童谣:"千里草,何青青,十日卜,不得生。"这两句诗隐含着"董卓当死"的意思。有一次董卓上朝时,曾见一道人拿一长竿,竿上挂一丈长的白布,布两头各写一"口"字,挡于道中,董卓不明其意,于是让随从将这个道人赶开。实际上此人是用隐语提示董卓防备吕布。①

割据势力反叛朝廷或农民起义军举事时经常用姓名语谶来宣传号召。如隋末曾流传着"十八孩儿坐龙廷"的谶语,显然是李渊集团反叛隋炀帝的暗号。武则天当政时,徐敬业和骆宾王谋划起事反对武则天,为了拉拢当时做中书令的裴炎入伙,便故意编造了这样一首歌谣:"一片火,两片火,绯衣小儿当殿坐。"其中暗含着"裴炎"两字,寓意其将要称帝。晚唐昭宗时,义胜军节度使董昌准备谋反,有人向他献谶语说:"欲识圣人姓,千里草青青;俗识圣人名,日从日上生。"暗寓"董昌"两字,后董昌果然反于越州,并登基称帝,建大越罗平国。黄巢起义后,也曾让学士皮日休仿制童谣:"欲知圣人姓,田八二十一;欲知圣人名,果头三曲律。"暗含"黄巢"二字,以此来收拢人心,号令天下。

---

① 范晔撰,李贤等注《后汉书》卷七二《董卓传》,北京:中华书局,1965年,第2331—2332页。

姓名算命

前面已经指出，人的称谓与人的吉凶祸福和前途命运完全没有什么必然的联系，但在具体的社会文化环境中，人们却往往倾向于承认姓名与人的生命体验的关联性。特别是在古代社会，科学技术落后，许多神奇的自然现象和社会现象得不到理性的说明，于是人们就从彼岸世界和先验力量的角度寻求解释，姓名也成了人们占卜预兆的工具之一。

笔者在第一章已论及，古人认为的黄帝吹律定姓为姓氏起源，就是一则有关前兆命定的神话。两汉时期流行的附会姓氏于五音、五行、五方的"五姓"说，已开用姓名算命占卜的先河。可是这种理论非常粗糙，漏洞百出，所以在当时虽盛行一时，但也遭到一些思想家的尖锐批判，王充的《论衡》和王符的《潜夫论》中都有专篇驳斥。后来的堪舆家和风水先生们在相宅时，对此也就不甚强调了，"五姓"的具体操作方法也逐渐失传。

与姓名有关的知命之术是八字算命法，这种方技究竟产生于何时，学术界尚有争论。三国时的管辂在谈到自己的命时曾说："吾本命在寅（寅，木也），加月食夜生，天有常数，不可得讳，但人不知耳。"[①]似乎已将人的命运与生日的干支五行联系起来考察了。隋代萧吉《五行大义》中说："由纳音可推人命。"[②]纳音就

[①] 陈寿撰，陈乃乾校点《三国志》卷二九《管辂传》，北京：中华书局，1959年，第826页。
[②] 萧吉《五行大义·论人配五行》，见《丛书集成初编》，北京：中华书局，1985年，第102页。

是将六十干支按音纳为五行，如甲子、乙丑是"海中金"等。一般认为，以干支推衍的算命术，至唐代已相当成熟了。韩愈《李虚中墓志》中记载："(李虚中)年少长，喜学，学无所不通，最深于五行书。以人之始生年月日所直日辰支干相生胜衰死王相，斟酌推人寿夭、贵贱、利不利，辄先处其年时，百不失一二。其说汪洋奥美，关节开解，万端千绪，参错重出。学者就传其法，初若可取，卒然失之。星官历翁莫能与其校得失。"①此外还有僧一行、桑道茂等，也是精通命理的著名术士。流传至今的八字算命术，又称"子平术"，是五代时的徐子平所创，此术在出生的年、月、日之外，又益之以时，称为"四柱"，四柱干支共八个字，故俗称"八字"。子平术以干支阴阳五行论命，比前代各家之说更加精微严密，所以，自宋代以后，流行甚广，上自九五之尊的帝王，下至引车卖浆的市井细民都信仰，直到现在仍有市场。一般说来，生辰八字中如果缺少五行中的某种元素，就要通过命名来采补，据说命名符号可以摄取到人先天缺乏的某种微量元素，使人的生理、心理和命理系统得以平衡地循环运行。另外，在日后的婚配和人我交往中，也要注意选择能够使自己生成运化的伙伴，要避免与那些同自己的八字冲克相撞的人结亲和交往。《周礼》中有"婚配六礼"，其中的"问名"一礼，古今学者语焉不详，笔者认为，这道程序除了询问女方的姓(是否同姓，上古同姓不婚)、名(是否触犯避讳)，恐怕还要看双方的阴阳五行是否相合。后代婚

---

① 韩愈撰，马其昶校注，马茂元整理《韩昌黎文集》，上海：上海古籍出版社，1986年，第439页。

俗中的换名庚、合八字就是这种古礼的延续。

此外，还有一种用姓名的笔画数理算命的方技。这种方技肇源于汉文化圈的东部——日本，流行于我国港台地区和东南亚的华人社会中，后来，也传到了我国大陆。

这种方技认为，汉字是由"点"与"线"所构成的，而一点一线，都是启示命运最单纯的数理符号。命名学是以文字的笔画数理来测定人生命运的，所以命名之文字，其一点一画，都不能忽视。笔画数理与阴阳、五行、吉凶都有联系，一般汉语名字，不论是复姓双名，还是单姓单名，都可剖分为天格、地格、人格、总格、外格等五格，所以此法又叫作"五格剖象法"。

姓名笔画的奇偶多寡，本无一定之规，但是据命理家看来，这其中都蕴含着人生的命运。首先，姓名的笔画与五行存在着相生相克的关系（五行相生相克的顺序见第三章第一节）。下面是五行与数字、笔画的对应关系：

数字（笔画）	1 2	3 4	5 6	7 8	9 10
五行	木	火	土	金	水

笔画以"繁体字"为准（依据《康熙字典》），不能用"简化字"。例如"扌"（提手旁）按手字计为四画，"忄"（竖心旁）按心字计为四画，"氵"（三点水）按水字计为四画，"犭"（反犬旁）按犬字计为四画，"礻"（示字旁）按示字计为五画，"王"（斜玉旁）按玉字计为五画，"艹"（草字头）按艸（草的正体字）计为六画，"衤"（衣字旁）按衣字计为六画，月（肉字旁）按肉字计为六画，"阝"（右

耳刀)按邑字计为七画，"辶"(走之)按走字计为七画，"阝"(左耳刀)按阜字计为八画。用作人名的数字，如四、五、六、七、八等，则不取笔画数，而取其字意数，如七、八，笔画数虽为二，但仍按其字意七、八计算，不按二画计算。在确定笔画数的五行之性时，还要注意，取数不大于十，以合董仲舒所说的"天之大数，毕于十旬。……十者，天数之所止也。"①例如十一按一计算，十三按三计算，三十六按六计算，二十、三十、四十等均去盈存虚，余可类推。

其次，姓名的笔画与阴阳有关系，一、三、五、七、九等奇数属阳数，二、四、六、八、十等偶数属阴数。命名时的姓名笔画数，最忌全阴全阳，而要奇偶变化，阴阳搭配。

测算时，将一个姓名剖分为五格。其中的天格是指复姓两字笔画相加、单姓的笔画再加一所得数，天格是由姓构成，故象征着遗传、祖上、上司，不直接影响命运，但也能左右人之成功与否。人格是指姓和名的第一个字的笔画相加所得数，人格为姓名之象的中心，为一生命运所系，故又称为"主运"。地格是指名字的总画数，它主中年前(三十六岁前)之命运，故又称为"前运"，也可以看出与夫妻、子女、部下的关系。外格是指双名的末一字的笔画数加一，也即总格减去人格的剩余数加一，单名的外格固定总数为二。外格之灵动影响着家缘的厚薄、四周环境的好坏、本人与社会之关系等，故又称为"副运"。总格是指姓与名的总笔画数，主中年至晚年的命运，故又称为"后运"。天格与人格构成

---

① 董仲舒《春秋繁露》，上海：上海古籍出版社，1989年，第66页。

"成功运"，可以看出人的社会处境和遭遇；人格与地格构成"基础运"，可以看出人的家庭、财产和身体状况。命名时要注意笔画的灵动，天、地、人三才的配置，以及五行的相生。要推测命运的好坏，可将各格的笔画数对照八十一数吉凶表，吉凶便知。小孩初生时，可请懂得数理及命名的术士为其撰名，欲改变自己困厄处境者，亦可通过更改良名来开鸿运。命名时有规范的表格可以填写，然后让术士据此测算。

这种方技虽然粗糙，穿凿附会，漏洞百出，但它至少说明在具体的文化氛围中，姓名与人的生命体验、与人探求命运之谜的愿望存在着非常密切的联系。据说日本人对此方技非常崇拜，日人冈本万德曾著《姓名与命相》一书，洋洋洒洒数十万言，专门讨论姓名与命运的关系，其中最主要的内容就是文字意义、数理吉凶和五格剖象法的具体应用。该书曾由日本东海广播电台连播，冈本万德主讲，风靡一时，影响甚广。近年来大陆的不少姓名网站和取名网站上，多有用"五格剖象法"测算名字，用作题取名字的依据，可见借助大数据和网络，这种方技仍然有其市场。

汉字姓名本是中国文化的特有产物，竟然在东邻日本结出这样一颗神秘的果实，并且又返归它的故土。从思想观念上，我们可以对此嗤之以鼻，轻易否定，但从文化传播学的角度来看，这倒是一个很耐人寻味的理论课题。

二、姓名传统

人的姓名是一种文化现象，而文化本身也是民族心理在历史发展过程中的积淀，所以，姓名与历史传统不可分割。任何个体的人，既是受精卵的生物化学反应的结果，又是几百万年以来文化遗传工程的产物。姓名亦然，它既是个人的称谓，又是整个生命编码系统中的一个共时性的项，同时也是表征代代相续的一个历时性的符号。这就决定了姓名与文化的一般发展过程——传统的密切关系。萧遥天在谈到姓名与文化传统的关系时曾说："名字是现实的反映，也很自然地为思潮所溅湿。比如没有阴阳家，则名字绝不会有取义于干支五行；没有儒家，则名字也绝不会有取义于五经四书；没有道释家，则名字也找不到仙佛方外的影像；没有孔子的诗教与屈原的《离骚》，则名字也没有温柔敦厚、芳草美人。""思想潮流刻画在名字上的痕迹，有隐晦，有显明。大凡潮流不论新旧，只一味因袭承受的比较隐晦，具有变革发扬姿态的便显明。"[1]总之，不论隐晦还是显明，在姓名上总可以找到传统遗留下的蛛丝马迹。陈之藩也说："要有好久好久的历史，才能产生一点儿传统；要有好长好长的传统，才能产生一点儿品味；要有好多好多的品味，才能产生一点儿艺术。"[2]

认祖寻根

战国时期，楚国诗人屈原在他的抒情长诗《离骚》一开始就写道：

---

[1] ［马来西亚］萧遥天《中国人名的研究》，北京：国际文化出版公司，1987年，第152页。
[2] 《陈之藩散文》卷一《〈蔚蓝的天〉序》，香港：牛津出版社，2012年，第108页。

帝高阳之苗裔兮，朕皇考曰伯庸。①

这两句诗的大意是：我是古帝王高阳氏的后代子孙，我的先祖（用王闿运及闻一多之说）名叫伯庸。高阳氏是古代氏族首领颛顼的称号，而颛顼又是黄帝轩辕氏的孙子。据《史记·五帝本纪》知，黄帝娶西陵氏之女，是为嫘祖。嫘祖为黄帝正妃，生二子。其一曰玄嚣，其二曰昌意，昌意娶蜀山氏女，曰昌仆，生高阳，高阳有圣德焉。黄帝崩，葬桥山，其孙昌意之子高阳立，是为帝颛顼也。高阳的六代孙名叫季连，是楚的创业始祖，姓芈。季连之后鬻熊曾"子事"周文王。鬻熊的曾孙熊绎正式受封于楚，居丹阳(今湖北省秭归县)，传熊通(又作达)。通自立，就是后来所称的楚武王。通之子瑕，食采邑于屈，子孙遂以屈为氏。这样看来，从近处说，屈原是楚国芈姓的分支氏族，与楚王有血缘宗法关系；从远处说，屈原是颛顼高阳氏，也是黄帝轩辕氏的远末子孙。这首生命的挽歌一开始便"首溯与楚同源共本，世为宗臣，便有不能传舍其国(把祖国当旅舍)而行路其君(视国君为路人)之意"②。这种寄命归宗，也就是一种认祖寻根。在第二章谈到姓的起源时，笔者还曾引用过鲁迅《自题小像》诗中的一句"我以我血荐轩辕"。轩辕即是轩辕氏黄帝，年轻的鲁迅表示愿意为社稷江山、父母之邦献出自己的热血和青春。

---

① 屈原《离骚》，见金开诚、董洪利、高路明《屈原集校注》，北京：中华书局，1996年，第26页。
② 张德纯《离骚节解》，见陈本礼《屈辞精义》卷一，清嘉庆十七年江都陈氏裛露轩刊本。

屈原的寄命高阳，鲁迅的荐血轩辕，以及近年来在海内外华人世界流传的"炎黄子孙""龙的传人"等等说法，从姓名学的角度来看，都表现出一种非常强烈的民族认同、文化寻根心理。它说明数以千计的姓氏，都是由上古时期少数几个图腾符号演变而来的。因此，也可以说，上古之黄帝、炎帝都是华人的共同祖先。这种意识对形成民族的凝聚力和向心力非常重要，它是文化上的隐形纽带和潜在的网络组织，是文化学上的人种归类方式。

这种凝聚力和纽带，在外敌压境、民族危难之际，就成了一种强有力的武器，呼唤着原本松散的、彼此隔膜的个体成员，为了民族和祖国的最高利益，携手并肩，共同战斗。从秦末时楚南公发誓"楚虽三户（指楚有昭、屈、景三氏公族），亡秦必楚"，到鲁迅表示"我以我血荐轩辕"，都说明认祖和"本自同根生"对社会成员的向心作用。古代一些思想家很早就懂得有意识地强调认祖归宗的重要性。宋代理学家张载曾说："管摄天下人心，收宗族，厚风俗，使人不忘本，须是明谱系世族与立宗子法。宗法不立，则人不知统系来处。古人亦鲜有不知来处者。宗子法废，后世尚谱牒，犹有遗风。谱牒又废，人家不知来处，无百年之家，骨肉无统，虽至亲，恩亦薄。"[1]说明姓氏对个体成员的统摄聚合具有重要的作用。

但是，认祖寻根在历史上也产生了不少消极影响，毒化了社会风气。首先是为了攀龙附凤而任意联宗。清代学者赵翼在《陔馀丛考》一书中曾嘲弄这种风气，他说世俗好与同姓人认族，不

---

[1] 张载著，章锡琛点校《张载集》，北京：中华书局，1978年，第258页。

问宗派，辄相附和。此习自古已然，李唐统治者自以为出于老子之后，于是追尊老子为玄元皇帝，并以《史记·老子列传》升列于诸传之首，"此攀附明德以为光宠者也"①。又有本非同姓，而强行联宗者。据《北史·唐瑾传》记载，周文赐瑾姓宇文氏，燕公于谨白周文，言瑾学行兼修，愿与之同姓，结为兄弟，周文于是又赐瑾姓给万纽于氏。"此则非同姓而认族，实为千古所未有"②。还有人为夤缘权势而联宗。据《宋史》记载，蔡嶷为了攀附巴结而尊蔡京为叔父，蔡京于是命令自己的儿子蔡攸、蔡修等出见，蔡嶷马上改口说："错了，您本是我的叔祖，您的公子才是我的叔父辈。"并慌忙下拜。宋人张洎为举人时，有名叫张泌者已经做了高官，于是洎每次拜见泌，都自称"侄孙"。后张洎进士擢第，再见到泌便改称"侄"，等到他自己当了宰相，就将泌当作一般下僚看待。

有些不同姓族的人常拉出某姓的祖先来互相矜夸。据说明代某地，有朱、项两姓的祠堂相邻。朱姓祠堂上贴的对联写道："一朝天子，历代儒宗。"意思是说，当朝皇帝就姓朱，宋代的朱熹也是儒学领袖。姓项的看了对联后，也在祠堂上针锋相对写道："曾烹天子父，亦作圣人师。"这两句套用了两个典故，上句是用《史记·项羽本纪》中项羽欲烹刘邦之父的故事，下句则用项橐曾为孔子师的传说，来压倒姓朱者。文人学士喜欢炫才斗智，这是利用联宗方式嘲弄对方的一则趣话。

---

① 赵翼《陔馀丛考》，北京：中华书局，2006年，第645页。
② 赵翼《陔馀丛考》，北京：中华书局，2006年，第645页。

在社会生活中，则衍变为恪守祖宗遗训，不敢创新，或者自欺欺人地夸耀说一切古已有之，祖先比现在阔得多。谭嗣同曾指出谱牒的两大弊端："一曰：攀附。遥遥华胄，流为讥谑，郭崇韬、狄青所由判贤否也。一曰：夸大。虽孝子孝孙之心，称美不姓恶，其体比于鼎铭。"①

为了认祖与联宗，有时就不得不伪造世系和谱牒。明清时，江湖上还专门有以伪造世系谱牒为生的"谱匠"。罗继祖《枫窗脞语》载：

> 彼辈预制一套可通用之道具，多托始于南宋，如名人序跋、远祖遗像、朱子题字，不论张姓李姓，但将名姓一改即觉天衣无缝。……同一衣冠袍笏须髯如戟之人，在谱匠手既可做张家之远祖，又可做李姓之儿孙，概出于谱匠之随意描绘，非实有其人，不足当识者之一哂。吴君又谓所见湘中宗谱及抗战期间新刊之宗谱，亦有类此者。此种风习盛于南省，北省少见。②

认祖与联宗的另一个负面影响就是造成传统社会中"一人得道，鸡犬升天"，"一荣俱荣，一损俱损"。同姓中的某人做了官，本家中所有的人都可以跟着沾光；反过来，同姓中的某人若犯了不赦之罪，那么不光本家要受到株连，就连三族都要跟着倒霉，

---

① 谭嗣同《〈浏阳谭氏谱〉叙例》，见《谭嗣同全集》上，北京：中华书局，1981年，第51页。
② 罗继祖《枫窗脞语》，北京：中华书局，1984年，第187页。

这种例子在古代不绝于书。

涵化融合

第二章中曾谈过在中华民族的形成历史上，许多姓氏和名字既是民族文化互鉴交流的产物，又反过来促进了民族融合。历史上出现的五千多个姓氏中，有两千多个姓氏来自周边少数民族。"据统计，我国汉族共有5730个姓，其中单姓3470个，双字复姓2085个，三字姓163个，四字姓9个，五字姓3个，以及元清移居中原蒙古人、满人的译姓等。其中常用姓为2077个，非常见姓3653个。这是当前统计中比较多的一个数字。在汉姓中，有不少原来是少数民族的姓，如慕容、乞伏、宇文、秃发、拓跋、罗、朴、督、鄂、夕、龚等等。"[①]而在长期的多元并存、异质相融的过程中，汉语姓氏和命名方式又起着主导作用，逐渐同化了随域外文化传进来的其他民族的姓氏和命名方式。

早在先秦时期，诸如党、傍、芈等四夷居民的"夷狄大姓"，在同中原华夏民族的不断交往过程中，融进了华夏民族的姓氏系统中。北魏孝文帝拓跋宏为了加速鲜卑民族的封建化进程，实行改革，其中重要的一环就是改原有的鲜卑姓为汉姓。具体做法是把各部落的复姓改为音近的单字汉姓，如皇族拓跋氏改为元氏，丘穆陵氏改为穆氏，步六孤氏改为陆氏，贺赖氏改为贺氏，独孤氏改为刘氏，贺楼氏改为楼氏，万纽于氏改为于氏，纥奚氏改为嵇氏，尉迟氏改为尉氏，达奚氏改为奚氏。皇族近亲九姓，与元

[①] 张联芳主编《中国人的姓名》，北京：中国社会科学出版社，1992年，第3页。

姓共十姓，规定从此不通婚姻。其他贵族改姓，数在一百以上，《魏书·官氏志》均有记载。其中以穆、陆、贺、刘、楼、于、嵇、尉八姓最贵。孝文帝又规定汉人士族的门第高下，承认范阳卢氏、清河崔氏、荥阳郑氏、太原王氏四大姓为最高门第，与鲜卑八姓地位相等。赵郡李氏、陇西李氏、博陵崔氏门第也很高。以上贵姓，不得授以卑官。孝文帝还凭借政治力量，对汉人氏族和鲜卑贵族一律规定了郡姓，同称为士族。鲜卑贵族八姓以下，士人分为九品，并选择崔、卢、王、郑等中原大姓和陇西李氏的女子进入后宫，为五个皇弟分别聘李、郑、卢姓女子为后妃。很多鲜卑公主也嫁给汉族大姓。鲜卑和中原汉族的大融合，产生了高度发达的文化，使当时都城洛阳的繁华超过了南朝的建康。

隋唐时代，回纥部落内部有九个分支，总称为"九姓回纥"。这九个姓分别是：药罗葛、胡啜葛、啜罗勿、貊歌息讫、阿勿嘀、葛萨、斛嗢素、药勿葛、奚耶勿，亦称"内九姓"或"内九族"。唐太宗贞观年间，九姓回纥请求归附唐朝。武则天时将归附者迁移到甘州、凉州一带居住，后来便逐渐地与汉族融为一体了。隋唐时还将今中亚阿姆、锡尔两河流域的九姓政权称为"昭武九姓"，分别是康、安、曹、石、米、何、火寻、戊地、史，这些姓氏后来也融入了汉族。另外，据史书记载，古突厥亦有十姓，所生子女都以母族为姓，可见仍然有母系氏族社会的残存痕迹，其中大姓有阿史那，突厥可汗常出于此姓。阿史那氏后来也归附了唐朝，于是便改为汉语单姓"史"。唐太宗还曾封阿史那·思摩为都督，赐姓李，称为李思摩。

在整个融化过程中，汉语姓氏和命名方式又占有主导地位，就是说大都是周边四夷少数民族的姓氏融进了汉语姓氏的这个大系统中去了。虽然在南北朝时，宇文泰统治西魏，为了提高鲜卑贵族的特殊地位，在公元554年曾命令用汉字姓的鲜卑人又恢复鲜卑复姓，甚至将魏帝元氏也改为拓跋氏，并且规定府兵中统军将领要一律改从鲜卑姓氏。例如，六柱国之一的李虎（唐高祖李渊的祖父）改姓大野，十二大将军之一的杨忠（隋文帝杨坚的父亲）改姓普六茹；其他如李弼赐姓徒可，赵贵赐姓乙弗，耿豪赐姓和稽，王勇赐姓库汗。府兵中的士卒，也改从主将的鲜卑姓氏。但这一小小的逆流，并未能影响汉化的强大趋势。北周时期，杨坚担任相国，又下令被改姓的文武百官都恢复原来的汉字单姓。与宋朝并立的北方契丹和女真族统治者，一方面大量接受汉文化，另一方面又力图保持自己的民族传统，于是他们在彼此称呼时，仍使用原来的民族姓名，在与汉人打交道时，则另起汉名。金人在未灭辽以前，其名皆用本国语，等到入主中原后，也不得不改用汉字制名。蒙古人建立元政权后，也有点像西魏宇文泰，以蒙古名赐给汉人将相大臣。赵翼在《廿二史劄记》中曾记载道："元时汉人多有作蒙古名者，如贾塔剌浑本冀州人，张拔都本平昌人，刘哈剌不花本江西人，杨朵儿只及迈里古思皆宁夏人。崔彧弘州人，而小字拜帖木儿，贾塔剌浑之孙又名六十一，高寅子名塔失不花，皆习蒙古俗也。盖元初本有赐名之例，张荣以造舟济师，太祖赐名兀速赤。刘敏，太祖赐名玉出干。其子世亨，宪宗赐名塔塔儿（台）。次子世济，又赐名散祝台。石天麟，太宗赐名蒙古台。邸顺，太宗赐名察纳合儿；其弟亦赐名金那合儿。……自有赐名之例，汉人皆以蒙古名为荣，故虽非赐者，亦多仿之。"①但明代以来，不光汉人改蒙古人姓名者仍复原姓名，就连进入中原的蒙古人也都改用了汉人姓名。这倒不仅仅是政治上的原因，恐怕主要还是文化上的人心向背吧。

当然，这种消化有时也表现为对外来文化的一种强制性的附会和曲解。例如明代来华传教的利玛窦神父，死后被一些人按汉语命名的方式将其名字肢解为"利先生""讳玛窦"，鲁迅对这种强制性的附会和曲解非常反感，他曾就当时人们对外国人译名的看法，发表了自己的见解：

> 翻外国人的姓名用音译，原是一件极正当、极平常的事，倘不是毫无常识的人们，似乎决不至于还会说费话。然而在上海报上，却又有伏在暗地里掷石子的人来嘲笑了。他说，做新文学的秘诀，其一是要用些"屠介纳夫""郭歌里"之类使人不懂的字样的。
>
> 凡有旧来音译的名目：靴，狮子，葡萄，萝卜，佛，伊犁等……都毫不为奇的使用，而独独对于几个新译字来作怪；若是明知的，便可笑；倘不，便可怜。
>
> 其实是，现在的许多翻译者，比起往古的翻译家来，已经含有加倍的顽固性的了。例如南北朝人译印度的人名：阿难陀，实叉难陀，鸠摩罗什婆……决不肯附会成中国的人名模样，所以我们到了现在，还可以依了他们的译例推出原音

---

① 赵翼著，王树民校证《廿二史劄记校证》，北京：中华书局，1984年，第701—702页。

来。不料直到光绪末年，在留学生的书报上，说是外国出了一个"柯伯坚"，倘使粗粗一看，大约总不免要疑心他是柯府上的老爷柯仲软的令兄的罢，但幸而还有照相在，可知道并不如此，其实是俄国的 Kropotkin。那书上又有一"陶斯道"，我已经记不清是 Dostoievski 呢，还是 Tolstoi 了。

这"屠介纳夫"和"郭歌里"，虽然古雅赶不上"柯伯坚"，但于外国人的氏姓上定要加一个《百家姓》里所有的字，却几乎成了现在译界的常习，比起六朝和尚来，已可谓很"安本分"的了。然而竟还有人从暗中来掷石子，装鬼脸，难道真所谓"人心不古"么？①

以摆脱传统思想的束缚而来主张男女平等的男人，却偏喜欢用轻靓艳丽字样来译外国女人的姓氏：加些草头，女旁，丝旁。不是"思黛儿"，就是"雪琳娜"。西洋和我们虽然远哉遥遥，但姓氏并无男女之别，却和中国一样的——除掉斯拉夫民族在语尾上略有区别之外。所以，如果我们周家的姑娘不另姓绸，陈府上的太太也不另姓蔯，则欧文的小姐正无须改作妪纹。对于托尔斯泰夫人也不必格外费心，特别写成妥嬺丝苔也。以摆脱传统思想的束缚而来介绍世界文学的文人，却偏喜欢使外国人姓中国姓：Gogol 姓郭；Wilde 姓王；D'Annunzio 姓段，一姓唐；Holz 姓何；Gorky 姓高；Galsworthy 也姓高，假使他谈到 Gorky，大概是称他"吾家

---

① 《鲁迅全集》第 1 卷，北京：人民文学出版社，2005 年，第 417—418 页。

rky"的了。我真万料不到一本《百家姓》,到现在还有这般伟力。①

鲁迅明处是讽刺蒙学读物《百家姓》,暗处是批判汉语命名与译文命名的各种陋习。

三、姓名文学

文艺作品主要是通过形象化的语言来表现对象、展示性格、敷衍情节的。在古代,专门有名说、字说之类的作品,主要是命名者或其他人解释说明名字的内涵,抒写命名的用意,凡名字中所暗喻的寄托、期许、嘉勉等,都详加剖析,为我们破译这些识别性符码提供了弥足珍贵的第一手资料,是一种名副其实的姓名文学。另外,文学作品既然以描写人物性格、塑造典型形象为目的,则作品中势必要出现人物的姓名。这些姓名是作者根据创作需要虚构出来的,服从作者的总体构思,对于理解和把握人物形象也是有价值的。与姓名有关的文艺现象还有嵌名诗、姓名联语、姓名谜语和姓名笑话等,都可以归入这一类之中。

作为文类的名说字说

这一类作品主要是命名者解释所题取的名字的内涵,或对名字的主人相当熟悉了解者代为分析名字中的微言大义。《三国

---

① 《鲁迅全集》第3卷,北京:人民文学出版社,2005年,第9页。

志·王昶传》中有一段材料,虽然并没有标出这类题目,但可以看作最早的名字说,原文是这样写的:"(王昶)为兄子及子作名字,皆依谦实,以见其意。故兄子默字处静,沈字处道;其子浑字玄冲,深字道冲。遂书戒之曰:'……欲使汝曹立身行己,遵儒者之教,履道家之言,故以玄默冲虚为名;欲使汝曹顾名思义,不敢违越也。古者盘杅有铭,几杖有诫,俯仰察焉,用无过行,况在己名,可不戒之哉!'"①文中记述了王昶取名的原则,名字的寓意,与后来的名字说在写法上很相似。

陶渊明的《五柳先生传》,实际上也是一篇解释和说明自号"五柳先生"原因的文章,作者模拟他人的口吻,叙述得号缘由和性格志向,表现了他不慕荣利、旷达自任、安贫乐道的高雅之趣,虽未题名字说之类的概念,但自况自喻之意溢于言表。

宋代苏洵所作《名二子说》一文,是一篇典型的名字说文章。作者分析他给苏轼和苏辙两个儿子所取的名字说:

> 轮辐盖轸,皆有职乎车。而轼,独若无所为者。虽然,去轼,则吾未见其为完车也。轼乎,吾惧汝之不外饰也。天下之车,莫不由辙,而言车之功者,辙不与焉。虽然,车仆马毙,而患亦不及辙,是辙者,善处乎祸福之间也。辙乎,吾知免矣。②

---

① 陈寿撰,陈乃乾校点《三国志》卷二七《王昶传》,北京:中华书局,1959年,第744—745页。
② 苏洵著,曾枣庄、金成礼笺注《嘉祐集笺注》,上海:上海古籍出版社,1993年,第415页。

文章虽然篇幅短小，但反复辨析，阐幽发微，含义深刻，用心良苦。作者揭示出"轼""辙"这两个名字的本义及比喻义，并表达了对两个儿子的期望和警戒。"轼乎，吾惧汝之不外饰也"和"是辙者，善处乎祸福之间也"两句，已不单单是谈名字了，而是将自己对人世浮沉、宦海风波的忧患道出来，告诫儿子们提高警惕，以免发生不测。文人的雅趣和父亲的拳拳之心交织于其间，极感慨顿挫之致。苏洵还写过一篇《仲兄字文甫说》，是谈其仲兄苏涣改字文甫及其寓意的。作者旁征博引，洋洋洒洒，从其兄名涣字文甫推衍出一篇有关人生哲理的议论，认为只有超越现实、自然无为，才能把握现实。其中的"风水相遭而成文""风行水上涣""天下之至文也"等句[1]，不仅仅是对名字寓意的阐发，也不单纯是讲述文章写作，而是抒发一种自然散淡、悠然意远的人生理想。

南宋陆九渊《二张名字说》亦短小清丽，很有特点：

番阳张季海见二子求名，名其一曰槐卿，冠之曰，宜告宾，字以清父；其二曰樾卿，字以宏父。暑气之清莫如槐，字槐卿曰清父，取清暑也。夏日之荫莫如樾，字樾卿曰宏父，取宏荫也。时六月中浣，予方有行役。因以是祝云。[2]

---

[1] 苏洵著，曾枣庄、金成礼笺注《嘉祐集笺注》，上海：上海古籍出版社，1993年，第412页。
[2] 陆九渊《陆象山全集》，北京：中国书店，1992年，第161页。

作者即景生情，即情取义，从清暑宏荫生发，制名作记，颇可玩味。

近代的一个才女萧道安，曾为她的丈夫陈衍写了一篇《名字说》，尤为别致，堪称奇文：

> 君名衍，喜谈天，似邹衍；好饮酒，似公孙衍；无宦情，恶铜臭，似王衍；对孺人，弄稚子，似冯衍；恶杀，似萧衍；无妾媵，似崔衍；喜《汉书》，似杜衍；能作俚词，似蜀王衍；喜篆刻，似吾邱衍；喜《通鉴》，似严衍；喜古今文《尚书》、《墨子》，似孙星衍；特未知其与元祐党人碑中之宦者陈衍，何所似耳？请摹其字以为名刺何如？①

此篇没有谈名字题取的缘由、名字的寓意，而是别出心裁地罗列了一大堆历史上的同名人物来刻画丈夫的性格与爱好，寓褒美挚爱之情于诙谐调侃之中，既是谈丈夫的名字，同时也是呈露自己的个性与才情，表明她与丈夫情趣相投，会心惬意，一聪明贤惠的才女呼之欲出。萧道安早逝，所以陈衍自续《命名说》："中年丧偶，终不复娶，又绝似孙星衍。而非先室人之所及知也。"②文字游戏中见出对夫人的深切怀念。

胡适《差不多先生传》则戏仿名字说文体写成的一篇内容尖锐、语多讽刺的杂文，是展现"五四"新文化运动批判国民性的一

---

① 转引自［马来西亚］萧遥天《中国人名的研究》，北京：国际文化出版公司，1987年，第145页。
② 陈衍《石遗室诗话》，沈阳：辽宁教育出版社，1998年，第388页。

个例证。

文学作品中的姓名

名说、字说之类，是以姓名为主体的作品，还有一类现象，虽并不像名字说那样，姓名在作品中占如此重要的地位，但也是构成作品的一个因素，这就是文学作品中的姓名。作品中的姓名是由作者根据塑造人物性格、发展故事情节的需要而虚构出来的，所以它必须服从作者创作构想的总体需要。但这些姓名，并非无足轻重，可有可无，可以随便更改的，它同时也是作者根据特定时代、特定文化背景和典型环境而精心题取的。所以，"其假捏一人，幻造一事，虽为风影之谈，亦必依山点石，借海扬波"①。

文学作品中有些人物是用真名真姓的。例如《三国演义》中的刘备、关羽、张飞、诸葛亮、曹操、孙权、孙策等都是历史上的真实人物，陈寿《三国志》这部历史著作对他们的行迹都有记载。当然，小说中对其行动和事迹有所加工改造。姓名虽真，但行事并不拘泥于史实。这就是人们经常说的"七分实事，三分虚构"，但"因为中间所叙的事情，有七分是实的，三分是虚的；惟其实多虚少，所以人们或不免并信虚者为真。如王渔洋是有名的诗人，也是学者。而他有一个诗的题目叫《落凤坡吊庞士元》，这

---

① 张竹坡《金瓶梅寓意说》，见朱一玄编《〈金瓶梅〉资料汇编》，天津：南开大学出版社，2012年，第418页。

'落凤坡'只有《三国演义》上有，别无根据，王渔洋却被它闹昏了"。① 这涉及了历史小说的真实与虚构的问题。一般说来，在艺术创作过程中，作者有徘徊于真实与虚构之间的权利。

有些作品中人物的姓名则是真假杂糅，虚实混合。如《封神演义》《西游记》《水浒传》等小说，其中的周武王、姜尚、殷纣王、玄奘、唐太宗、宋江、高俅、童贯、方腊等就是真名，而如土行孙、孙悟空、猪八戒、史进、卢俊义、武松等，则是作者创造和虚构出来的人名。在文学创作中，"非特事迹可以幻生，并其人之姓名亦可以凭空捏造"②。

有些作品中的人物名字，并非随意题取，而是含有某种寓意，它对理解作品的情节和主题至关重要，具有画龙点睛的妙用。如《红楼梦》中的贾宝玉、林黛玉这两个名字，就寓有"木石前盟"之意，而宝玉与宝钗的名字中则又含有"金玉良缘"之意，仅这三个名字，就将这部小说所描述的爱情悲剧给点逗出来了。脂砚斋批第五回说："怀金悼玉大有深意。"深意何在？就在于指出了"历史的必然要求和这个要求的实际上不可能实现之间的悲剧性的冲突"③。这一深意通过三个主人公的名字亦可窥破。《金瓶梅》这部世情小说的题目中的"金"是指潘金莲，"瓶"是指李瓶儿，"梅"是指春梅，三人都是西门庆的侍妾。张竹坡在《金瓶梅寓意说》一文中，分析这些人物的名字说：潘金莲本是《水浒传》

---

① 鲁迅《中国小说的历史的变迁》，见《鲁迅全集》第9卷，北京：人民文学出版社，2005年，第333页。
② 李渔著，杜书瀛评注《闲情偶寄》，北京：中华书局，2007年，第28页。
③ 《马克思恩格斯选集》第4卷，北京：人民出版社，2012年，第443页。

中原有之人,"然则何以有瓶、梅哉?瓶因庆生也。盖云贪欲嗜恶,百骸枯尽,瓶之罄矣。……至于梅又因瓶而生,何则?瓶里梅花,春光无几。则瓶罄喻骨髓暗枯,瓶梅又喻衰朽在即。……莲名金莲,瓶亦名金瓶,侍女偷金,莲瓶相妒,斗叶输金,莲花飘萎,芰茎用事矣"①。西门庆的狐朋狗友的名字,也都各有寓意:应伯(白)爵(嚼)字光侯(喉)、谢希(携)大(带)字子纯(紫唇)、祝实念(住十年)、孙天化(活)字伯修(不羞)、常峙节(时借)、卜志(不知)道、吴(无)典恩、云里守(手)字非(飞)去、白赖光字光汤、贲第(背地)传、傅(负)自新(心)、甘(干)出身、韩道国(捣鬼)。作者通过不雅谐音命名法,对这帮丑类的性格进行了揭示,对他们的行径也予以揶揄讽刺。

还有些文学人物的名字具有影射的意味。作者在创作中本来是摹写现实生活中的人和事,但是为了避免纠纷和误解,就故意用一些带有影射暗指用意的名字。像吴敬梓《儒林外史》中的马纯上马二先生,就是影射全椒冯粹中,而虞博士是暗指江宁教授吴蒙泉,牛布衣是指牛草衣,凤鸣岐是指甘凤池。人物取名上以影射索隐闻名的是近代四大谴责小说之一的《孽海花》,此书人物多影射现实。例如,男主人公金雯青就是暗指当时清政府的兵部左侍郎、出使德奥俄大臣洪钧(字文卿),女主人公傅彩云影射当时的名妓赛金花。冒鹤亭、纪果庵等人对该书人名进行了细致的考证和索隐,刘文昭并据此编成了《孽海花人物索隐表》,共举《孽

---

① 张竹坡《金瓶梅寓意说》,见朱一玄编《〈金瓶梅〉资料汇编》,天津:南开大学出版社,2012年,第419—420页。

海花》一书中人物二百七十八名。每人依姓氏笔画为序,分别标明书中人物及其影射的真实姓名、籍贯、出身、身份等,用功颇勤,对研究这部作品提供了极其重要的资料。

文学作品中用影射给人物题名取字,本来是从创作需要考虑,同时也是为了避免不必要的猜疑,但有时也会引出新的误解和纠纷。据说鲁迅的《阿Q正传》发表后,有许多人惴惴不安,以为是在影射自己。鲁迅对此曾解释道:

> 古今文坛消息家,往往以为有些小说的根本是在报私仇,所以一定要穿凿书上的谁,就是实际上的谁。为免除这些才子学者们的白费心思,另生枝节起见,我就用"赵太爷""钱大爷",是《百家姓》上最初的两个字;至于阿Q的姓呢,谁也不十分了然。但是,那时还是发生了谣言。还有排行,因为我是长男,下有两个兄弟,为预防谣言家的毒舌起见,我的作品中的坏脚色,是没有一个不是老大,或老四、老五的。①

学者德维分析金庸小说中的人物命名,指出金庸对《射雕英雄传》中被誉为"乾坤五绝"的五位高人(东邪、西毒、南帝、北丐、中神通)的命名渗透了中国传统的五行思想:东方尚青,属木,故"东邪"为黄药师(平时都穿着青袍);南方尚赤,属火,故"南帝"号一灯;西方尚白,属金,故"西毒"为欧阳"锋";北方

---

① 鲁迅《阿Q正传》,北京:人民文学出版社,1976年,第95页。

尚黑，属水，故"北丐"为"洪"七公；中央尚黄，属土，故"中神通"为王重阳。金木水火土五行巧妙地镶嵌在这五人的姓名中。他还具体解释：

南帝一灯——"一灯"之名出自《法华经》：以一灯传诸灯，终至万灯皆明。"南为火"：一灯大师之"灯"待"火"点燃。其秘技为"一阳指"，而太阳就是一个大火球。"南，色赤"："灯"与"阳"皆作赤红色。

中神通王重阳——"中央为土"：此人确为历史人物，是全真教开山祖师，原名"王喆"，这姓、名两个字皆具"土"形。五大高手中他辞世最早，由其师弟递补为老顽童，就是周伯通。而"周"中亦有"土"。"中央，色黄"：王重阳既为道教大师，而道士用黄冠束发，因此又被称作"黄冠"。《推背图》作者李淳风就自号"黄冠子"。

西毒欧阳锋——"西为金"："锋"赖"金"利。作为音乐家的欧阳锋，常备乐器不是吉他，而是铁筝。仍是金属所制。"西，色白"：西毒长居白驼山，他本人、侄儿、部属皆作白衣装。此意王家卫在《东邪西毒》中也有所发挥，电影尾声是欧阳的一段独白：没多久，我就离开了这个地方。那天，皇历上写着"驿马动，火迫金行，大利西方"。

东邪黄药师——在《三十三剑客图·虬髯客传》一文中，金庸对唐代名将李靖极表钦敬之忱。其实李靖之军事才能未必高于韩信、林彪，金庸佩服他的恐怕还是其功成不居、明哲保身的政治智慧与人格修养。虽达不到三毛"最爱黄药师，什么都爱"的程度，我猜金庸对自己创造的黄药师这一人物形象还是钟爱有加，他把自己推崇备至的李卫公的名字赠给了黄：李靖字药师。"东，色青"：书中写黄药师初次出场："身穿青色布袍"。"东为木"：黄药师三字表面看来似乎有"草"无"木"，其实不然。金庸等台港文人使用的是正规的繁体字，"药"字的正确写法是"藥"，一根巨木，赫然在下。

北丐洪七公——旧武侠小说《儿女英雄传》中有"邓九公"者，名讳与洪七公相仿，书名与《射雕英雄传》也有几分相似。"北为水"：七公姓"洪"，果见洪水汤汤，竟没涯涘。"北，色黑"：书中不曾描写七公衣服颜色。但他作为丐帮老头子，估计不管衣服原色为何，上身之后，必将改造成唯一色调：总是黑。①

另外，德维对《天龙八部》中阿朱、阿紫两姐妹名字的分析也很令人信服：

段正淳与阮星竹之女，自小分离，后一为慕容氏的婢女，一为星宿派的顽徒。朱、紫是一个母亲所生，而性格、品质迥异。其名取自《论语·阳货》："恶紫之夺朱也。"何晏集解："朱，正色；紫，间色之好者。恶其邪好以乱正色。"后因以"朱紫"比喻以邪乱正或真伪混淆。《后汉书·陈元传》："夫明者独见，不惑于朱紫。"又比喻人品的高下。刘峻

---

① 德维《金庸是怎样想到这么多好听的人名？》，引自《壹学者》，来源，慢书房。

《广绝交论》:"雌黄出其唇吻,朱紫由其胆。"由是观之,查氏以"朱紫"为二姝命名,爱憎之情不言自明矣。①

关于文学作品中人物姓名的研究,西方学者也很关注,英国爱丁堡大学的阿拉斯泰尔·福勒教授曾著《文学名字:英国文学中的人名》一书,发现了一些有趣的现象:

> 奥斯丁小说《爱玛》中的奈特利先生(Knightley)富于骑士精神(knightly),《理智与情感》中的玛丽安情感真挚奔放、热爱自由(玛丽安是自由和理性的代名词,油画《自由引导人民》中举着旗帜的女神形象就是玛丽安),名字与人物性格如此贴切合拍,似乎并非偶然。
>
> 人物名字不仅暗示人物天性,也可能是预言,是宿命。黛丝狄蒙娜(Desdemona)端庄温柔美丽,但奥赛罗偏偏从无邪的妻子身上看到了魔鬼(她名字恰好隐藏着 demon 一词),他也因此坠入地狱(奥赛罗的名字 Othello 中间隐含地狱hell)。荒诞小说《项狄传》的主人公原名特里斯麦基思图斯,只因在他的洗礼仪式上,女仆说不清这拗口的名字,一旁的助理牧师便自作聪明,让项狄和中世纪传奇英雄特里斯坦攀上了亲,叫他特里斯舛。颇具骑士威仪的"特里斯舛",加上"项狄"(疯疯癫癫之意),这个名字和项狄荒唐的故事称得上绝配。再细想一下,特里斯麦基思图斯与希腊神话里的赫尔

---

① 德维《金庸是怎样想到这么多好听的人名?》,引自《壹学者》,来源,慢书房。

墨斯有关，赫尔墨斯又是赫莫吉尼斯的词源。赫莫吉尼斯认为名字乃偶然得之，与其事其人并无必然联系——福勒教授的这个发现，称得上意味深长吧。①

嵌名诗

姓名嵌入诗赋之中，由来已久。屈原的《离骚》中大量列举历史人物，如："说操筑于傅岩兮，武丁用而不疑。吕望之鼓刀兮，遭周文而得举。宁戚之讴歌兮，齐桓闻以该辅。"②连用了傅说、殷高宗武丁、太公姜尚、周文王、宁戚、齐桓公等几个人名。唐宋以来，格律诗大兴，所以嵌名在诗中也变得更加自觉，因为还要考虑到平仄格律的因素，所以也变得更加有难度。杜甫《将赴荆南寄别李剑州》一诗颔联："但见文翁能化俗，焉知李广未封侯？"两个古人名嵌入诗中，不仅平仄相对，符合格律，而且用"文翁"任职蜀中，移风易俗，政绩流传来比拟李某官剑州刺史，又用李某的同姓，汉代飞将军李广"未封侯"来惋惜李某的坎坷遭遇，非常贴切得体。同时，"但见"和"焉知"这两个词，一呼一应，一开一阖，运之以动荡之笔，精神顿发，有如画龙点睛，龙即破壁而起。另如《秋兴八首》中的"匡衡抗疏功名薄，刘向传经心事违"，《发潭州》中的"贾傅才未有，褚公书绝伦"，不光音韵

---

① 萧莎《名字的学问——〈文学名字：英国文学中的人名〉》，载《光明日报》2013年4月22日。
② 洪兴祖撰，白化文、许德楠、方进等点校《楚辞补注》，北京：中华书局，1983年，第38页。

对仗、用典贴切，而且能借古人的名字翻出新意。

还有一类嵌名诗，人名在意义上无用典的目的，只是借同音、多义、假借、别读等方式形成名字。如《石林诗话》曾引唐人《权德舆集》中的一首诗："藩宣秉戎寄，衡石崇位势。年纪信不留，驰张良自愧。樵苏则为惬，瓜李斯可畏。不顾荣宦尊，每陈农亩利。家林类岩巘，负郭躬敛积。忌满宠生嫌，养蒙恬圣智。疏钟皓月晓，晚景丹霞异。涧谷永不缓，山梁冀无累。颇符生肇学，得展禽尚志。从此直不疑，支离疏世事。"①一般认为是此体的始作俑者。王安石也有一首诗，其中的"莫嫌柳浑青，终恨李太白"两句，也是用多义和别解的方法形成的嵌名诗。

还有人将人名嵌在每句诗词的句首。据说苏东坡从杭州回朝，临行之前，地方为其设宴。座中有两个营妓，一个叫郑容，要求落籍，另一个叫高莹，要求从良。苏东坡慨然允之，并当场写就文牍，在结尾处还题了一首《减字木兰花》："郑庄好客，容我尊前先堕帻。落笔生风，籍籍声名不负公。高山白早，莹骨冰肤那解老。从此南徐，良夜清风月满湖。"②嵌八个字于每句的开头，将"郑容落籍，高莹从良"的意思表现得生动准确。

姓名联语

联语，就是对联，又叫对子，由于它经常被人们贴在门框两边，或挂在门前左右楹柱上，所以又被称为"门联""楹联"。它是

---

① 叶梦得撰，逯铭昕校注《石林诗话校注》，北京：人民文学出版社，2011年，第73页。
② 邹同庆、王宗堂《苏轼词编年校注》，北京：中华书局，2002年，第521—522页。

汉语文化中特有的一种讲究对仗和声律的艺术形式。

一般认为，五代时后蜀皇帝孟昶及其臣子辛寅逊所作的一副联语是最早的春联。这副联即与姓名有关，据宋人张唐英《蜀梼杌》记载：

> 蜀未归宋之前，一年岁除日，（孟）昶令学士辛寅逊题桃符版于寝门，以其词非工，自命笔云：“新年纳余庆，嘉节号长春。”后蜀平，朝廷以吕余庆知成都，而长春乃太祖诞节名也。①

据说，宋太祖赵匡胤在建立宋朝的建隆元年（960），把自己的生日（二月十六日）定为长春节，灭蜀之后派去的第一任成都知府叫吕余庆。这副对联无意中暗藏了宋太祖和吕余庆两个人名，所以有人说这实际是后蜀灭亡的兆语。

联语中用人名，也同诗词中一样，有明用，有暗用，也有嵌字。如一般酒店题联：“刘伶借问谁家好，李白还言此处香。”清代何绍基为岳阳楼题联，其中上联说：“一楼何奇？杜少陵五言绝唱，范希文两字关情，滕子京百废俱兴，吕纯阳三过必醉。诗耶？儒耶？吏耶？仙耶？前不见古人，使我怆然涕下！”连用四古人名，俱与题楼有关，贴切妥当。福州关帝庙有一联：“师卧龙，友子龙，龙师龙友；弟翼德，兄玄德，德弟德兄。”此联将与关羽最密切的四人的名字组成一联，并确切地表现了他们之间的关

---

① 梁章钜《楹联丛话》，上海：上海书店出版社，1981年，第1页。

系,"龙""德"两字,分别四次出现,而无重复之感,既各含名字,又重点突出,对仗极工而又通畅自然。都属明用人名。

清康熙五十年,辛卯科江南乡试,正副主考左必蕃、赵晋营私舞弊,赂卖关节。发榜之后,舆论哗然。考生抬五路财神像进入府学明伦堂,用纸糊贡院之匾,改"贡院"二字为"卖完",并作了一副联语讽刺挖苦主考:"左丘明两目无珠,赵子龙一身是胆。"这虽是明用人名,但又是借古人名暗指正副主考之姓,用典切实,寓意辛辣。广东潮州市韩江酒楼上有一联:

韩愈送穷,刘伶醉酒;
江淹作赋,王粲登楼。

明用韩愈、刘伶、江淹、王粲四个古人名,暗嵌"韩江酒楼"四个字于首尾,一箭双雕,巧妙不凡。

还有一类联语暗用人名,也就是指用典故或用拆字、谐音等修辞方法暗示人名。如"扬州八怪"之一的郑板桥给苏州网师园写的一副联:"曾三颜四,禹寸陶分。"虽仅八字,但却暗隐了四个人名、四个典故:曾参的"吾日三省吾身",颜回的"四非"(非礼勿视,非礼勿听,非礼勿言,非礼勿动),夏禹王的爱惜"寸阴",陶侃的珍视"分阴"——劝导人们学习古贤自省知礼,珍惜光阴,多做好事。清嘉庆时,蜀中考生嘲讽督学吴省钦在主考时收受贿赂,搞不正之风,曾作一联说:"少目焉能识文字,欠金休想望功名。"不仅内容上具有深刻的讽刺意味,而且还以拆字法(少目、欠金)嵌入了"省钦"的名字。据说明代文学家李东阳幼时,聪颖异常，有人曾出一联考他："李东阳气暖。"李东阳答道："柳下惠风和。"这一联既是谐音，又要通过另读别解。类似的例子还有传说李清照所作的"露花倒影柳三变，佳子飘香张九成"。纪晓岚之妻曾作"月照纱窗，个个孔明诸葛亮"一联，竟然使文思敏捷的纪晓岚亦无法对答，直到近代，才有人对以"风送幽香，郁郁畹华梅兰芳"，措辞工稳，意境幽美，堪称绝对。"五四运动"中，有一家虫鸟店悬挂了这样一副楹联："三鸟害人鸦、鸽、鸨；一群卖国鹿、獐、螬。"上联是指当时社会上吸毒、诈骗、卖淫等丑恶现象，下联则用谐音抨击"巴黎和会"上卖国贼陆宗舆、章宗祥、曹汝霖等人，大胆泼辣，痛快淋漓！

嵌字联一般是将人名有意识地安排在上下联的适当位置上。表面上联语自成意思，自有境界，但仔细观察，就会发现还镶嵌有人名。如明代末年，洪承畴被俘降清，又奉劝黄石斋也归降清朝，黄写了一联作答："史笔流芳，虽未成名终可法；洪恩浩荡，不能报国反成仇。"用爱国忠烈史可法与苟且偷生的洪承畴对比，既用了嵌字法，又用了谐音法（"成仇"谐"承畴"）。曾国藩部将李元度，在衢州与太平军激战中惨败，事后有人用"李元度"三字，改成对联来讽刺："士不忘丧其元，公胡为改其度！"横额为"道旁苦李"。巧妙地将李元度的姓名嵌在上下联和横额中，用语浑然天成，幽默可喜。

联语最主要的是对仗，所以古人有时又以姓名做对仗游戏，既是一种娱乐，偶博一粲，又可见出学问之广博、文思之敏捷。《清稗类钞》载：

朱竹垞曾以古人姓名作对，叶调生广其例，为之补遗，其佳者如：公孙丑，母弟辰；郑小同，杨大异；韩擒虎，李攀龙；陈万年，张千载；直不疑，何无忌；张恶子，郑善夫；殷开山，俞通海；张九思，胡三省；王十朋，陆万友；李桐客，郭药师；郭虾蟆，王鹦鹉；刘黑闼，寇白门；郭芍药，郑樱桃；张红红，薛素素。皆可与"祭仲足，鲍叔牙"等共称佳话。文人游戏，往往喜争奇斗胜。昔东方虬自言后世必以己姓名与西门豹作对，有举"西门豹"属一九龄童对者，童举"南宫牛"以应之。①

相传阮元主考时，遇一考生，阮元要考生以其名作对，考生以"伊尹"相答，阮元、伊尹都属割姓为名，故非常切题。1931年，陈寅恪先生曾为清华大学入学国文试题出了一个对属题："孙行者"。考生有的以《西游记》中的"沙和尚""猪八戒"相对，甚至还有以"王八蛋"对者，皆未切题。陈先生原来的答案是"祖冲之"，"祖"既是姓，又是亲属辈分之称，正切"孙"字，"冲"与"行"都是动词，"之"与"者"都是虚词，所以成对。据说有一个考生以"胡适之"相对，题面的胡、孙暗含"猢狲"之意，既切题，又幽默，因而得了满分。

此外，还有一种"家联"，其特点只限于具体姓氏专用，并且可以镌楹刻柱，长久保存。例如："赠梅世泽，怀橘家声。"这是陆姓专用的。前句用六朝陆凯写给范晔的《赠梅》诗："折花逢驿

---

① 徐珂编《清稗类钞》第5册，北京：中华书局，1984年，第2133页。

使,寄与陇头人。江南无所有,聊赠一枝春。"主要突出一个"友"字。后句典出《三国志·陆绩传》:"(陆)绩年六岁,于九江见袁术,术出橘,绩怀三枚去。拜辞,堕地。术谓曰:'陆郎作宾客而怀橘乎?'绩跪答曰:'欲归遗母。'术大奇之。"①意在标榜一个"孝"字。上下联合起来说孝悌友爱是陆姓的家风。

"爱莲世泽,细柳家声",这是周姓家族的家联。前句典出周敦颐的名作《爱莲说》:"出淤泥而不染,濯清涟而不妖。中通外直,不蔓不枝,香远益清,亭亭净植,可远观而不可亵玩焉。"意在标榜"清直"。后句典出《史记·周亚夫传》,汉代大将周亚夫屯军细柳营,汉文帝前去劳军,先不得入。后虽经通报,又要遵照周亚夫的军规,按辔徐行。到大营之后,亚夫持兵器揖曰:"介胄之士不拜,请以军礼见。"意在强调"严正"。两句合起来是说周姓家风的清正严明。此外,张姓的"九居世泽,百忍家声"、朱姓的"鹅湖世泽,鹿洞家声"、倪姓的"锄经世泽,教孝家声"等,都用家族祖先的懿德嘉言为典故,显扬家世,景慕祖宗。

另如"门榜",一般横书在住宅厅堂大门顶上,规制大体与匾额相同。如曾姓多悬挂"三省传家",典出孔门弟子曾参的名言:"吾日三省吾身,为人谋而不忠乎?与朋友交而不信乎?传不习乎?"王姓多悬挂"三槐门第",典出《宋史·王旦传》:"(王)祐手植三槐于庭曰:'吾之后世必有为三公者,此其所以志也。'"②《周礼·秋官·朝士》:"面三槐,三公位焉。"后王祐次子王旦果

---

① 陈寿撰,陈乃乾校点《三国志》卷五二《陆绩传》,北京:中华书局,1959年,第1328页。
② 脱脱等《宋史》卷二八二,北京:中华书局,1977年,第9542—9543页。

然当了宰相。谢姓用"玉树流芳",典出《晋书·谢玄传》:"(谢玄)少颖悟,与从兄朗俱为叔父(谢)安所器重。安尝戒约子侄,因曰:'子弟亦何豫人事,而正欲使其佳?'诸人莫有言者,玄答曰:'譬如芝兰玉树,欲使其生于庭阶耳。'"①后多以"芝兰玉树"比喻子弟成大器。钟姓多悬挂"越国世第",典出《新唐书》,唐代虔州人钟绍京以擅长书法入直皇城凤阁,诸宫殿匾额,都出自其手笔。后升为皇苑总监。后因安乐公主与韦后合谋杀害唐中宗,李隆基带羽林军进宫诛韦后和安乐公主,钟绍京将皇苑中的花匠役夫等组织起来做内应。事成,唐睿宗复位,拜钟为中书侍郎,参知机务。第二天又进中书令、越国公。② 另外,如李姓的"凤鸣世第"、牛姓的"五经传家",也都是夸示家族的门楣。

姓名谜语

谜语也是华夏文化开出的一枝纤巧秀丽的花朵,具有悠久的历史和广泛的群众基础。姓名很早就同谜语发生了联系。前面曾引过东汉末年的一则童谣:"千里草,何青青,十日卜,不得生!"这是暗隐"董卓当死"的谶语。其中的"千里草"隐"董","十日卜"指"卓"字,是用拆字离合法制成的一个姓名谜语。

《越绝书》的作者究竟是谁,学术界长期不得确知,后来人们根据书末所附一首诗:"以去为姓,得衣乃成。厥名有米,覆之以庚。禹来东征,死葬其疆。不直自斥,托类自明……文属辞

---

① 房玄龄等《晋书》卷七九,北京:中华书局,1974年,第2080页。
② 欧阳修、宋祁撰《新唐书》卷一二一,北京:中华书局,1975年,第4329页。

定,自于邦贤。以口为姓,丞之以天。楚相屈原,与之同名。"①去得衣是"袁",米覆庚是"康",故知第一作者是袁康。"禹来东征"隐指其籍贯为会稽,"自于邦贤",是说与乡人合作。口承(丞,古同承)天得吴,和屈原同名是"平",故知第二作者是吴平。故在《四库全书总目提要》中便据此署名《越绝书》的作者是东汉史学家袁康和吴平。

"建安七子"之一的孔融曾写过一首《郡姓名字诗》。实际上也是一个姓名谜语,宋代叶梦得在《石林诗话》中完整地记录了这首诗谜:

渔父屈节,水潜匿方,与时进止,出寺弛张。(渔离去水,时离去寺,分别为"鱼""日",二者合为"鲁"字)吕公矶钓,闿口渭旁,九域有圣,无土不王。(吕离口,域无土,合为"國"字)好是正直,女回于匡,海外有截,隼逝鹰扬。(好离女,截离隼去广,合为"孔"字)六翮将奋,羽仪未彰,龙蛇之蛰,俾也可忘。(翮离羽,蛇离它,合为"融"字)玟琁隐耀,美玉韬光。(玟离去玉"王",为"文"字)无名无誉,放言深藏,按辔安行,谁谓路长。(誉离言,按离安,合为"举"字——举之繁体字下面为"手")②

孔融的这首离合体诗谜隐喻了他的籍贯、姓名和表字,谜底

---

① 袁康、吴平《越绝书》,上海:上海古籍出版社,1985年,第108—109页。
② 叶梦得撰,逯铭昕校注《石林诗话校注》,北京:人民文学出版社,2011年,第90页。

为"鲁国孔融文举"六字，构思相当巧妙，对后世影响很大。《参同契》一书的作者姓名连带郡望，也隐藏在该书后序的一首离合诗中："郐国鄙夫，幽谷朽生……委时去害，依托丘山。循游寥廓，与鬼为邻……百世而下，遨游人间……湯（汤）遭厄际，水旱隔并。"谜底为"会稽魏伯陽（阳）"五个字。

魏晋时多以人物的名字制谜，互相嘲谑。南朝宋的陈亚与蔡襄相互嘲弄，蔡先以谜嘲陈之名说："陈亚有心终是恶。"（"亚"字加"心"成一"恶"字）陈即答道："蔡襄无口便成衰。"（"襄"去口似"衰"字）陈亚还为自己之名作一字谜："若教有口便哑，且要无心为恶，中间全没肚肠，外面任生棱角。"（因"亚"字繁体写作"亞"，故云）①

唐朝时，文人以谜语斗智为时兴，常借谜嘲讽对方。张鷟《朝野佥载》中曾记载，大臣狄仁杰戏同官卢献说："足下配马乃作驴。"②就是利用献之姓的繁体加上马字，组成"驢（驴）"字来开玩笑。皇帝有时也用谜语戏耍臣下。宋朝高怿撰《群居解颐》载："（唐）秘监贺知章有高名，告老归吴中，明皇嘉重之，每事加异。知章将行，泣涕辞，上问何所欲，曰：'臣有男未有定名，幸陛下赐之，归为乡里之荣。'上曰：'为道之要莫若于信，孚者，信也，履信思乎顺，卿之子必信顺人也，宜名之曰孚。'再拜而受命焉。久而谓人曰：'上何谑我邪，我实吴人，孚乃爪下为子，岂非呼我儿爪子耶。'"③据说天宝年间，李谟抱着外孙请大诗人李

---

① 褚人获辑撰，李梦生校点《坚瓠集》，上海：上海古籍出版社，2012年，第203页。
② 张鷟《朝野佥载》，北京：中华书局，1979年，第133页。
③ 陶宗仪等《说郛三种》第1册，上海：上海古籍出版社，2012年，第565页。

白给起个名字，李白酒后一挥而就，原来是一则人名谜。袁郊《甘泽谣》记载了这则诗谜：

<blockquote>树下彼何人，不语真吾好。语若及日中，烟霏谢成宝。①</blockquote>

"树下彼何人"即"木下子"，指"李"字；"不语"即"莫言"，指"谟"字；"好"字拆开成"女子"，指"外孙"；"语若及日中"，以"语"扣"言"，"日中"扣"午"，"言""午"指"许"字；"烟霏"指"云"；"谢成宝"名封，指"封"字。七字相连，即得谜底：李谟外孙许云封。后来，这个小孩就用了许云封这个名字。

唐代传奇小说中还经常以姓名谜作为谋篇布局、破案断疑的契机，如李公佐所撰的《谢小娥传》中，叙述谢小娥的父亲、丈夫都被贼人所杀。后来，其父在梦中告诉小娥："杀我者，车中猴，门东草。"其夫也托梦说："杀我者，禾中走，一日夫。"这实际上是两个拆字谜。"车中猴，门东草"的谜底是"申兰"。"車(车)"的中间为"申"，申属猴，"門(门)東(东)草"缀合成"蘭(兰)"。而"禾中走"为"申"，意为穿"田"而过，"一日夫"缀合成"春"，谜底是"申春"。② 这就点出了两个杀人者的名字，同时给小说蒙上了一层神秘的面纱。

宋代出现了以姓名做谜底的谜语。如南宋洪迈《夷坚志》中记载了这样一个人名谜：

---

① 袁郊撰，李宗为校点《甘泽谣》，上海：上海古籍出版社，1991年，第33页。
② 李剑国辑校《唐五代传奇集》第2册，北京：中华书局，2015年，第175页。

雪天晴色见虹霓，千里江山遇帝畿。天子手中朝白玉，秀才不肯着麻衣。①

谜底分别为当时的达官显贵：韩绛、冯京、王珪、曾布。另有一首诗以当时著名人物的表字或爵号附以行事，反过来暗指古人姓名："人人皆戴子瞻帽（仲长统），君实新来转一官（司马迁）。门状送还王介甫（谢安石），潞公身上不曾寒（温彦博）。"还有一则以谐音法制成的姓名谜也颇有趣，谜曰："佳人佯醉索人扶，露出胸前雪玉肤。走入帐中寻不见，任他风水满江湖。"谜底是：贾岛（假倒）、李白（里白）、罗隐、潘阆（潘浪）。宋代周密的《云烟过眼录》还曾载姜夔的一个印章谜，其印文是："鹰扬周郊，凤仪虞廷。"②上句用《诗经·大明》中"维师尚父，时维鹰扬"。姜太公尊称为"尚父"，故扣合一个"姜"字。下句用《尚书·舜典》："夔典乐，凤凰来仪。"隐含一个"夔"字。宋代方腊起义时，为号召群众，曾假托唐袁天罡、李淳风的推背图，编成四句童谣图谶："十千加一点，冬尽始称尊。纵横过浙水，显迹在吴兴。"其中"十千"隐"万"字，加一点便成"方"字，"冬尽"为"腊"，整个童谣用谜谶造一个"方腊要当皇帝"的舆论。

明代的黄周星被誉为谜坛宗师，他以善制古人名谜著称。佳作如："忽然冷，忽然热，冷时头上暖烘烘，热时耳边声戚戚。"打三国人名一。谜底：貂蝉。这则谜以会意分扣手法，用"冷"

---

① 洪迈撰，何卓点校《夷坚志》，北京：中华书局，1981年，第18页。
② 周密《云烟过眼录》，见《丛书集成初编》，北京：中华书局，1985年，第20页。

"暖烘烘"这对含义对立的词组使人联想到"貂"皮帽子,用"热""声戚戚"组成"蝉"的氛围,再点明一个在"头上",一个在"耳边",谜味甚浓。另如:"猢狲皮作外郎袍。"打春秋人名一。谜底:申包胥。"手挽千钧弩,口含百沸泉。"打汉代人名一。谜底:张汤。明末阮大铖亦善制谜,曾作一人名谜:"不是竹筒没右边,还是驴儿没左边。阁下右眼长松树,小姐樱唇不见得圆。"打一汉代人名。谜底:司马相如。

清代学者俞樾亦善制谜,他的谜通俗易懂,老少咸宜。如:"轻薄桃花逐水流。"打汉代人名一。谜底:朱浮。清乾隆庚子年间出版的费星田著《玉荷隐语》,开列谜目二十多种,其中专列出"古人名"和"美人名"两类,说明姓名在谜语中所占的位置极为重要。清末民初的张起南,在谜界享誉甚高。他曾以唐诗"凭君传语报平安"射("射"是谜语学术语)外国人名"托尔斯泰",又以"发矫诏诸镇应曹公"射外国人名"孟德斯鸠"(鸠集),颇见新意。

姓名谜不仅有幽默风趣、寓情于乐的特点,而且可以讽喻时世、鞭挞丑恶。相传"扬州八怪"之一的郑板桥,疾恶如仇。扬州城内有个姓林的盐商,欺行霸市,十分跋扈。此人胸无点墨,却又好附庸风雅,家有万贯产业,还老想弄个官做做。有一次,他过六十岁生日,备了个大红帖子请郑板桥吃寿酒。板桥原想一口回绝,后来决定去逢场作戏。席间要行酒令,板桥便说,今天是林公寿诞,行酒令何不就以"林"字打头,众人称赞妙极。郑板桥举杯便说:"林字拆开成两木,西边木升官,东边木发才(财)。"主人听了正中下怀,喜形于色地连说:"依金口,依金口……"等后来弄清楚郑板桥是以他的姓制了个谜,谜底是"棺材"二字时,当下气得昏死过去了。

　　《红楼梦》是古典小说的艺术高峰，也是中国古代社会的百科全书，作品中有许多谜语，暗示了人物的性格、遭遇和情节的发展。同时，《红楼梦》中人物众多，许多灯谜爱好者都以此来制谜。"红楼"题材成了灯谜的专门谜目之一，旧谜目中所谓的"打石人一"，即是猜《石头记》人名。这些谜可以分为以一谜射一人，如：

　　　　寡人不足为也　　　　　赖大家的
　　　　李斯去国　　　　　　　秦可卿
　　　　李清照出阁　　　　　　侍赵郎
　　　　芳草稀微一树春　　　　方椿
　　　　五十为公卿　　　　　　艾官
　　　　炎宋兴，十八传　　　　赵国基
　　　　臣侍汤药　　　　　　　李孝
　　　　司马炎　　　　　　　　昭儿
　　　　满床笏　　　　　　　　多官儿
　　　　十姊妹　　　　　　　　多姑娘

　　以一谜射两人者尤佳，如：

　　　　星火已燎原　　　　　　小红、大了
　　　　将在谋而不在勇　　　　智能、袭人
　　　　当年若贿毛延寿　　　　王成、王夫人

为有暗香来	迎春、花袭人
货币增值	钱升、大了
开市大吉、顾客盈门	贾吉、来旺
太后、皇后	王妈妈、王夫人
白头偕老	鸳鸯、双寿
杨延辉探母	四儿、张妈

以一谜射三名者，如：

爆竹一声除旧， 桃符万象更新。	小红、赖升、迎春
生意兴隆通四海， 财源茂盛达三江。	贾瑞、钱升、来旺
掷破橱窗	石头、霍启、玻璃

抗日战争时期，作家老舍在重庆，画家黄苗子常到他家做客。一天，黄苗子给老舍出了个灯谜："好施不倦。"说明打一作家名。老舍听后笑着说："不对，这只能猜'老捨'。"当时，文字没有简化，"捨"与"舍"还是两个字，黄苗子接着以开玩笑的口吻说："我这叫'谐声'兼'抛杖格'！"

谜语也可以小中见大，反观时代精神。抗战胜利时，重庆举办了一场谜会，其中有一则谜，谜面为："日本投降。"打古人一。结果打出了三个谜底：一个是"屈原"，说日本之所以投降，是因为"屈"服于1945年8月6日和9日，美国在日本广岛、长崎投下的"原"子弹；另一个是"苏武"，说日本投降，乃因"苏"联红军参战的"武"力所致；还有一个谜底是"共工"（古代神话传说中的人物），"工"谐音"功"，意即日本投降乃是共产党坚持抗战的"功"劳。小小的一条灯谜，不仅指向三位古人，而且引出了一场对抗战胜利原因的评议和讨论。

姓名笑话

笑话是指以谐谑滑稽的方式表达幽默。用姓名做笑话由来已久，第二章引《朝野佥载》中张元一品题人物，称王方庆为"十月被冻蝇"，吉顼为"望柳骆驼"，苏徵为"失孔老鼠"，姜皎为"饱椹母猪"①。《陔馀丛考》中也载："盛度体丰大，丁谓疏瘦，梅询好熏香，窦宾不事修洁，时人谓盛肥，丁瘦，梅香，窦臭。"②实际上就是一种姓名笑话，只不过它是以绰号的形式出现的。笔者在分析绰号的特征时曾指出："它有时带些谐谑和漫画的味道，故意采取夸张性的手法，强调某人的某个特点，造成幽默和喜剧性的语言效果。"已道出了这类称谓中含有笑话的意味。

姓名笑话往往是文人雅士在茶余饭后以资谈笑、逞才卖弄的作品。据说清人李元度，为道光时举人，工于文学，有一次，四川人刘乃香来访，问以贵姓，李元度答道："骑青牛，过函谷，老子姓李。"不仅与道家学派的创始人老聃李耳联了宗，而且巧妙地用"老子"的谐音，一语双关地戏弄了对方。刘乃香针锋相对地

---

① 张鷟《朝野佥载》卷四，北京：中华书局，1979年，第87—88页。
② 赵翼《陔馀丛考》，北京：中华书局，2006年，第845页。

答道:"斩白蛇,入武关,高祖是刘。"用"高祖"的一词多义,占了李元度的上风。

不少笑话在谐谑之中还有讽刺。据说南宋初年的绍兴壬戌科乡试,大奸相秦桧的儿子秦熺及侄子昌时、昌龄被同榜录取,"时人愤恨,追问今岁知贡举为谁。一士答曰:'是韩信。'人争辩其非。士笑曰:'若主考非韩信,如何乃取三秦?'"①。另清小石道人辑《嘻谈续录》中记载,有一武官与文官同席看戏,那天上演的是《七擒孟获》,武官看完后发表观后感说:"这孟获如此蛮野,不服王化,七擒七纵,犹且不服,想不到孟子后代,竟会有这样桀骜不驯之人。"众人都掩口而笑。文官却附和着说:"吾兄所说极是,到底还是孔子的后代孔明比孟获强多了。"②还有一则笑话是嘲讽官吏念错别字的:一县官不大识字,有一天坐堂问案。下属将原告和被告等三人的名单呈上,原告叫郁工耒,被告叫齐卞丢,证人叫新釜。县官执笔点原告郁工耒,但却错念为:"都上来。"三人一齐而上。县官大怒说:"本县叫原告一人,因何全上堂来?"下属衙役在旁不好直言其错,只好禀道:"原告名字,另有念法,叫郁工耒,不叫'都上来'。"县官又点被告齐卞丢,误念为:"齐下去。"三人一齐而下。县官又生气地说:"本县叫被告一人,因何又全下去?"衙役又禀曰:"被告名字,亦另有念法,叫齐卞丢,不叫'齐下去'。"县官说:"既是如此,干证名字,你说

---

① 冯梦龙撰,高洪钧点校《冯梦龙笑话集》,石家庄:河北人民出版社,1987年,第176页。
② 小石道人辑《嘻谈续录》,见王利器辑录《历代笑话集》,上海:上海古籍出版社,1981年,第543页。

该念什么？"衙役说："叫新釜。"县官转怒为喜，说道："我就估量他必定也另有念法，不然我要叫他作'亲爹'了。"①揭露旧时官吏的昏庸无能，痛快淋漓，令人解颐。

明代谢肇淛《五杂俎》中有一则著名的姓名笑话，揭露和批判了统治阶级的蛮横霸道：

> 田登作郡，自讳其名，触者必怒，吏卒多被榜笞，于是举州皆谓灯为火。上元放灯，许人入州治游观，吏人遂书榜揭于市曰："本州依例，放火三日。"②

后来，人们把田登的专横暴戾丑行概括为一句脍炙人口的成语："只准州官放火，不许百姓点灯。"在幽默的形式中，表现了非常严肃而深刻的思想。

与避讳有关的还有一则笑话也很有意思。元代仇远《稗史》载："钱大参良臣，自讳其名，其幼子颇慧，凡经史中有'良臣'字辄改之。一日，读《孟子》'今之所谓良臣，古之所谓民贼也'，遂改云：'今之所谓爹爹，古之所谓民贼也。'"③这类姓名笑话很多，此处就不一一罗列了。

---

① 小石道人辑《嘻谈续录》，见王利器辑录《历代笑话集》，上海：上海古籍出版社，1981年，第542页。
② 谢肇淛《五杂俎》卷十六，北京：中华书局，1959年，第482页。
③ 仇远《稗史》，见王利器辑录《历代笑话集》，上海：上海古籍出版社，1981年，第136页。

四、姓名与名章艺术

从画押到名章

画押，又称花押。旧指在公文、契约或供词上画花押或写"押"字、"十"字，表示认可。《汉语大词典》的解释："在公文、契约或供词上签名或画记号，表示认可，俗称'画押'。"①又有"押记""花书""五朵云""花字""元押""署押"等不同的称呼。

早期的"押"是一种字迹形式或签名的动作，尚未以印章的形式出现。欧阳修《归田录》中说："今俗谓草书名为押字也。"②洪迈《容斋随笔·五笔》："押字古人书名之草者，施于文记间，以自别识耳。"③顾炎武《日知录·杂事·押字》："《集古录》有五代帝王将相等署字一卷，所谓署字者，皆草书其名也，今谓之画押。"④画押的出现是为了防奸辨伪，或以示信用，与印章同样具备示信于人的功能。

为何使用"押"字呢？据说因"押"与"鸭"同音，《三国志·魏志·齐王芳纪》："大将军司马景王将谋废帝，以闻皇太后。"裴松之注引《世说》及《魏氏春秋》并说：中领军许允等左右小臣谋，因

---

① 《汉语大词典》，上海：上海辞书出版社，2007年，第4647页。
② 欧阳修《归田录》，北京：中华书局，1981年，第29页。
③ 洪迈撰，孔凡礼点校《容斋随笔·五笔》，北京：中华书局，2005年，第950页。
④ 顾炎武著，黄汝成集释，栾保群、吕宗力校点《日知录集释》，上海：上海古籍出版社，2006年，第1600—1601页。欧阳修《归田录》，北京：中华书局，1981年，第29页。

文王辞，杀之，勒其众以退大将军。已书诏于前，文王入，帝方食粟，优人云午等唱曰："青头鸡，青头鸡。"青头鸡者，鸭也。帝惧不敢发。帝指齐王曹芳，文王指司马昭，"鸭"与"押"谐音。优人连唱"青头鸡"，是暗促曹芳下决心在杀掉司马昭的诏书上签字画押。内蒙古曾经出土一方鸭形"王押"（参见插图）印，仍可以看出其中的关联性。

又《新唐书·韦陟传》：陟唯署名自谓所书"陟"字若五朵云，时人慕之，号郇公"五云体"。① 韦陟的"五云体"是文字画押转变成符号的重要证据。

《敦煌买卖契约法律制度探析》一文中说："最为普遍的签署方式，就是'画指'，由书契人书写契文，在契后一一开列双方当事人及见人、保人等的姓名，然后各人在自己名字下方，按照男子画左手食指、女子画右手食指的原则，画上一节手指长度的线段，并在指尖、指节位置画上横线，以示契约由自己签署。更普遍的是不画手指长度线段，而直接在姓名后点出指尖和两节指节位置。"②据此知，唐时能持笔画押者只有少数人，地处边疆的识字者想必更少，更别说能执笔画押了。最多见的是极简易的"画指立信"的方法。但"画指"取信毕竟不是最方便的方法，后来"押印"普及后便逐渐取代了"画指"。

---

① 欧阳修、宋祁撰《新唐书》卷一二二，北京：中华书局，1975年，第4353页。
② 陈永胜《敦煌买卖契约法律制度探析》，《敦煌研究》2000年第4期。

元代以来，地位最高的蒙古人和色目人多不识汉字，所以多"不能执笔画押"，更不认识天书般的汉人印章篆文。陶宗仪《南村辍耕录》卷二："今蒙古色目人之为官者，多不能执笔花押，例以象牙或木刻而印之，宰辅及近侍官至一品者，得旨则用玉图书押字，非特赐不敢用。"①由此造成了押印的兴盛。在唐、宋间偶然使用的押印，很快从官方到民间普遍流行了起来。

王献唐《五镫精舍印话》总结道："唯唐宋押名，类以墨笔书写，降至元代，乃以刻印代之。""故署押一制，萌于汉晋，而盛于唐宋，制印于元明，衰于有清。"②

与名章有关的还有封泥，这方面的成果也不少，此不赘。

名章的流变

名章属于印章的一类。印章一道，始于殷商，兴于秦汉，盛于明清。印章艺术又叫篆刻艺术。涉及很多内容的很多方面，这方面的研究和论述已经很多③，这里仅就与姓名有关的内容简单概述。所谓名章就是在固体材料上用篆刻的方法将姓名镌刻在其上，便于反复使用。

印章中最早的是古玺，大多属于战国时期。古玺分官、私两类，当时不分尊卑都称为玺。古玺是由专门工匠制作，玺文分朱文和白文两种，其特征是：朱文玺边栏宽阔，白文玺有界格。内容有官职、姓名、吉语和肖形图案等。古玺的形状、大小不一。

---

① 陶宗仪《南村辍耕录》卷二，北京：中华书局，1959年，第27页。
② 王献唐《五镫精舍印话·押印》，济南：齐鲁书社，1985年，第243—244页。
③ 刘江《中国印章艺术史》，杭州：西泠印社出版社，2005年。

古玺是古代社会在交往时，作为权力和凭证的信物。河南安阳殷墟曾发现三枚类似的实物，有人据此推断古玺的起源当在商代，但看法仍不一致。到了秦代，始皇帝的印称玺，一般人的则称印。秦印除官印、私印之外，还有以成语入印的，这应该是后世闲章印的先导。

名章的分类与材质

名章是印章的一类。一般印章会先蘸上颜料再盖印，不蘸颜料、印上后平面会呈现凹凸的称为钢印，有些是印于蜡或火漆上、信封上的蜡印。制作材料有犀角、象牙、玉石、金属、木头、石头等。

印章种类繁多，基本上可分为官印和私印两类。本书仅讨论与姓名有关的私印。私印从内容上可分为以下几类：

姓名字号印。印纹刻人姓名、表字或号。字印自唐宋后始以朱文二字为正格，也有于姓下加"氏"字的，现代人也有刻笔名的。除姓名字号印外，与姓名有关的还有：

斋馆印。古人为自己的居室、书斋命名，相当于前一章所讨论的别号，并常以之制成印章。唐李沁有"端居室"一印，约为此类印章的最早者。

书简印。印文在姓名后加"启事""白事""言事"者。今人有"再拜""谨封""顿首"者。此种印专用于书简往来。

收藏鉴赏印。此种印多用于钤盖书画文物之用。它兴于唐而盛于宋。唐太宗有"贞观"，玄宗有"开元"，宋徽宗有"宣和"，皆用于御藏书画。收藏类印多加"收藏""珍藏""藏书""藏画""珍玩""秘玩""图书"等字样。鉴赏类多加"鉴赏""珍赏""清赏""心赏""过目""眼福"等字样。校订类印多加"校订""考定""审定""鉴定""甄定"等字样。

印章按所篆刻的内容来分,主要分为名章和闲章。名章之外,统称为闲章。名章的美学价值主要表现在印章的艺术美、印章的材质美两个方面。艺术之美则可分四个部分:印文、印款、印谱以及印饰。

名章的材料元以前大多用质地较为坚硬的金、银、铜、锡、玉或水晶、犀角、象牙、竹、木等。元代王冕始试以花乳石做印。到了明代,石质印材越来越被印人广泛采用。石章质地松脆柔糯,易于刻制,刀法不同会产生出比其他印材的印章更为丰富的艺术效果,深受篆刻家的青睐。此后印坛即以石章作为刻印的主要材料,一直延续至今。最常见的是青田石、寿山石和昌化石三大类。

书法作品中的印章分为名号章和闲章(闲印)。按照印章所盖的位置,又分为迎首章(盖于作品上首)和押脚章(盖于正文和下款之后)。印章与正文、题款共同构成书法作品的三大要素。

若要鉴赏名章艺术,一般要从书法、章法、刀法、材质等几方面入手,进一步要体会印文内容中蕴含的情趣、意味,仔细品鉴,静心欣赏。①

---

① 本小节参考百度百科"印章"词条。

五、姓名与学术研究

1. 姓名与语言学

姓名与语言的关系可谓剪不断，理还乱。首先，姓名是语言研究的一部分，语言学研究的称谓、专名、敬称、昵称、谦称、鄙称以及语音的谐音词、叠声词都与姓名有关。其次，姓名也是语言发展不同阶段的产物。作为血缘联盟的姓以及个人的给定符号，应该在出现有声语言时期就有了。但所谓的冠名、字、号以及表征政治权利的氏，应该是书面语言即文字出现后的伴生物。

命名时对汉语词义、声韵的讲求，签名时对汉语书法的展示，名章和闲章镌刻中对汉字结构布局、笔法刀法、材质用料等的综合展示，实际上在从各个方面拓展汉字文化的潜能。

2. 姓名与人才地理

中国古人很早就认识到地理环境的差异，导致了不同地区人群分布及习性的差异，《礼记·王制》中指出："凡居民材，必因天地寒暖燥湿。广谷大川异制，民生其间者异俗，刚柔轻重迟速异齐，五味异和，器械异制，衣服异宜。修其教，不易其俗；齐其政，不易其宜。中国戎夷，五方之民，皆有其性也，不可推移。"①

但是，将地理环境与人物分布联系起来进行研究，古代多为零星的材料，近现代以来逐渐增加，且形成了文化地理学和人才地理学。前者侧重研究文化及其门类的地理分布现象和相关规律。后者作为一门新兴的边缘学科，属于人才学的研究范畴，侧重于研究人才现象的空间差异及其形成发展的空间规律，是一门研究人才现象空间分布规律的科学。②

关于中国人才地理差异及其空间分布问题的学术研究，始于20世纪初，特别是在"五四运动"前后，有些专家学者，既从历史的时间坐标上反思中国人文的发展和演化，又从地理的空间结构上探索中国人文的分布和变迁。这时期的代表作有丁文江撰写的《历史人物与地理的关系》。该文以《二十四史》中五千多位列传人物的籍贯为主要考察对象，还绘制了《历史人物分布表》。它被认为是中国现代人才地理研究的第一篇学术论文，开中国现代人才地理研究的先河。③

梁启超在1924年《清华学报》1卷2期发表《近代学风之地理的分布》，朱君毅和张耀翔在1926年《心理》4卷1号上分别发表《现代中国人物之地理教育与职业的分布》和《清代进士之地理分布》。潘光旦在1930年至1937年间，先后发表《武林游览与人文地理》《中国画家的分布、移植与遗传》《明清两代嘉兴的望族》和

---

① 孙希旦撰，沈啸寰、王星贤点校《礼记集解》，北京：中华书局，1989年，第358—359页。
② 叶忠海《人才地理学概论》，上海：上海科技教育出版社，2000年，第10页。
③ 欧阳哲生主编《丁文江文集》第1卷，长沙：湖南教育出版社，2008年。

《近代苏州的人才》等论文，指出人才地理涉及人才的地理产生、分布、迁徙三方面。关于人才产生的研究，潘先生提出"人才产生三边形"的模型，即"生物遗传""文化遗业""平生遭际"，他认为一个人成才的程度，就在于这三种因缘结合的程度。此外，陈正祥的《中国文化中心的迁移》、吴培玉的《我国历代人才的地理分布与流向》等以唐代诗人、北宋宰相和唐前后期的进士、明代三鼎甲等的籍贯分布来考察人才聚集地及其走势，也很有特点。

最近三十年来，人才地理学研究大体上可以分为三个阶段。第一阶段：人才地理学零星的自发研究阶段（1979—1989 年）；第二阶段：人才地理学有组织的自觉研究阶段（1990—1999 年）；第三阶段：人才地理学建立和拓展阶段（2000 年至今）。

代表性成果主要有叶忠海著《人才地理学概论》，王会昌、王云海、余意峰合著《长江流域人才地理》①，陶用舒著《近代湖南人才群体研究》②等。其中《人才地理学概论》被认为是我国首部人才地理学的专著。该书创建了人才地理学的基本理论框架；提出了人地协调和谐发展的基本思路；揭示了人才空间分布形成和发展规律、不同类型人才空间分布的特殊性；多视角、较为系统地揭示了人才空间位移的内在机制；科学地提出人才区划及其指标体系；并结合中国实际，首次提出开展人才区划工作，将全国划分为八大人才开发区。书中还有大量统计图表，定量定性结合较好。

---

① 王会昌、王云海、余意峰《长江流域人才地理》，武汉：湖北教育出版社，2005 年。
② 陶用舒《近代湖南人才群体研究》，长沙：岳麓书社，2000 年。

3. 姓名与文化史

作为个体成员的给定符号，姓名是非常琐屑零碎的，因此历来不为鸿儒硕学们所重视，视之为"雕虫小技"，并未将其上升到理论上来认识，更谈不到对它与学术研究的关系进行探讨了。实际上，这是一种误解和偏见。我们姑且不说姓名学本身就是一门既古老而又尖端的学科，它涉及物种学、文化人类学、民俗学、宗教学、语言学、符号学等多种学科，单就一个具体的名字来说，也是个体的生命体验和文化心理的全息摄影，透过一个人的名字，可以窥见他的心灵和生活的一斑。所以，研究学术如能从姓名学角度做一番探讨，有时可以找到一些有力的旁证资料，有时可以补史书之阙疑，有时甚至能看出一个人的生活与思想之递变。汉语姓名结构中名与字的关系，又可以帮助我们研究历史发展过程中语词意义之间的复杂联系。

研究古代历史人物，最使我们感到头痛的是传记资料太少。特别是一些科学文化领域中的人物，由于正统史家们的偏见，往往不给他们专门立传，或传记非常简单，许多事"语焉不详"，有时从笔记小说中钩稽出一些资料，又大多是传说附会之词，水分太多，使我们很难对古代人物进行复原。对此，连训练有素的研究者也只能辍笔兴叹，所谓巧妇难为无米之炊。笔者以为，人物的姓名有时可以作为研究历史人物的一个辅助工具。这是因为姓名之中隐喻着人的追求、祝愿、希望、情趣、志向，姓名上还往往有时代的烙印，与题取者的世界观、学识水平及生活境遇有关。陈寅恪晚年著《柳如是别传》，以"缘起"为第一章，第二章考证河东君最初姓氏名字之推测及其附带问题①。萧遥天曾归纳道：

> 要考查一个人的历史，他自己命定的名、字、号，最有价值，往往是一篇精简可靠的自叙传。
> ……
> 我觉得研究一个人的历史，如须借助于名字，则家长所命，可证其身世，自己所命，可知其内心活动，群众所命，可明其社会声价，这三个来路最有用。②

萧先生所说确可谓得道者的甘苦之言，所以能点破姓名与学术的妙用和三昧。

通过名字可以了解一个人的生平经历和遭遇。如战国时的孙膑，早年曾与庞涓同学兵法于鬼谷子，后为庞涓陷害，被截去膝盖骨，成为残疾人，故名为膑。1972年在山东临沂银雀山发掘出汉武帝初年的一座墓葬，其中有《孙膑兵法》的竹简残编四十四片，一万一千字，经整理成文共三十三篇，证明了司马迁所说的"孙子膑脚，兵法修列"是历史事实。另如清代著名画家郑板桥的朋友高凤翰号丁巳残人，一号后尚左生，根据这两个别号，参之以其他史料，大致可以推测出他晚年曾患风痹，于丁巳年（乾隆二年，即1737年）右手瘫痪，改用左手写字作画。还有一号旧酒

---

① 陈寅恪《柳如是别传》上册，北京：生活·读书·新知三联书店，2001年，第16—37页。
② [马来西亚]萧遥天《中国人名的研究》，北京：国际文化出版公司，1987年，第99页。

徒,则进一步能判断出,他患病与狂饮有关,在患病致残后,才不得不"潦倒新停浊酒杯"。

有的名字还可以考索人物的思想情操和抱负志趣。例如明代奇才徐文长,名渭,取古人"泾浊渭清"之说,比喻人格操守的清峻。清代龚自珍,字爱吾,名和字均由其外祖父段玉裁题取,段还专门写过一篇《外孙龚自珍名字说》的文章,说明只有爱人才能自珍自爱,自珍自爱才能更好地爱人的道理。他又一字"璱人",其中的"璱",意即鲜洁貌,与"自珍"意思一致。现代著名诗人和学者朱自清,其名取《楚辞·卜居》"宁廉洁正直以自清乎"中的"自清"二字,他的字"佩弦",出自《韩非子·观行》"董安于之性缓,故佩弦以自急",意为弓弦常紧张,性缓者佩之以自警。朱自清早年从英国留学归来,先后在清华大学、西南联大等校任教,抗战胜利后,积极支持学生的民主运动,多次拒绝了虽报酬丰厚但要出卖灵魂的重聘。毛泽东在《别了,司徒雷登》一文中曾说:"朱自清一身重病,宁可饿死,不领美国的'救济粮'……表现了我们民族的英雄气概。"①他的经历充分证明了他人如其名,确实做到了"自清"。

有的名字别号甚至描写出人物的体貌特征。如前面曾提到孔子名丘,《史记·孔子世家》中说他"生而首上圩顶,故因名曰丘",唐司马贞索隐:"圩顶言顶上窳也,故孔子顶如反宇。反宇者,若屋宇之反,中低而四旁高也。"②明祝允明,清叶裕、叶修

---

① 《毛泽东选集》第 4 卷,北京:人民出版社,1991 年,第 1496 页。
② 司马迁《史记》卷四七,北京:中华书局,1959 年,第 1905—1906 页。

皆号枝指生，可能均有骈指。金吕贞幹号吕跛子，明钱肃润号跛足生，清黄鹤号跛道人、万经号小跛翁，说明他们可能都有足疾。明谢榛号眇目山人、清陈绍霖号盲和尚，说明他们可能都有目疾。另如元钱桑鼎号长甲翁、清嵇宗孟号佛县髯史、明金湜号太瘦生、清张衢号病痹道人，都是从体貌特征上自号的。

名字寄寓着题取者的理想和志趣，不断更改名字，则显示题取者思想的变化。如宋朝的吕必用，字则行，在名字中流露出强烈的用世济时之志，后屡经宦海风波，官场失意，就改以"不用"为名，"则耕"为字，表示出恬淡退隐、躬耕自资的愿望。他的思想经历了从"用之则行""达则兼济"到"舍之则藏""穷则独善"的变化过程，名字对这一变化也揭示得非常清楚。

八大山人和牛石慧兄弟俩，本是明太祖第十七子朱权的后裔。据《青门麓稿》记载，明亡之后，兄弟俩不肯投降，隐姓埋名，浪迹江湖。有人说，八大山人这一别号是去"朱"姓之上半，而存下半为八，去名字"耷"的下半"耳"而存上半为大，在书画签名时，将这四个字用草书连写下来，看起来好像"哭之"或"笑之"，表现他在国破家亡后啼笑皆非的心情。牛石慧则是去"朱"姓之下半，而存上半为牛，石字草书又似不字，连缀起来，好像"生不拜君"四字，亦展示其孤子之忠。① 近人叶德辉《观画百咏》中曾对这两兄弟的名字评论道："八大山人牛石慧，石城回首雁离群；问君哭笑因何事，兄弟同仇不拜君。"② 仅从两人的名号，

---

① 邵长蘅《青门麓稿》，康熙刻本。
② 叶德辉撰，张晶萍校点《叶德辉诗文集（二）》，长沙：岳麓书社，2010年，第886页。

就能体现出朱明遗民对故国江山的深挚眷恋,对异族入侵的切齿仇恨。

明末顾炎武,原名绛,字忠清。后来清兵南下,占领了中原大片国土,所以从乙酉年(顺治二年,1645年)起,他便改名炎武,字宁人。为什么要这样改名呢?原来此中暗喻襟抱。作为一个反清复明的孤臣义士,他怎能以"忠清"为字呢?他从宋末一位叫王应梅的民族志士改名中获得启发,王曾毁家捐助文天祥军饷,文天祥被蒙古人俘虏后,王应梅撰文生祭之,祈其殉国。王应梅从此改名炎午,肆力诗文,抒写胸怀。顾氏仰慕王的高风亮节,而取以为名。午在地支十二支之中属马,《说文解字》:"马,武也。"所以他拐了一个弯,称炎武。且清为女真族,曾称后金,金为白色,顾氏以炎为名,炎为"大明",为炎,为赤,取五行相克中的火克金为义,希望以大明的炎火,把后金销铄毁灭了,精忠报国之情溢于言表。

与顾氏同时的钱谦益,则在降清之后,自题别号"峨眉老衲彻修"。为什么这位文坛盟主、风流领袖、倾心于秦淮名妓柳如是的人物,却自称老衲,且决心彻修呢?联系他在国难时的行为,参以诗作"病树不堪蛇在腹,野花唯倚草为心",不难看出他内心深处的惶惑、羞愧、矛盾、可怜,既舍弃不了眼前的富贵荣华,又想贪图死后的英名不朽。所以在酒色之余,留出心灵的一席空地,表示出一丝忏悔和超越,以便自赎良知的重负。虽是小小一枚别号,却不啻灵魂的一次曝光。

近代著名民主革命家、教育家,被誉为"学界泰斗,人世楷模"的蔡元培,始号"民友",顾名思义即为民众的朋友,表现出资产阶级革命家同情劳苦大众的进步思想。后又改以"孑民"为号，取"周余黎民，靡有孑遗"两句中各一字，反映出他已把自己也看成人民群众之中一分子的观念："吾亦一民耳，何谓民友?"从"民友"到"孑民"，可以看出"北大之父"蔡元培思想上发生了飞跃。近代语言文学家钱玄同一生也曾数度更名。1904年时，因对清初音韵学家刘献廷的学说产生浓厚的兴趣，便立志投身语言文字学的研究，并把自己的字"德潜"改为"掇献"，表示"欲掇拾刘献廷之坠绪"并发扬光大的意思。1907年，他在章太炎、邹容反清排满思想的影响下，由章太炎介绍加入了同盟会，便改名"夏"，意为华夏子孙。三十四岁时，受古史辨派疑古风气的影响，又取刘知幾《史通》的篇名"疑古"为别号，表示要"用历史的眼光研究批评一切古籍"①。这时他在给人题字署名、印制名片时就用"疑古玄同"。全面抗战爆发后，他又恢复旧名钱夏，取字"逸谷"，有时署"逸叟"。以"夏"非"夷"表示不做日寇的顺民，字改用"逸谷"，也示清高自洁。他曾多次对人说："钱某决不做汉奸!"他的几个名字就等于他不同时期的思想自传。

还有人以出生地命名，可以帮助我们考索他的籍贯。如西汉时曾任大农丞的东郭咸阳，就是因生于咸阳而得名。又据《后汉书·赵岐列传》载："赵岐字邠卿，京兆长陵人也。初名嘉，生于御史台，因字台卿（章怀太子李贤注曰：以其祖为御史，故生于台也），后避难，故自改名字，示不忘本土也。"②《晋书·石崇

---

① 吴相湘《民国人物列传》，北京：东方出版社，2015年，第149页。
② 范晔撰，李贤等注《后汉书》卷六四，北京：中华书局，1982年，第2121页。

传》:"崇字季伦,生于青州(古齐地),故小名齐奴。"①现代人名中的京生、津生、海生、杭生等等,一望即知是以出生地命名的。

4. 姓名与文献学

中国的古籍文献浩如烟海,早期的都是抄写,五代宋元以来才有了刻本,所以有不少脱衍讹误现象,虽经历代的博雅之士不断校订,可校书如扫落叶,旧疑未除而新残又生,给古籍阅读和学术研究带来了许多困难。古籍讹误脱衍的一个重要方面就是名字,有些问题存疑上千年仍为悬案。

笔者以为,通过古人命名方式和名字意义间的联系,可以为训诂学和校勘学提供一个新的研究角度。对于这个方法,古人早已注意到了。《焦氏笔乘》卷四中说:"新安吴敬甫,博雅士也,精意字学。所著有《六书正义》十二卷。一日,余与论古人名有传讹者,即其字可是正之。如焦隐君名,《书》《传》一为'先',一为'光'。即字'孝然',知其为'光'。范冉一作'丹',即字'史云',知其为'冉'无疑。敬甫深然之,因略举数人,如蔡雍,少为顾雍所爱,顾以其名与之。《诗》:'雍雍喈喈',因字伯喈,今作邕者,非。谢朓,字玄晖,知从月不从目,其兄名胐,可以类推。王简栖,作《头陀寺碑》者,杨用修辨其名为屮,音彻,不为巾,亦非也。《说文》:'竹,从两个。个,竹枝也,一作箇。'据

---

① 房玄龄等《晋书》卷三三,北京:中华书局,1974年,第1004页。

字简栖，知其为个耳，巾与个，篆相似而误。"①

古人"名以正体，字以表德"，"字则展名取同义"，说明名与字在词义上存在着非常密切的联系，有时字就是用同义词对名的转述和解释。考订古籍，就可以利用这种联系进行研究，去伪存真。例如晚唐诗人、《香奁集》的作者韩偓，其字或作致光（两《唐书》本传），或作致尧（《唐诗纪事》），或作致元（《苕溪渔隐丛话》），歧见纷出，莫衷一是。有研究者以刘向《列仙传》称"偓佺，尧时仙人，尧从而问道"推断当以"致尧"为是②。从命名学角度来考察，确实有道理。另外，《碧鸡漫志》的作者王灼，其字或作海叔，或作晦叔，究竟何者为是呢？根据名字对文反训的原理，笔者以为作"晦叔"有道理。

像这样的例子还很多。如《史记·仲尼弟子列传》："公孙龙字子石，少孔子五十三岁。"唐司马贞索隐曰："《家语》或作'宠'，又云'砻'。《七十子图》非'砻'也。按字子石，则'砻'或非谬。"③砻是磨状石，公孙既然字为子石，那么名当作"砻"，司马贞所言极是。《后汉书·刘珍列传》谓刘珍字秋孙，唐章怀太子李贤注曰："诸本时有作'秘孙'者，其人名珍，与'秘'义相扶。而作'秋'者多也。"根据"字则展名取同义"的原理，笔者以为当作"秘"。

利用名与字的关系，不但能校勘古籍，而且能改正古籍中的

---

① 焦竑撰，李剑雄点校《焦氏笔乘》，上海：上海古籍出版社，1986年，第289页。
② 参见霍松林、邓小军《韩偓年谱（上）》，《陕西师范大学学报》（哲学社会科学版）1988年第3期。
③ 司马迁《史记》卷六七，北京：中华书局，1959年，第2219页。

一些排印错误。例如《魏书·屈遵传》谓屈遵字子皮，《北史·屈遵传》"皮"作"度"。根据名与字的关系来推断，屈遵的名字是取"遵王之度""遵王之道"的意思，所以作"度"是对的，作"皮"当以草书形近而讹。又同传之中屈遵的孙子垣，字长生，明万历二十五年南京国子监本、明万历年间北京国子监本、清武英殿《二十四史》本、金陵书局本及《北史》卷二七"垣"作"恒"，《册府元龟》引文"垣"亦作"恒"，百衲本、汲古阁本作"垣"，中华书局点校本亦作"垣"，但从名字的关系来考察，当以作"恒"为是。又《魏书·元叉传》谓元叉字伯俊，名"叉"疑有误，当作"乂"。《尚书·皋陶谟》："俊乂在官。"疏："才德过千为俊，百人为乂。"可知"俊"同乂，都指才能出众之人。1949年前出土的河南元乂墓志，恰好就是作"乂"，而非"叉"。《宋史·杜杲传》中谓"其父讳颖"，《后村先生大全集》卷五十有杜颖的墓志铭，其中说："颖，字清老。"按名作"颖"恐误，因与字"清"不协，当是"颍"字形讹而误。用尧时高士许由闻帝尧召为九州之长，感到被污辱，于是隐居颍水滨，用清水洗耳事。

学者们还利用谱牒资料注释考订古籍，如刘孝标注《世说新语》，曾先后引用吴氏谱、羊氏谱、谢氏谱、陈氏谱、王氏谱、孔氏谱、许氏谱、桓氏谱、冯氏谱、殷氏谱、陆氏谱、顾氏谱、庾氏谱、诸葛氏谱、刘氏谱、杨氏谱、贾氏谱、郝氏谱、周氏谱、郤氏谱、韩氏谱、张氏谱、苟氏谱、祖氏谱、阮氏谱、司马氏谱、挚氏世本、表氏世纪等三十多种谱牒资料。郦道元《水经注》在《鲍丘水》篇中引阳氏谱，《淮水》篇引稽氏谱。此外，《史记》《汉书》《后汉书》《三国志》《文选》诸注中，也都引用了谱牒资料。

古代人名翻译注重直译，即对音而译。掌握了这个规律，不仅有助于我们进一步深入研究中古语音的许多特点，而且可以纠正过去一些学者对人名的错误认识，如清代著名史学家赵翼在《陔馀丛考》和《廿二史劄札记》中都曾谈到男女名变例的现象：

古有男人而女名者，如帝为女娲氏、鲁隐公名息姑。《春秋传》为石曼姑，《孟子》所称冯妇，《庄子》所称偶女高，《战国策》所称女阿，《史记》恶来之子名女防。《荆轲传》徐夫人匕首注：徐姓，夫人名，男也。《汉书·郊祀志》有丁夫人、虞初等以诅军为功。韦昭亦曰：丁姓，夫人名，男也。《汉武内传》及《后汉书》：鲁女生，长乐人，绝谷八十余年仙去。《三国志·陆抗传》有暨艳。《晋书·载记》：鸠摩罗什本名耆婆。《宋书》：鲁爽小字女生。《梁书》：马仙琕本名仙婢。《魏书》：后魏昭成帝有子曰阏婆。永安中荆州被围，行台宗灵恩遣使宗女等，入城晓谕蛮首雷婆思。《后周书·蔡祐传》有夏州首领望弥姐。《唐书》：李君羡小字五娘。《五代史》：后唐庄宗有卫州刺史李存儒，本姓杨，名婆儿。钱镠小名曰婆留。《宋太宗纪》有西族首领名罗妹。此皆男子也。又《癸辛杂识》：黄姑星即牵牛星，与织女相对，则黄姑不可谓之女星也。

女人亦有男名者。黄帝娶西陵之女曰傫祖。绛侯为河内守，许负相之曰：君后三岁而侯。应劭注：负，河内温人，老媪也。故高祖封为鸣雌亭侯。《汉书·外戚传》：薄姬少时，与管夫人、赵子儿相爱。子儿亦女也。武帝皇后有卫子夫，子夫之姊长曰君孺，次曰少儿。又霍光夫人嘱女医淳于衍毒许皇后，谓曰：少夫幸报我以事。少夫，衍字也。《文后传》：后名政君，妹名君力、君弟。《杜钦传》：皇太后女弟司马君力。《西域传》：岑陬尚江都公主，生一女，亦名少夫。又褚先生《日者传》：有妇人能相马者，曰陈君夫。《后汉书》：鲍宣妻桓氏，字少君。吴孙权长女名鲁班，适全琮，少女名小虎，适朱据。《南史》：宋武帝女会稽公主名兴弟，豫康公主名次男，山阴公主名荣男；孝武帝母路太后名惠男；陈武帝章皇后名要儿。《北史·列女传》有郿县女子孙男玉，尝杀人报夫仇。《金史》：蒲察阿虎迭尚邓国长公主崔哥，又海陵有妃定哥、石哥。又南齐宫中有妇人韩兰英，有文词，自宋孝武时入宫，至齐武帝以为博士。教六宫书学，以其年老多识，宫中呼为韩公，则又女人而有男子之称矣。①

赵氏博学多识，征引繁富，罗列了许多材料，经常为人们所称道，确实很有价值。其中男用女名，有些可以从取贱名易于存活的角度来理解；有些女用男名也可能是性向逆转心理的曲折反映。但赵氏所列举的一些例子并不确切，前人已经指出他的错误。比如，他说鸠摩罗什本名耆婆，是男用女名，海陵妃定哥、石哥是女用男名等。殊不如鸠摩罗什是古代梵语 Kumarajiva 的音译，耆婆是 jiva 的音译，义训为寿。Kumara 意为童子，并非婆

---

① 赵翼《陔馀丛考》卷四二，北京：中华书局，2006年，第923—924页。

婆,"什"是耆婆的略译,故晋时有人称他为什公。

与此相类似的还有,明代思想家何心隐曾讨论过禅宗始祖达摩命名的含义和缘由,他认为:"达磨将以达所磨也……将以达所磨于江左也","又欲磨所达于江左也"。"乃航海也,达也;乃面壁也,磨也。"①何氏用义训的方法解达为达到、磨为磨炼的意思,但不知"达摩"也是古梵文"法"(Dhdima)的音译。依据此理推断:赵翼所举例子中的后魏昭成帝子阏婆,蛮首雷婆思,夏州首领望弥姐,西族首领罗妹,邓国长公主崔哥,海陵妃定哥、石哥等恐怕也都是少数民族语言的音译,严格地讲,并不属于男用女名或女用男名的特例。

此外,利用有关避讳的史料和《讳法》还可以将因避君讳、家讳而改的字,缺笔的字及空缺的字再改过来、增补出来,这对于古籍整理和研究也是非常重要的,因前面已详细谈过,此不再赘述,请读者参看第一章第三节有关部分。下面举一个例子,来说明名字避讳对学术研究的作用。关于《红楼梦》的作者,胡适、周汝昌等人考证,认为是曹雪芹,似已成定论。但潘重规曾提出过一个反证,根据是原书第二十六回中的一段文字:

> 宝玉听说,心下猜疑道:"古今书画也都见过些,那里有个'庚黄'?"想了半天,不觉笑将起来,命人取过笔来,在手心里写了两个字,又问薛蟠道:"你看真了是'庚黄'?"薛蟠道:"怎么看不真!"宝玉将手一撒,与他看道:"别是这两

---

① 容肇祖整理《何心隐集》卷二,北京:中华书局,1960年,第43—44页。

个字罢？其实与'庚黄'相去不远。"众人都看时，原来是"唐寅"两个字。都笑道："想必是这两个字，大爷一时眼花了也未可知。"薛蟠只觉没意思，笑道："谁知他'糖银''果银'的。"①

这段描写是说薛蟠对宝玉讲曾看到过一幅落款"庚黄"的古画，宝玉认为可能是薛蟠看错了，当为"唐寅"。但曹雪芹的祖父叫曹寅，在封建时代，是不容许他这样肆无忌惮地将寅字又写又说，又是手犯，又是嘴犯。潘先生据此怀疑《红楼梦》并非出自曹雪芹的手笔，虽属孤证，但也是铁证。② 这就如杜甫母名海棠，故他不咏海棠，杜集中如出现咏海棠的诗，无疑是后人伪造，或他人之作误入杜集。这是辨伪的一个有力的工具，再高明的作伪者，也难免在避讳时露出马脚。

5. 姓名与法律

联合国《世界人权宣言》，以及《公民权利和政治权利国际公约》和《经济、社会及文化权利国际公约》都有几乎相同的声明：任何人的私生活、家庭、住宅和通信不得任意干涉，他的荣誉和名誉不得加以攻击。人人有权享受法律保护，以免受这种干涉或攻击。类似的内容，在我国的《宪法》中也有。换句话说，使用姓名，在自己的文化、艺术、科学创作和写作中署名，是公民的基

---

① 曹雪芹、高鹗《红楼梦》，北京：人民文学出版社，2005年，第356页。
② [马来西亚]萧遥天《中国人名的研究》，北京：国际文化出版公司，1987年，第246页。

本权利。

一般来说，在现代法治社会中，未经法律起诉和判罪前，公民都有姓名和肖像的隐私权。这就是我们经常看到新闻报道提及的"犯罪嫌疑人""嫌犯"等称谓的由来。

追溯起来，古代社会对罪犯除了使用枭首、绞刑、斩刑、凌迟等种种死刑处罚外，还有对姓名的牵连，如肖像画叉、名字画叉、尸体示众等。现代社会对个体人权的保护也是逐步落实的。在称谓上，由"罪犯王五四"，到"嫌犯王五四"，到"犯罪嫌疑人王五四""犯罪嫌疑人王某四""犯罪嫌疑人王某某"，到"嫌疑人王某某"，可以看出，从事实定性到姓名保护，是一个不断进步和文明的过程。虽然在一些特殊的政治时期，也曾出现过"火烧某某某""油炸某某某""炮打某某某"等语言暴力和羞辱性表达，但都是一些特例，不具备普遍意义。在现代的司法申诉和刑事案件报道中，对嫌疑人和未成年人的照片要做马赛克处理，有时对声音也要做变声处理，对名字的称呼也仅称"王某""李某"等，这都是隐私权的落实。

如未获当事人授权同意，擅自使用当事人的名字和肖像，特别是用于新闻报道、商业活动、广告宣传和其他不当活动，会受到当事人及其所委托的律师的追究，要承担相应的民事和刑事责任。

近年来，有关公司、企业和网络平台，不当使用摄像头、搜集用户信息、违规披露或转卖用户个人信息的报道，引起社会各界的广泛关注，也涉及个人隐私权的保护问题，如何处置并防范，既是一个公民权的普法教育问题，也是一个司法实践的问题。

人人生而平等，人人享有平等的权利，其实包含着人人享有独立自主使用姓名的权利，当然也要承担使用姓名的责任。权利与责任是一体两面，关于姓名的使用亦复如是。

6. 姓名与哲学

有学者认为，西方哲学的发展大致经历了三个阶段。第一阶段：自古希腊始直至中世纪，探讨世界形成的终极始因，因此被称作"本体论阶段"。第二阶段：自近代以降直迄黑格尔，以人类自身及其认识活动为研究视角进行探求，人类认识的起源、认识能力、认识范围以及认识方法等，成为哲学研究的主题，被称为"认识论阶段"。第三阶段：黑格尔之后迄今，关注重点转向了人类认识及思维的表达——语言，这一时期又被称作"语言哲学阶段"。[①]

姓名要用语言文字为对象给定符号，同哲学中对概念的界定、对事物的称谓与分类等有类似之处，于是姓名文化研究中的主要问题也与哲学发生了关系。

群体与个体

从姓名学角度来看社会演进史，早期的部落开始是以群体存在，相当于人类仅仅有姓（即公名），等到了很晚的时候，才出现了名字（即私名）。名字（或私名）的出现是一件划时代的大事，具

[①] 王路《弗雷格关于"意义与意谓"的理论区分》，《哲学研究》1993年第8期。

有里程碑的意义。

俄罗斯作家扎米亚金的反乌托邦小说《我们》①中，所有的人物都没有名字，只有一个编号。主人公数学家就叫"D-503"，与他擦出爱情火花的女性编号是"I-330"。

如前一节所分析，以代码、符码标记出的名字比以文字标记的名字准确率要大得多，但人们一般不愿用这种精准的代码名，而宁愿用重复率很高的文字名。电影《银翼杀手2049》中有一句经典台词："你是有灵魂的，你应该有个名字，你的名字叫乔。"说明作为高级智能生命，人类在骨子里仍将精神性和人文性的旗帜高高擎起。

名与实　虚与实　声与实　宾与主

从哲学角度来看，个体的姓、氏、名、字、号等称谓，与其生物实体本身的关系，其实就是名与实、虚与实、声与实、宾与主的关系。肉身实体是物质的，而那些名、声、宾则是概念性的。物质的实体只有一个，而概念性的称谓可以有许多，可以不停地变化。

灵与肉

实体的人是由灵、肉两部分构成，名字等称谓既针对肉身，也针对精神（灵魂）。在个体肉身未死亡前，这种指称是统一的，既针对肉体，也针对精神。而当肉身消逝后，则指称就仅仅指向

---

① ［俄］尤金·扎米亚金《我们》，殷杲译，南京：江苏人民出版社，2005年。

精神(灵魂)。李白《江上吟》:"屈平辞赋悬日月,楚王台榭空山丘。"①说明屈原因其辞赋创作如日月高悬,千年不朽,而楚灵王、楚庄王等修筑的台榭,与其主人一样早已湮灭无踪了。可见,指向精神(灵魂)的名字,不是全部都被记录,都被缅怀。"大江东去,浪淘尽,千古风流人物"②,经过历史的层层严苛筛除,留下的那些有精神、有灵魂的名字是极其少数的。

自从达尔文之后,人们只记下了肉体的人的生存需要"物竞天择,适者生存",虽然这种理解是扭曲的、片面的。另一方面,在肉体消逝后,由名字指向的精神和灵魂的流传,仍需要历史的适者生存,只不过这种生存法则是肉身的主人所无法掌控的,而且与这些人生前所信奉的那些理念是不相关的。

指定与意义

德国哲学家弗雷格把语言符号分为三个种类,即专名、谓词和句子。他认为这三种语言符号在其意义上均有两个不同的方面,即指称和涵义(也有人翻译为涵义与意谓、指定与意义),指称是由涵义决定的;弗雷格还指出,在不同的语境中,符号的指称和涵义会有所变化。③ 这一理论对语言哲学有影响,对姓名学研究也有启发意义,已有学者引用这一理论解释姓名现象。

---

① 王琦注《李太白全集》,北京:中华书局,1977年,第374页。
② 邹同庆、王宗堂《苏轼词编年校注》,北京:中华书局,2002年,第398页。
③ [德]弗雷格《论涵义和意谓》,见《弗雷格哲学论著选辑》,王路译,北京:商务印书馆,2006年,第95—120页。

六、姓名学史研究述要

对姓名文化和姓名学的研究，肇自先秦时期。在《左传》《国语》以及"三礼"之中，都记录了许多姓名资料，其中有关于姓氏起源的，有关于命名方式的，也有关于题名风俗的，还有许多同姓不婚、避讳和谥法的资料，这些虽非理论研究和有意识的收录，但对后人的研究提供了弥足珍贵的史料。

《世本》一般被认为是先秦时期重要史籍之一，主要记载从轩辕氏黄帝到春秋时君王、诸侯、大夫等的系谥、名号、都邑、制作等，其中《帝王谱》记尧、舜等帝王传授系统，《诸侯谱》记鲁、齐、晋、秦、楚等三十三国国君谱系，《卿大夫谱》记当时卿大夫四十五家世系，《氏姓篇》则记一百四十九家姓氏的世系。屈原担任楚国三闾大夫之职，掌管昭、屈、景等王族三姓，叙其谱属，以励国士。汉代出现《帝王年谱》《氏族谱》《万姓谱》《邓氏官谱》等谱牒著作，司马迁读牒记，认为黄帝以来皆有年数，于是根据《五帝系谱》《尚书》等书内容，作《世表》。

西汉以来，姓氏合而为一。所以从司马迁《史记》开始，就对姓氏混称，不再做区别了。西汉时有许多童蒙识字课本，流传至今的史游《急就篇》，开头便说："急就奇觚与众异，罗列诸物名姓字，分别部居不杂厕，用日约少诚快意，勉之务之必有喜。"中间列举一百三十二姓，分别是："宋延年，郑子方，卫益寿，史步昌，周千秋，赵孺卿……"①类似后来的《百家姓》。

东汉的几位学者，都注意到了姓氏问题，在他们的著作中辟专章进行讨论。例如班固等编撰的《白虎通义》、王充的《论衡》、王符的《潜夫论》、应劭的《风俗通》等，或谈姓氏的起源，或论得姓命氏的方式，或辨姓氏与迷信的关系。

南北朝时期是姓氏学研究的第一次高潮。为了论证宗法制度的合理性，魏晋以来谱牒之学大盛，从社会历史的角度来看，谱牒不过是贵族统治阶级用以维护他们世袭特权的一种身份文件；但从姓氏学的角度来看，族谱和家谱对系统研究姓氏的地域分布、迁徙变化、民族融合和家族制度的内在结构都具有非常重要的价值，是不可多得的、完整的第一手资料。当时先后出现了挚虞的《族姓昭穆记》，综合各地名门大族家谱编成；贾弼的《姓氏簿状》，广集百家之谱而成；贾弼之孙贾渊编《姓氏要状》，又为竟陵王子良撰《见客谱》，合十八州世族谱百帙七百余卷。另外还有傅昭的《百家谱》、王僧孺的《百家谱》、元晖业的《后魏辨宗录》、姚最的《述系传》等，共计各种族谱家牒五十多种一千三百多卷。谱牒对历史研究非常重要，谭嗣同《〈浏阳谭氏谱〉叙例》中指出："斯谱牒之学，史之根渊，何啻支流余裔。"著名历史学家陈直也说："谱牒补史的作用，是相当大的。"并著专文论述南北朝谱牒形式的发现和研究。②

唐太宗登基后，承北朝余绪，重修《氏族志》，旨在树立关陇

---

① 史游《急就篇》，见《四部丛刊续编》，上海：商务印书馆，1934年，第1—8页。
② 陈直《南北朝谱牒形式的发现和索隐》，《西北大学学报》(哲学社会科学)1980年第3期。

新门阀，压抑山东士族大姓，是南北朝时重门第、流品的旧习在新时代的表现。唐玄宗时宰相张九龄曾撰《姓源韵谱》一卷。宪宗元和年间，林宝编纂《元和姓纂》十八卷，首列皇族李氏，其余姓氏按唐韵二百零六部的顺序排列。每韵之内，以大姓为首，同时记载受氏始祖之源及诸家分支谱系，尤于唐人名姓最详。虽仍袭谱牒之形式，但实为时代之巨著，故不独为谈姓氏者所祖，亦为治史者所偏爱。惜原书已散佚，今本《元和姓纂》是由清代孙星衍从《永乐大典》等书中辑录出来的。此外还有贾至的《百家类例》、刘知幾的《刘氏家史》《谱考》、王方庆的《王氏家牒》等私谱著作。

宋以来姓氏学的主要贡献是对于姓氏起源的探讨和考证，《新唐书·宰相世系表》共收入唐代宰相三百六十多人，凡九十八姓的世系，虽重点不在姓名，但对于姓名研究意义重大，此外还有欧阳修的《欧阳氏谱图》、苏洵的《苏氏族谱》、王安石的《许氏世谱》、司马光的《宗室世表》《编古命氏》《五声类氏族》、徐药的《姓氏源流考》、钱明逸的《熙宁姓纂》、黄邦俊的《群史姓纂韵》、邓名世的《古今姓氏书辩证》、郑樵的《通志·氏族略》，明代有陈湘的《姓林》、夏树芳的《奇姓通》、陈士元的《姓觿》、李日华的《姓氏谱纂》、凌迪知的《万姓统谱》，清代有陈廷炜的《姓氏考略》、黄本骥的《姓氏解纷》、张澍的《姓氏寻源》，近人罗振玉的《元和姓纂校勘记》、岑仲勉的《元和姓纂四校记》等成果，其中尤以张澍的《姓氏寻源》和岑仲勉的《元和姓纂四校记》功力最深，发现颇多。岑著至今仍为治隋唐史学者必备的参考书。

现在人们经常提及的《百家姓》，最早是由北宋初年钱塘（今浙江杭州市)一个儒师所编撰的蒙学识字课本,全书将常见姓氏编成四字一句的韵文,像一首四言诗,流畅顺口,非常便于诵读和记忆,因此,几百年来流传极为广远。钱大昕《十驾斋养新录》卷十六:"陆放翁诗曰:'儿童冬学闹比邻,据案愚儒却自珍。授罢村书闭门睡,终年不著面看人。'自注:农家十月乃遣子入学,谓之冬学,所读《杂字》《百家姓》之类,谓之村书。今乡村小儿所读《百家姓》一书,盖犹宋人所习。"①现在年龄稍长者,只要进过私塾或村学,也都能背诵它。人们通常以为《百家姓》只收一百个姓,其实不然。最早的《百家姓》版本收有四百一十一个姓,后来经过明、清学人的增补,现流行的版本共收五百零三个姓,其中单姓四百四十二个,复姓六十一个。这些姓氏现在大部分仍常用,少部分罕见,极个别的姓氏已经消失。

《百家姓》前四个字"赵、钱、孙、李"也是有讲究的。首列赵氏,是因宋朝皇帝姓赵,把本朝皇帝的姓氏排列在首位,表示"尊国姓也"。次列钱氏,则因为编纂者是钱塘人,故将五代十国时吴越王钱镠的姓氏排列其次,以示不忘故国之意。以下"孙李",到"周、吴、郑、王"都是后妃之姓。这样的排列次序,恰好反映了宋朝初年几大家族权力重新分配的实际情况。

《百家姓》还出现过不少改编本。改编的原因与目的比较复杂,概括起来,主要有三类。一是明、清统治者不愿让"赵"字打头。如《皇明千家姓》,明吴沈、刘仲质编,共收一千九百六十八姓,改用"朱"字开头,仍旧用四言韵语。开头几句是:"朱奉天

---

① 钱大昕《十驾斋养新录》,上海:上海书店出版社,1983年,第388页。

运,富有万方,圣神文武,道合陶唐。"《御制百家姓》,号称康熙编,则改用"孔"字打头,继以"孟"字,然后是孔门弟子之姓。第二种意见认为《百家姓》字太少,应当扩充。如清人崔冕编有《千家姓文》。第三种意见认为旧本《百家姓》没有文义,应该重编,使每句都贯通为文句,具有意思。如明末黄周星所编《百家姓新笺》,在作者自序中批评旧本说:"阙漏殊多,单姓名商、岳、涂、来,复姓如左丘、叔孙、鲜于、胡毋之类,指不胜屈。且杂乱无文,于义奚取!"故他重编一本,开头几句是:"尚慕隆古,胥仰盛王。万方宏赖,怀葛虞唐,农牧施惠,熊夔司常,胡越全暨,家国寿昌。"[1]不仅将常用姓氏全收入,而且字面自成文义,很有特点。但各种改编本都没有能将旧本取而代之。旧本《百家姓》除了在汉民族地区流行外,还产生了《蒙古字母百家姓》和《女真字母百家姓》,流行在兄弟民族地区。

在姓氏研究过程中,前人多注意探寻各个姓氏产生的原因和时代,沿波逐源,溯其初祖,使后人能知其姓之所出,找到自己精神的归宿和家族的文化之根。其次,多罗列各姓在历史上所出现的名人,凡政治、军事、经济、文化、艺术等方面有特殊建树者,都被录存,使后代子孙能知先贤之功业,不致数典忘祖。更重要的是,前人的研究著作,特别是明清以来一些学者的考证求索,使我们发现,中国各个民族不仅有自己的风俗特征,不仅在经济、政治、文化等方面与中原汉民族有密切的联系,就是在姓

---

[1] 黄周星撰,谢孝明校点《新笺百家姓小言》,见《黄周星集》,长沙:岳麓书社,2013年,第107页。

氏上，也与汉民族有"剪不断，理还乱"的关系。

至于名字的研究，起步比姓氏晚。晚唐的陆龟蒙曾集秦至南北朝时古人的小名，撰《小名录》，宋代的陈思、明代的沈宏祖又有《续录》《补录》，对乳名做了较细致的研究。

清代乾嘉学派宗师、高邮王引之运用考据学的实证方法，研究先秦人物命名的特点和规律，写成一部《春秋名字解诂》（见《经义述闻》卷二十二、二十三），共从《春秋》经传中辑得二百八十五条有关名字的材料，详加叙述，并从中归纳出"五体六例"。所谓的"五体"，是指春秋时命名的五种方法，分别是同训、对文、连类、指实、辨物；"六例"是命名的几种变体和附类，分别是通作、辨讹、合声、转语、发声、并称。王引之虽然是从文字训诂的角度探讨《春秋》名字，但对姓名学的研究亦有很大贡献。继王氏之后，俞樾又续作《春秋名字解诂补义》。胡元玉不满王氏的解诂，遂著《驳春秋名字解诂》，其后，洪恩波、刘师培、黄侃、杨树达等各陈己见，互相启发，把《春秋》名字的研究引向了深入。另外，明末清初的著名学者顾炎武在《日知录》卷二十三中，对姓氏、名字和称谓都做了深入的探讨。钱大昕《十驾斋养新录》、赵翼《陔馀丛考》和《廿二史劄记》亦多有创见。特别需要一提的是清代武威张澍，倾心于西北史地和姓氏名字的研究。关于姓氏的研究，他曾著有《辽史氏姓录》《元史氏姓录》《西夏氏姓录》《金史氏姓录》《姓氏探源》等；关于名字的研究，曾著有《同名录》，较早注意到历史上多人同名现象，并加以分类研究；《名字录》则介绍了名字的起源。在姓名学的研究史上，张氏功不可没。

"五四运动"以来，学者们能运用近代史学观念和文化观念研究古代社会，所以，姓名学研究也进入了一个新的历史时期，其中以岑仲勉贡献最大。岑先生主攻隋唐史，但亦能旁通姓氏和名字，如前面提到的《元和姓纂四校记》。另如《郎官石柱题名新考订》《翰林学士题壁记注补》等，都通过对姓名的考订，起到了证史和补史的功用。另外，《唐人行第录》一书也用功甚勤。通过对唐代诗人笔记的爬梳整理，将唐人以排行称呼这一现象，比较全面系统地向后人再现出来。岑先生为研究古代史和姓名学做了非常扎实的奠基工作。

今人姚薇元根据史传姓氏书的记载，参以石刻方志、文集说部等材料，考证《魏书·官氏志》里所载的胡姓，并涉及两汉以来质子降胡和隋唐的胡商番将，总计考证了一百九十三姓，初步填补了我国历史研究中的一个薄弱环节——胡人姓氏，撰成《北朝胡姓考》一书。[1] 此外，王仲荦《鲜卑姓氏考》、陈连庆《中国古代少数民族姓氏研究》等成果，也是侧重研究魏晋南北朝少数民族姓氏的，在姚著的基础上，都有不少新资料的补充、新难点的突破，且将先进的学术理念与边疆地区的田野考察相结合，推进了人类学和社会学相关领域的发展，使得刚刚起步的中国人类学和社会学，形成了鲜明的中国特色。

与血缘宗族和望姓大族相关的研究，在20世纪前半叶也取得了长足的进步，如王伊同《五朝门第》等成果。

这一很好的学术态势在20世纪后半叶因极左思潮，停顿了

---

[1] 姚薇元《北朝胡姓考》，北京：科学出版社，1958年。又见姚薇元《北朝胡姓考》（修订本），北京：中华书局，2007年。修订本除了订正文字、补充材料外，还补入原版因时代原因删掉的陈寅恪原序。

二十多年，一直到打倒"四人帮"，进入学术研究的新时期，一切始逐步恢复正常，但世界学术已有很大的飞跃。我们只是接续五六十年代断裂的学术史。台港地区的研究没有出现中辍，毛汉光的《中国中古社会史论》《中国中古政治史论》等一系列成果令人耳目一新。值得称道的是，大陆恢复学位制度以来，以中国多民族的姓名文化和姓名学为研究对象的硕博士论文也不断涌现，其中早期的有纳日碧力戈《姓名论》①。另一个趋势就是利用姓氏调查、人口统计的资料，结合自然科学的方法，研究当代中国三百大姓的地区分布以及群体遗传，注意到同姓人群的血型特征，工作量很大，工作原理具有科学性，已经推出的成果令人耳目一新，代表着姓名学研究的新趋向。②

笔者个人的学术研究与姓氏和姓名文化也有密切的关系。20世纪80年代，曾协助郝政民先生整理过蒙学读物《百家姓》，又曾应陕西人民教育出版社邀请撰写过一册姓名文化的小书，90年代则主要围绕中古士族，特别是唐代关中文学士族、唐代三大地域文学士族展开研究。并就《皇唐玉牒》、李白传记中的有关谱牒学问题进行探讨，著有专文。还指导硕博士研究生就隋唐时期的关中韦氏家族，河东裴氏家族，江南陆氏家族，代北胡姓士族、牛氏家族，辽代耶律家族等进行深入细致的专题研究，不仅追赶上了新时期氏族与家族研究的潮流，而且形成了一些新特色，比

---

① 纳日碧力戈《姓名论》（修订版），北京：社会科学文献出版社，2015年。
② 袁义达、张诚《中国姓氏：群体遗传和人口分布》，上海：华东师范大学出版社，2002年。袁义达主编《中国姓氏·三百大姓：群体遗传和人口分布》，上海：华东师范大学出版社，2007年。

如对新见石刻文献与文物的重视等。

与姓名有关的谥号和谥法研究，主要有：唐代张守节据周公谥法所作的《谥法解》；宋代苏洵奉诏撰《谥法》四卷，取刘熙、沈约等所传谥法，并加以删辑考证，分为一百六十八谥三百一十一条，其中新改者二十三条，新补者十七条，别为七法八类，此书自宋以后颇为礼家所重；明代王沂著《谥法通考》十八卷，上考前代列朝，下至明万历年间，从帝王将相到圣贤隐逸、异端宦逆，凡有谥号者，都收录于书中详加考证；明代孙能傅也曾撰有《谥法纂》十卷，内容有功令、谥法、尊谥、臣谥等，对研究与命名有关的典章制度都很有参考价值。

与姓名文化有关的避讳研究，也不断有新成果。陈垣有《史讳举例》《通鉴胡注表微·避讳篇第五》等，范志新有专书《避讳学》，均涉及姓名学和姓名文化的研究。

向熹《汉语避讳研究》在广泛调查文献的基础上，结合前贤的成果，进一步丰富了避讳资料。全书采取主题分类的方法，从人名、地名、物名等角度考证了一千多个避讳实例，归纳了十四种避讳方法，从语言学视域全面梳理了避讳这一特殊的历史文化现象。

与汉语姓名文化相关的少数民族姓名的研究，也有长足的进步。

20世纪的一个重大变局，就是海禁打破，国门大开，中外交流与日俱增，有关海外和西方的姓名文化和姓名学著作络绎被翻译和引进。我们与清末学人治此学的一个主要区别，就是我们能看到康乾汉学家不可能见到的地下新出土文献，更重要的是我们能读到西方最新的研究成果。简言之，我们是站在新时代的高坡上和中外巨人的肩膀上来研习这一古老学问的。

姓名学的研究虽然已经取得了一定的成就，积累了一套方法，留下了许多典籍，但也存在许多不足，甚至还有一些空白有待填补。

目前，关于姓氏起源流传着许多似是而非、穿凿附会的说法，并充斥在各类读物之中。如何从体质人类学和文化考古学的角度，对姓氏起源做出更科学更准确的解释，这是一个非常重大的课题；如何借助统计学的原理，对姓氏在各个历史时期的消长变化以及地域分布进行定量研究，谱列出中国姓氏的变化曲线和现存姓氏的分布图表，也是很有价值的项目。通过谱牒文献的搜集和整理，形成历史时期的姓氏数据库和谱牒数据库，也是非常有意义的。

此外，家族史的研究，姓名学的古籍整理，同姓名的归纳与重名的区别研究，现代社会中个人身份的多重识别研究，姓名的符号学本质与文化学的深层分析，姓名学和人口普查，姓名与生物识别技术，姓名与数字识别技术……凡此种种，不一而足。在大数据和云计算的智能时代，姓名学和姓名文化的研究仍有许多学术空白亟须填补，有志于此道者仍大有可为。

第五章 人工智能时代姓名文化的新功能

你是有灵魂的，你应该有个名字，你的名字叫乔。

《银翼杀手2049》

对于我们生活的这个当下时代究竟应该如何概括，或者说如何为这个时代命名，学术界的分歧还是很大的。各个学科会从自己的学术视野来称谓，历史学界可能会用现代来称谓，中文学术界可能会称当代，艺术学界可能会称为后现代，信息学及IT界可能会称为信息时代、大数据时代、人工智能时代，而地质学界则以詹姆斯·瓦特1782年改良蒸汽机为界，提出与更新世、全新世并列的地质学新纪元——"人类世"。当然也还有其他的称谓。本书选择其中的人工智能时代一语来指称当下和未来一段时间。按照基辛格等人的概括，人类有两种认识世界的传统方式：信仰和理性；如今又增加了第三种——人工智能①。如是，人工智能不仅仅是我们处身的一个时代，而且还是我们认识世界的一种基本方式。一般认为，人工智能的发展分为三种类型，或三个阶段，分别是：弱人工智能、强人工智能和超人工智能。现在处于弱人工智能阶段。

对于姓名文化而言，当下的时代有个非常吊诡的现象，一方面，有关姓名学和姓名文化的研究不断深化，进入了一个新的历史时期。社会大众对姓名和取名也非常重视，年轻的父母和家人都希望能为新生的家族成员题取一个既典雅吉利又与众不同的好名字，于是取名技巧类的书籍、取名服务类的机构都很走红。另一方面，其实姓名和名字的实际使用范围越来越窄，传统姓名的作用越来越小，由个人名字衍生出的许多新功能又非传统的姓名学所能涵盖，本书从数字技术、生物技术、加密技术等方面，列举一些最常见的现象，希望能引起读者和学人的关注和讨论。

一、数字技术类

姓名编码

姓名编码的内容和方法很多，常见的与汉语姓名编码有关的主要有以下三类：姓名电码、姓名代码和身份证编码。下面分别

---

① [美]亨利·基辛格、埃里克·丹尼尔、胡滕洛赫尔《人工智能时代与人类未来》，北京：中信出版社，2023年。

简要介绍:

姓名电码。是指利用中文电码为拍发电报等出现的汉字姓名所做的编码。中文电码,又称标准中文电码、中文商用电码、中文电报码或中文电报明码,是指通过电报传送中文信息的方法,也指第一次把汉字化作电子讯号的编码表。

1835年莫尔斯电码发明,但主要用来传送英语或以拉丁字母拼写的文字。1873年,法国驻华人员威基杰(S. A. Viguer)参照《康熙字典》的部首排列方法,挑选了常用汉字六千八百多个,编成了第一部汉字电码本,名为《电报新书》。后由郑观应将其改编成《中国电报新编》。这是中国最早的中文汉字电码本。

随着电话、传真、互联网、微信等的迅速普及,已有一百多年历史、无比辉煌的电报渐渐退出日常生活,但中文电码至今仍在许多场合应用。例如香港地区居民身份证上,会在姓名一栏下面印有中文电码,以方便政府或机构做输入姓名之用。

过去,查询中文电码都是对着电报码书本进行翻查,既烦琐且困难。现在则可以通过在线系统查询中文电码,手机和PC浏览器都有这个功能,查询反馈快速准确,且可以同时查询多个中文汉字,并支持使用电码反查汉字。[1]

姓名代码。又称汉字区位码,该编码以汉语拼音的字母为序,音节相同的字以使用频率为序。每个汉字有一个唯一的代码,以便计算机辨认、接收和处理。具体以国家颁布的《字符集和信息编码国家标准汇编》(中国标准出版社1998年编)为准。

---

[1] 本小节参考百度百科、维基百科"中文电码""摩尔斯电码"等词条。

姓名代码目前主要在以下场合中应用：中考、高考、月考、诊断考试、大学英语等级考试、心理测试等。需用 2B 铅笔进行涂机读卡、答题卡的各类考试评测。

身份证编码。中华人民共和国居民身份证的编码规则如下：

根据我国有关居民身份号码的规定，居民身份号码是特征组合码，由十七位数字本体码和一位数字校验码组成。排列顺序从左至右依次为：六位数字地址码，八位数字出生日期码，三位数字顺序码和一位数字校验码。

地址码(身份证前六位)表示编码对象第一次申领居民身份证时的常住户口所在县(市、旗、区)的行政区划代码。

出生日期码(身份证第七位至第十四位)表示编码对象出生的年、月、日，其中年份用四位数字表示，年、月、日之间不用分隔符。例如，1981年5月11日就用19810511表示。

顺序码(身份证第十五位到第十七位)是县、区级政府所辖派出所的分配码，每个派出所分配码为十个连续号码，例如"000－009"或"060－069"，其中单数为男性分配码，双数为女性分配码，如遇同年同月同日有两人以上时顺延第二、第三、第四、第五个分配码。如：007 的就是个男生，而且和他同年月日生的男生至少有两个，他们的后四位是 001＊和 003＊。分配顺序码中"999、998、997、996"四个顺序号分别为男女性百岁以上老人专用的特定编号。

校验码(身份证最后一位)是根据前面十七位数字码，按照 ISO7064：1983.MOD1-2 校验码计算出来的检验码。从 1999 年 10 月 1 日起，中国内地实行居民身份证号码制度，居民身份证编号由原十五位升至十八位。第十八位为校验码，主要是为了校验计算机输入居民身份证号码的前十七位数字是否正确，其取值范围是0至10，当值等于10时，用罗马数字符X表示。

1984年4月6日，国务院发布《中华人民共和国居民身份证试行条例》，第一代居民身份证开始启用，一代证的形式被确定为聚酯膜塑封的单页卡片。2004年1月1日第二代居民身份证开始换发，第二代居民身份证内藏非接触式IC芯片，可近距离读取卡内资料，包括在机场、火车站自动取票机上自助取票等等，在不远的将来，"二代证"还会有更加广泛的用途。[1]

即将全面推广的电子身份证（EID Card，英文全称为Electric ID Card），将公民个人身份信息通过人脸识别的生物技术比对后，在手机上生成电子证件，用于个人身份的识别，与传统身份证件等值。常用的为带时间戳的二维码或条形码。

其他如护照、签证、员工工作证、学生证等的原理与身份证大体类似，但比身份证简易，有时要配合身份证使用。

姓名二维码

二维码是指二维条形码。二维条形码最早发明于日本，用某种特定的几何图形按一定规律在平面（二维方向上）分布的黑白相间的图形记录数据符号信息，在代码编制上巧妙地利用构成计算机内部逻辑基础的"0""1"比特流的概念，使用若干个与二进制相对应的几何形体来表示文字数值信息，通过图像输入设备或光电

---

[1] 本小节参考百度百科、维基百科"居民身份证号码"等词条。

扫描设备自动识读以实现信息自动处理。二维条形码能够在横向和纵向两个方位同时表达信息，因此能在很小的面积内表达大量的信息。①

二维码自发明以来已经有广泛的应用，在身份证、护照、签证、驾照、会员证上通过扫码用以识别。一方面消除了因为同姓名而造成的识别错误，提高了准确率，另一方面因为便于计算机录入和识读，提高了工作效率，也为自动化和机器办公做了准备。

二、生物技术类

人脸识别

人脸识别，是基于人的脸部特征信息进行身份识别的一种生物识别技术。具体方法是通过摄像机或摄像头采集含有人脸的图像或视频流，自动在图像中检测和跟踪人脸，进而对检测到的人脸进行脸部确认，通常也叫作人像识别、面部识别。

广义的人脸识别实际包括构建人脸识别系统的一系列相关技术，包括人脸图像采集、人脸定位、人脸识别预处理、身份确认以及身份查找等；而狭义的人脸识别特指通过人脸进行身份确认或者身份查找的技术或系统。

人脸识别系统的研究开始于20世纪60年代，80年代后随着

---

① 本小节参考在线新华字典（网址：http://xh.5156edu.com）"二维码"词条。

计算机技术和光学成像技术的发展得到进一步提高。进入应用阶段则在90年代后期，美国、德国和日本的技术实现较为先进。人脸识别系统成功的关键在于拥有尖端的核心算法，并使识别结果具有实用化的识别率和识别速度。

目前，人脸识别主要用于身份识别。通过快速检测技术可以从视频图像中实时查找人脸，并与人脸数据库进行实时比对，实现快速身份识别。主要应用于以下领域：一是门禁系统。受安全保护的地区可以通过人脸识别辨识试图进入者的身份，比如监狱、看守所、小区、学校等。二是摄像监视系统。在例如银行、机场、体育场、商场、超级市场等公共场所对人群进行监视，以达到身份识别的目的。三是网络金融。利用人脸识别技术辅助网络支付，以防止非信用卡持有人使用信用卡，冒领社保支付卡等。四是学生和职工的考勤系统。香港及澳门地区的中小学将智能卡配合人脸识别来为学生进行每天的出勤点名记录。

此外，新型的数码相机已内建人脸识别功能以辅助拍摄人物时对焦。新一代智能手机也多开始利用人脸识别解锁手机、识别使用者。①

指纹识别

指纹（Fingerprint）是灵长类动物（包括人类）手指末端指腹上由凹凸的皮肤所形成的纹路，也可指这些纹路在物体上留下的印痕。广义的指纹还包括手掌纹、脚纹、脚掌纹等，这里讨论的是

---

① 本小节参考维基百科、百度百科"人脸识别"等词条。

狭义的指纹。由于指纹重复率极小，大约只有一百五十亿分之一相同的可能性，故又被称为"人体身份证"。

1967年9月在英国伦敦举行的国际皮纹学研究会议上，确定了指纹分类法，将指纹分成以下基本类型：

斗形纹（亚型：靶心斗、螺旋纹、伸长斗、双斗纹、内破斗）；

箕形纹（亚型：正箕纹、反箕纹、变形纹）；

弧形纹（又叫弓形纹。亚型：简单弧、帐弧）。

其中第一类是明显纹，就是目视即可见的纹路。如手沾油漆、血液、墨水等物品转印而成，通常印在指纹卡上成为基本资料；第二类是成型纹，这是指在柔软物质，如手接触压印在蜡烛、黏土上形成的指纹；第三类是潜伏指纹，这类指纹是经身体自然分泌物如汗液转移形成的指纹纹路，目视不易发现，是案发现场中需要提取的常见指纹。指纹是早期生物统计学研究的内容之一，科学家利用指纹的一些物理特性来将它们加以定义。

进入人工智能时代以来，电子产品（包括电子计算机、智能手机、智能门禁、智能门锁等）都陆续开发出指纹识别系统，供使用者注册登录与查验。

指纹验证与识别目前主要应用于以下几个方面：一是身份辨识，如灾区受难者、迷路者的身份辨识。二是个人电子系统登录和出入境管制的身份识别。三是代替印章，结婚证书、遗书、选举名册等文件上的指纹有一定的法定效力。四是犯罪侦查、嫌疑者与犯罪现场指纹比对、刑案现场重建等。五是看手相、占卜算命的人也要利用指纹的纹路来进行占卜算命。①

与指纹识别类似的还有掌纹识别，此不赘。

唇纹识别

唇纹是口唇红唇部分皮肤的皱褶纹，理论上唇纹与指纹一样具有个体差异，故能作为个体识别或同一认定的特征。同时，唇纹非常稳定，其特征基本不会随着时间的改变而改变，尤其是在成年人中。唇纹的个体识别是借助于唇纹的类型和细节特征来进行的，有人将红唇部位分区后增加唇纹的计数以提高判别率，事实上在某些国家已经将唇纹鉴定作为案件侦破的手段。②

声纹识别

声纹(Voiceprint)，是指用电声学仪器显示的携带言语信息的声波频谱。人在讲话时使用的发声器官——舌、牙齿、喉头、肺、鼻腔在尺寸和形态方面的差异很大，所以任何两个人的声纹图谱都有差异。每个人的语音声学特征既有相对稳定性，又有变异性，不是绝对的、一成不变的。这种变异可能来自生理、病理、心理，可能是模拟、伪装，也可能与环境干扰有关。尽管如此，由于每个人的发声器官不尽相同，因此在一般情况下，特别是利用专门的仪器进行记录和分析，人们仍能区别不同人的声音或判断是否为同一人的声音。

---

① 本小节参考百度百科、维基百科"指纹""指纹识别"等词条。
② 飞翔的鱼《你知道多少？细数五花八门的生物识别技术》。

声纹识别也称为说话人识别,与指纹识别、唇纹识别、虹膜识别等同属生物识别技术,主要分为两类:说话人辨认(Speaker Identification)和说话人确认(Speaker Verification)。前者用以判断某段语音是若干人中的哪一个人所说的,是"多选一"问题;而后者用以确认某段语音是否是指定的某个人所说的,是"一对一判别"问题。

声纹识别技术目前已应用到人们日常生活的各个领域,比如信息领域、银行证券、公安司法、军队和国防、保安和证件防伪等。[1]

虹膜识别

虹膜识别技术是基于眼睛中的虹膜进行身份识别。人的眼睛结构由巩膜、虹膜、瞳孔、晶状体、视网膜等部分组成。虹膜是位于黑色瞳孔和白色巩膜之间的圆环状部分,其包含有很多相互交错的斑点、细丝、冠状、条纹、隐窝等细节特征。而且虹膜在胎儿发育阶段形成后,在整个生命历程中将是保持不变的。这些特征决定了虹膜特征的唯一性,同时也决定了身份识别的唯一性。因此,可以将眼睛的虹膜特征作为每个人的身份识别对象。[2]

目前虹膜识别主要应用于安防设备(如门禁等),以及有高度保密需求的场所。

---

[1] 本小节参考百度百科、维基百科"声纹""声纹识别"等词条。
[2] 本小节参考百度百科"虹膜识别技术"词条。

三、加密技术类

电子签名

签名，是指自己亲自书写自己的名字，以表示首肯、允诺、同意、认可、承担责任或义务。当代对签名还有更多的解释，除一般的手书签名外，还特指数字签名、艺术签名等。

签名本来是落款的一种，因为签名用得多，所以落款经常被讹误成签名，几乎成了落款的同义语。但从严格意义上说，署名并不与签名同义。署名更多的指作者题在自己著作（文章、著译、书画作品、音像作品）上的名字；就出版物而言，一般指印在书籍封面、书名页、版权页上，以及文章、图片等题目下出现的作者姓名。从法律的角度看，签名与古代的画押类似，代表着同意，具有法律效力，需要承担法律责任。因为签名在法律上赋予了文件的真实性。

在实际生活中，签名者书写的字迹、指纹等也被用作签名者身份的证明。这是因为从法律上看，签名具有可信、不可伪造、不可重复用、不可抵赖的特征，签名的文件是不可改变的。

电子签名又称"数字签名"。在无纸化办公和数字化时代，电子文件将逐步取代纸质文件成为信息存储和交流的主要形式。

证明一个电子文件是某位作者所做的办法是通过复制普通的手写签名在电子文档上进行电子签名或数字签名（Digital Signature），作者通过电子签名或数字签名表明自己的身份，读者可以通过数字签名验证作者的身份。由于信息的存储、传输和处理等过程往往是在开放的通信网络上进行的，所以信息更容易受到来自外界或内部的窃听、截取、修改、拼接、伪造和重放等多种手段的攻击，所以数字签名还要具有一些特殊的技术来防御这些攻击。

目前数字签名主要使用公钥加密领域的技术，所以又称公钥数字签名。一套数字签名通常定义两种互补的运算，一个用于签名，另一个用于验证。主要有三种方法，即 RSA 签名、DSS 签名和 Hash 签名。这三种方法可单独使用，也可综合在一起使用。

2000 年，中华人民共和国新《合同法》首次确认了电子合同、电子签名的法律效力。从 2005 年 4 月 1 日起，《中华人民共和国电子签名法》正式实施。所以数字签名是具法律效力的，逐渐被普遍使用。①

四、姓名大数据

人口统计与姓名数据

人口统计是一种从数量的方面记录并研究人口现象的方法或学问。通过人口统计，可以揭示人口发展过程的规律和人口现象的本质。

有学者认为，中国在夏禹时代就有了人口数和土地数的统计。周朝以后，历代都有人口调查制度，还有正式的全国和分地

---

① 本小节参考百度百科"签名"、维基百科"数字签名"等词条。

区的人口记载。古代社会进行人口调查和登记是为了适应统治阶级赋税、徭役、征兵的需要，统计的技术、方法和内容都比较简单。且由于年代久远，统计的口径不一，历史文献资料保存不全，所以统计还很不完善。1949年以来，全国一共进行过七次人口普查。最早的一次在1953年，2020年进行了第七次人口普查。

以下简单介绍2010年11月1日0时中国第六次人口普查中有关姓氏排名情况的资料。

排列前十的姓氏分别是：李、王、张、刘、陈、杨、赵、黄、周、吴。

中国内地人口最多的前一百名姓氏分别是：

01 李　02 王　03 张　04 刘　05 陈　06 杨　07 赵　08 黄
09 周　10 吴　11 徐　12 孙　13 胡　14 朱　15 高　16 林
17 何　18 郭　19 马　20 罗　21 梁　22 宋　23 郑　24 谢
25 韩　26 唐　27 冯　28 于　29 董　30 萧　31 程　32 曹
33 袁　34 邓　35 许　36 傅　37 沈　38 曾　39 彭　40 吕
41 苏　42 卢　43 蒋　44 蔡　45 贾　46 丁　47 魏　48 薛
49 叶　50 阎　51 余　52 潘　53 杜　54 戴　55 夏　56 钟
57 汪　58 田　59 任　60 姜　61 范　62 方　63 石　64 姚
65 谭　66 廖　67 邹　68 熊　69 金　70 陆　71 郝　72 孔
73 白　74 崔　75 康　76 毛　77 邱　78 秦　79 江　80 史
81 顾　82 侯　83 邵　84 孟　85 龙　86 万　87 段　88 漕
89 钱　90 汤　91 尹　92 黎　93 易　94 常　95 武　96 乔
97 贺　98 赖　99 龚　100 文

台湾地区排名前十位的姓氏依次是：陈、林、黄、张、李、王、吴、刘、蔡、杨。

人口普查统计出全国姓氏地理分布前二十名的分布如下：

①李姓：约占全国汉族人口的7.94%。就地区而言，李姓在北方诸省中所占比例较高，一般在8%以上。而在南方诸省中所占比例一般不足8%；尤其在东南沿海诸省中，比例仅在4%左右。

②王姓：约占全国汉族人口的7.41%。人口众多，尤以山西、河北、河南最多。

③张姓：约占全国汉族人口的7.07%。尤以山东、河南、河北、四川四省为最多。

④刘姓：约占全国汉族人口的5.38%。北方地区的河北、内蒙古、辽宁、京津地区中刘姓比率较高，约占该地区汉族人口的8%以上。

⑤陈姓：约占全国汉族人口的4.53%。南方地区多陈姓。在台湾、广东两省，陈姓约占本省人口的10%以上，为省内第一大姓。

⑥杨姓：约占全国汉族人口的3.08%。在全国分布极广，尤以长江流域的省份为多。

⑦赵姓：约占全国汉族人口的2.29%。

⑧黄姓：约占全国汉族人口的2.23%。黄姓主要集中于江南地区，广东省的黄姓人口最多，约占全国汉族黄姓人口的19%。四川、湖南、广西、江西等省黄姓人口也比较多，以上五省的黄

姓人口约占全国汉族黄姓人口的56%。

⑨周姓：约占全国汉族人口的2.12%。在长江流域的省、市中，周姓所占比例相对其他地区要高。

⑩吴姓：约占全国汉族人口的2.05%。江南各省吴姓均占全省人口的2%以上，尤以福建为高，约占该省人口的5%，是一个比较典型的江南大姓。

⑪徐姓：约占全国汉族人口的1.73%。尤以河南、山东、浙江最多。

⑫孙姓：约占全国汉族人口的1.52%。尤以福建、广东、湖南最多。

⑬胡姓：约占全国汉族人口的1.31%。四川、湖北、江西、安徽、浙江、山东、湖南多此姓，上述七省胡姓约占全国汉族胡姓人口的65%，其中四川省约占全国汉族胡姓的13%。

⑭朱姓：约占全国汉族人口的1.26%。尤以安徽、江苏、山东最多。

⑮高姓：约占全国汉族人口的1.21%。尤以江苏、福建、广东、江西、云南等地为多。

⑯林姓：约占全国汉族人口的1.18%。尤以福建、广东、台湾三省多此姓，三省林姓约占全国汉族林姓人口的60%。

⑰何姓：约占全国汉族人口的1.17%。以四川、广东、湖南三省多此姓。

⑱郭姓：约占全国汉族人口的1.15%。河南、河北、山东、湖北、四川等省多此姓。

⑲马姓：约占全国汉族人口的1.05%。乃我国回族大姓。

⑳罗姓：约占全国汉族人口的 0.86%。其主要分布在四川、广东、湖南、江西、贵州、湖北等省，六省罗姓约占全国汉族罗姓的 70%。

如果将这一统计数字与前述袁义达从群体遗传学角度所做研究①进行比较的话，会得出更多有意义的结论。

另外，借助公安部"全国公民身份信息系统"，对中国公民的名字进行统计，显示中国人名呈现明显的北"硬"南"软"的地域特点。根据统计结果，中国人的姓名均有所在地区的特点，而这些姓名的常用字，也会因地区的不同而有差别。

比如，上海市户籍人口中叫"陈洁"的最多，共 3937 人；排在前十位的姓名依次是：陈洁、张敏、张伟、张燕、王秀英、张秀英、张磊、王伟、陈燕、王芳。上海市户籍人口中最大的姓氏为张姓，共有 896758 人，排名前十位的姓氏依次为：张、王、陈、李、朱、徐、周、沈、吴、陆。上海的常用姓名和杭州、南京十分接近，洁、敏、燕、芳、萍等字在这三个城市的使用都很频繁。

从全国 31 个省会城市、直辖市的姓名统计情况来看，前十名中两字名居多，主要也集中在姓氏统计中王、张、李、赵、刘等"大姓"之中。在 31 个城市中"张伟"位居榜首，两亿人中共有 59275 个张伟，"王伟""李伟"与"刘伟"分别为第二、三、四名。前四名的姓名中名全是"伟"字，可见中国百姓在取名时对"伟"字

---

① 袁义达、张诚《中国姓氏：群体遗传和人口分布》，上海：华东师范大学出版社，2002 年。

情有独钟。也可以看出同名、重名现象的严重性。笔者通过人人网查询"李浩"这个单字名，结果如下：人人网用户中叫"李浩"的有66749人，其中女性5.45%，男性94.55%。可见也是重复率极高的名字，台湾地区将此类名字叫"菜市场名"。

在成都，人们起名字好像更加偏爱"勇"字，排在前十名的姓名中有五个名字都是以"勇"作为名，成都人在起名字时把一个"勇"字用到了极致。排在前十位的其他姓名，也是以强、敏、伟、静等反映品质的字作为名。与成都相邻的贵州也有这样的特点，前十位的姓名都是两个字的，且有五个都是以"勇"作为名。

综合来看，西南地区城市同南方的广州、南宁、海口的同名同姓现象差别较大，反映出较为明显的地区差异。[1]

隐私保护与权利让渡

无论是古代还是现代，姓名信息的存储、统计与研究，在政府决策、社会管理中作用都很大。

民政部门通过户籍管理获得某区域固定与常住人口的信息，以实现社会管理；公安警务部门则通过固定、常住与流动人口的变迁，包括数量的变化、婚姻的变化、性别的变化、年龄组的变化、职业的变化、学历的变化、宗教信仰的变化，实现社会管理的科学化和常规化。

教育行政部门也可以通过某区域内人口的数量及年龄组的情况，确定幼儿园、小学、中学的布点。同理，医疗管理部门及商

---

[1] 本小节参考百度百科"人口统计""全国人口普查""中国姓氏人口排序"等词条。

务管理部门要依据这些数据进行医院、诊所及商业网点的布局。

长期以来，由于户籍管理中固化的城乡二元模式，各种政策、资源及条件的提供也因城乡差别而有很大不同，强化了社会的不公，也制约了社会发展的流动与开放。近年来城市(镇)化的推进，就是想打破过于僵化的二元化壁垒，使社会持续释放活力，为市场带来更多的红利，为惠及民生做更多的好事实事。表面上是户籍改革，实质上还是顺应社会管理现代化的要求，对人口管理及姓名资源管理的权利做出更多的让渡。

但是个人及家庭的许多隐私信息，在商业化时代，很容易被商家过度地利用；互联网时代的个人信息，极易被机器引擎人肉搜索，造成网络围殴和网络暴力，也很容易被黑客入侵和盗取。这方面的案例已经很多，给个人及家庭带来许多新的烦恼，也增加了更多的安全隐患。

由历次人口统计所累积起来的资料，数量极大，作用也很大。其他有关就业、就学、就医、办理电信、住房、俱乐部等留存的实名资料，也都非常重要，但也隐含着流失和被盗用的可能性。斯诺登所披露的信息及美国政府雇员信息的被盗，说明云端时代的大数据安全，包括姓名数据的安全处于一个高危机和高风险时期。

有了数据库和网络平台，获取姓名信息变得越来越容易，在给个体和社会管理带来便捷和高效的同时，也给信息的泄露留下了后门，暗藏着很多隐患，保护个人隐私和姓名信息安全也变得越来越迫切了。

第六章　姓名文化的价值

问：《维摩经·不可思议品》云芥子纳须弥，须弥至大至高，芥子至微至小，岂可芥子之内入得须弥山乎？

《白氏长庆集·三教论衡·问僧》

姓名虽是一个小小的给定符号，但同时也是个体生命的一种表征方式，它与中国古代的社会、历史、风俗、宗教、哲学等文化存在着非常复杂的关系。文化既是汉语姓名产生和衍变的大背景，又是构成姓名特征的主要内容，这种因果互渗的现象，正说明两者关系之密切。

对事物和研究对象的感知，可因视角和方法的不同，获得的结论也相差甚远。对姓名的认知亦复如此。在普通人看来，这不过是一个识别性的符号；在谱牒学家看来，它则是验明贵族血统的遗传标本；在精通八字的命理学家看来，它是吉凶祸福、贤与不肖的灵动；在符号学家看来，它则是能指与所指的统一体。因参照系的不同，我们可能会在研究对象之中发现全然不同的意蕴。"不识庐山真面目，只缘身在此山中"，要深入了解姓名，亦不能只局限于姓名制度本身，而应从多角度多环节来考察，在变化与联系的过程中，把握它丰富的本质。

对姓名的各种具体的解说和定义，又都可以包蕴和统摄在文化这个大的范畴之中。在文化学家看来，姓名是一个意蕴丰富的人类意识载体，它的表层是语言符码，它的深层则是人类文明所积淀成的冰山。只不过这座冰山隐伏在习惯的海平面之下，不为人们所注意罢了。我们的学术研究就是潜入习惯的海平面之下，去观赏和考察这座巨大的人文景观，将采集到的各类标本分门别类，归纳概括，并将考察结果公之于众。

本书前三章之中，笔者侧重从姓名的角度看文化；从第四章开始，转由文化的角度来聚焦姓名现象；本章进一步探讨姓名文化的价值，从符号学、历史学、文化心理学、语义哲学、信息学等几个方面阐发姓名的文化学地位和当代意义。

笔者认为，姓名不仅是个体生命有意味的表征，而且是历史长河中的全息缩微，同时也是民族文化心理的深层透视，与大数据统计、公共管理、危机预警、科学决策均有密切关系。用汉字书写的姓名符号与其他表征个人的生物识别与数字识别技术，既有明显的区别，又有某种学理与哲理上的联系。人工智能时代，多种生物识别和数字识别技术的广泛使用，凸显出了古老的姓名符号的某种尴尬。

当下的汉语姓名学的研究，除了继续在传统姓名学领域做高尖精深的研究外，也要"预流"时代大潮，迎应技术革命，回答现实难题，通过学理性阐释启发我们对民族文化进行重新审视，对传统的整合与转型提出更圆融、更富有东方智慧的见解。

一、肉身生命的人文徽号

广义地讲，符号是一切人类行为和人类文明的基本单元，是人与动物的根本区别，是人类开启文明大门的钥匙，同时也是通往文明腹地的桥梁和津渡。但严格说来，符号是指形式和意味的耦合，是表示成分（能指）与被表示成分（所指）相匹配的结果。

语言是人类各种符号能力中最基本，同时也是最重要的一种。走出非洲大裂谷的黑猩猩的支系，在直立行走中频繁使用语言，交流复杂的信息，最终告别动物界，成为独立的族类；20世纪初，又由于对语言符号和信息理论的深入研究，使得整个哲学、社会科学、技术科学大为改观。

姓名是用语言和文字表征的一种识别性符号，因此，它具备语言文字符号的一般特征。关于语言文字的符号性问题，早在19世纪初，语言学家就注意到了。洪堡尔特在阐明词是事物的符号时曾指出："人们能够互相了解，不是因为他们掌握了事物的符号，也不是因为他们能够按照规定的符号正确地理解同一概念，而是因为它们（符号）在人们的感性知觉的链条和形成概念的内部机体中是同样的一些环节。因此，在称呼它们的时候就触动了精神乐器的同一弦索，结果每个人都产生了相应的，但不是同一的概念。"[1]瑞士语言学家索绪尔则进一步提出语言是符号系统，它

---

[1] 转引自高名凯《语言论》，北京：商务印书馆，2011年，第20页。

和社会生活中其他的符号，例如文字、象征性的礼仪、表示敬意的姿态以及军事信号等同属于符号学的范围，只不过语言是一种更为复杂的符号系统。

一般来说，符号可以分为两大类。一类是信号性的符号，也叫任意性的符号，能指和所指之间没有固定不变的匹配关系，例如古代的烽火、狼烟，现代的旗语、交通信号等。另一类则是象征性的符号，也就是非任意性的符号，能指和所指之间的关系是有理由可说的，起着有所象、有所征的作用。古代皇家成员及各品级的文武官员制服的颜色、质料、图案并非是随意的，而是有所指的，它是享有某种权力和地位的标志，是等级贵贱的外化形式，即象征性符号。姓名作为一种特殊的语言文字表现形式，究竟是属于信号性符号，还是属于象征性符号呢？由于对语言符号的归类问题，即使在学术界迄今也仍是一个众说纷纭、莫衷一是的问题，所以，我们对姓名符号的归类，也同样陷入了一种困境。

笔者认为，姓名符号兼有随意性符号和象征性符号两种特性，所以，必须从两个角度来考察它的特征。

作为一种随意性的符号，姓名主要具有区别性的功能，它是社会成员的文字代码。人们叫什么名字，并非固定不变，可以在交际过程中随需要而改变。例如，古代的名、字、号，其使用的时间和范围就各不相同："幼名，冠字，五十以伯仲"。名字（即符号的能指）与对象（即符号的所指）之间也不存在某种逻辑上的必然联系。乱臣贼子，取名国忠、忠贤；高居庙堂，犹号山人居士；混迹市井，自道林隐真逸；饮酒食肉，也称道人和尚；颐指气使，署款钓徒樵夫。都穆《南濠诗话》中也涉及了这个问题：

> 扬子云曰："言，心声也；字，心画也。"盖谓观言与书，可以知人之邪正也。然世之偏人曲士，其言其字，未必皆偏曲，则言与书又似不足以观人者。元遗山诗云："心画心声总失真，文章宁复见为人。高情千古《闲居赋》，争信安仁拜路尘。"有识者之论固如此。①

虽然是谈诗文创作过程中文不尽如其人的现象，但也表明个人的创作与个人称谓符号同它所指称和表征的意义并不一致，甚至南辕北辙，完全相反。

某一个意义也可以用截然不同的声音和形体符号来表示。例如，用名字表示见贤思齐的心理，可以叫宗尼（孔子字仲尼），也可以叫望愈（韩退之名愈），可以叫景白（李太白名白），也可以叫希颜（孔子弟子有颜回），声音与形体虽各不相同，但却能表达大致相同的追求和心理。

这种随意性还表现在，社会组织之于个人成员的姓名，并不在乎它是否确切地代表某种意义，代表什么样的意义。除了古代社会这一特定的历史阶段之外，一般来说，个体成员选择什么样的字、词来题名，完全是个人的自由，就此来说，每个成员都享有极大的个人权利。社会组织并不关心符号的"所指内容"，只注重它的"能指形式"，即标准的读音和规范的书写形式。意义和内

---

① 丁福保辑《历代诗话续编》，北京：中华书局，1983年，第1356页。

容被淡化甚至完全忽视了,而声音和形体得到了极度的强调。姓名这一有意味的形式,在社会发展过程中,逐渐蜕化为一个空壳,变成了一种纯粹的形式,一个抽象的代码。

但更重要的,姓名还是一种象征性符号。首先,汉语姓名所使用的文字——汉字本身就具有极强的象征意味。古人在传述汉字产生时的情形说:"(仓)颉首四目,通于神明,仰观奎星圆曲之势,俯察龟文鸟迹之象,博采众美,合而为字。"①许慎《说文解字》中所总结的"六书"——象形、指事、会意、形声、转注、假借,除转注与假借外,形体与意义都有某种联系。宗白华曾说:"中国字在起始的时候是象形的,这种形象化的意境在后来'孳乳浸多'的'字体'里仍然潜存着、暗示着。在字的笔画里、结构里、章法里,显示着形象里面的骨、筋、肉、血,以至于动作的关联。后来从象形到谐声,形声相益,更丰富了'字'的形象意境,像江字、河字,令人仿佛目睹水流,耳闻汨汨的水声。""写字在古代正确的称呼是'书'。书者如也,书的任务是如,写出来的字要'如'我们心中对于物象的把握和理解。用抽象的点画表出'物象之',这也就是说物象中的'文',就是交织在一个物象里或物象和物象的相互关系里的条理:长短、大小、疏密、朝揖、应接、向背、穿插等等的规律和结构。而这个被把握到的'文',同时反映着人对它们的情感反应。这种'因情生文,因文见情'的字就升华到艺术境界,具有艺术价值而成为美学的对象了。"②汉字

---

① 张怀瓘《书断》上卷,见张彦远《法书要录》,北京:人民美术出版社,1984年,第225页。
② 宗白华《美学散步》,上海:上海人民出版社,1981年,第137、138页。

既是博采自然界之众美而成形，所以它就有可能通贯着大宇宙，与天地精神相往来。同时，它是人心营构之象，所以能表现出情感世界的起伏变化，启示人类生活的内容和意义。运用汉字书写的汉语姓名，也势必要受到汉字思维的影响和制约，或显或隐地表现出它的象征意味。

这种象征意味着通过字形和字音来诱导人们产生某种复杂的联想，某种心理倾向、情感判断和价值评估。古人所说的"吐情自纪，名以示谦；均体相称，字以为重"，"号，呼也，以其善恶呼名之也"，都是将这一符号作为意义和观念的载体、情感与心灵的映现。普列汉诺夫曾说："使用象征的确在若干意识形态的历史上起着不小的作用。因此，必须部分地在使用象征中去寻找意识形态的解释。"[1]姓名的文化意蕴，也必须从象征符号这个特征中去发掘。

其次，中国古代文化也具有象征性符号的特点。人们的衣食住行等一切物质生产和生活，无不带有种种象征符号所体现出来的"人的意义"。精神产品更是如此。文学中的"文以载道""言志缘情"；音乐中的"治世之音安以乐""乱世之音怨以怒"；饮食中的"调和五味""钟鸣鼎食""献酬交错，礼仪卒度，笑语卒获"；建筑中的"大都不过参国之一；中，五之一；小，九之一"；社交上的"长幼有序，尊卑有别""授受不亲"等，无不体现象征性的意味。

---

[1] [俄]普列汉诺夫《论艺术》，曹葆华译，北京：生活·读书·新知三联书店，1973年，第142页。

姓名作为一种文化现象，作为在历史背景下产生并发展的一种符号系统，它同样也浸染着中国文化所特有的风采和韵致，姓名制度的构成、命名的方式也反映出华夏民族的特色。以仁、义、礼、智、信等伦理学范畴命名，并相沿成习，体现出儒家思想在民族文化中的核心地位。以阴阳八卦作为命名依据，更可以看出先民的宇宙哲学在民族心理结构和思维模式上投下的神秘阴影。黑格尔说："象征的各种形式都起源于全民族的宗教的世界观。"①姓名中的神秘性和迷信现象，都与初民的原始宗教观念有关。因为远古时代的人们把语言与概念、形式与内容、符号的能指与所指看成一回事，认为概念符号与它所指称的对象息息相关，如果对象是一个生命体，那么符号之中也附着了生命力。北美洲的印第安人把自己的名字看作不仅是一种标记，而且是自己的一部分，就如自己的眼睛和牙齿一样，并且相信对自己名字的恶意对待就会像损害自己机体一样造成同样的损害。如果写下一个人的名字，你就可以连同他的灵魂和名字一起带走。这种万物有灵化、符号图腾化、名字法术化是后来各种姓名现象，诸如五姓、讳名、卜名、借名、语谶、巫蛊等的文化学根据。虽然，时代变迁，文明民族已不再对符号存有神秘而稚拙的看法了，但在潜意识之中，人们仍然不自觉地将符号与生命本身联系在一起，符号图腾的情结仍残存在社会成员和整个民族心理结构之中。在西方，晚幼之辈可以直呼尊长者的名字，但在中国，直呼尊长者的名字被看作对尊长者的不敬，甚至污辱。在许多乡村，儿童间

---

① [德]黑格尔《美学》第2卷，朱光潜译，北京：商务印书馆，1979年，第29页。

打架斗殴的初因，就是相互喊叫对方父母或尊长者的名字，被喊叫者感到自己的亲人被猥亵和污蔑，油然而生羞耻心，于是就挥拳相向，来捍卫父母的尊严和声誉。这实际就是符号图腾心理的残存。

就社会成员的个体而言，他们对姓名符号中的集体无意识内容并不了解。他们主要视姓名为"吐情自纪"的方式，借以表现或寄寓个人的兴趣爱好，表现个人对生命力的执着追求、对长寿与永恒的憧憬、对各种物质欲望的希冀，以及对现实世界的超越和升华。一个姓名，有意无意间，总能透露出个人心灵的某些隐秘，至少能说明命名者当初一厢情愿的主观愿望。从符号学的角度来总结，一个姓名可以从如下几个层面来展开分析：

姓名符号 { 表层 { 能指：声音形体 / 所指：语词含义 } 深层 { 显象征：个体寄托与寓意 / 隐象征：集体无意识与民族文化背景 } }

缘此而研究姓名，就可以小中见大，显中抉微，发现姓名不是一般的符号，而是人类这种智能生命所特有的符号，姓名与其他同样具有区别性的数码符号、影像符号、声音符号、生物符号等的最本质的差别在于，姓名还具有象征性和人文性，其中蕴藏着丰富的宇宙精神与人生感受。在实际生活中，姓名符号已被高度形式化，但从学理上说，仍然是一种"有意味的形式"。

二、缩微的博物馆和档案馆

文化既是一个独立的系统，又是社会历史构成的参数，因此，当文化现象与社会历史现象无法严格区分的时候，人们就笼统地称之为社会文化。著名文化史学家怀特曾说："文化是一个连续统一体，是一系列事件的流程，它穿越历史，从一个时代纵向地传递到另一个时代，并且横向地从一个种族或地域播化到另一个种族或地域。最后，人们终于理解到，决定文化的因素就存在于文化流程自身之中；语言、习俗、信仰、工具和礼仪，都是前导或伴生的文化要素和文化过程的产物。"[1]

姓名作为一种文化现象，或者说是文化过程中前导或伴生因素，具有高度符号化的特征。从共时性的角度来看，它寄寓着命名者的生命体验和时代精神；从历时性来看，它又积淀着民族文化心理，投射出历史的滤光。作为区别性的符号，姓名并非从来就有，它是人类文明发展到一定程度的产物，姓氏和命名制度也是具体历史条件下的结果。另一方面，姓名这一泓清水中，又映现着历史的倒影，摄录下历史现场上的各种声响，萧遥天就此曾说：

> 眼前如果有一部完备的中华人名辞典，它反映整个中华

---

[1] ［美］莱斯利·A. 怀特《文化的科学——人类与文明研究》，沈原、黄克克、黄玲伊译，济南：山东人民出版社，1988年，序言第2页。

文化与历史，比什么都更切实具体。偶然捡起一张人名录，肯下功夫深沉玩索，其中告诉你的东西，也许比较一篇历史文物的报告还要丰富。①

姓名是一幅多姿多彩的历史卷轴，它能给我们提供许多弥足珍贵的史料，在前几章中，笔者曾做过详细的引述。另外，姓名还是历史文化的伴生因素，理解姓名，离不开历史的网上纽结；同样，理解历史，也离不开姓名这些时间流程中淘洗出的七彩珠贝。

现以中国古代社会中最为重要的三个制度，即昭穆制、宗法制和分封制为例，来说明姓名在历史文化中的重要地位。

昭穆制是指从周代开始的将同姓族中的男子逐代先后相承地分为"昭""穆"两辈。昭辈的祖先排在中央的太庙的左边（即东边）的昭庙里，而穆辈的祖先则放入右边（即西边）的穆庙里。比如从大王（古公亶父）算起，大王的下一代是大伯、虞仲和王季，均属昭辈；王季的下一代文王、虢仲、虢叔，均属穆辈；文王的下一代是武王，又属昭辈；武王的下一代是成王，则属穆辈。余可类推。可见，昭穆是用于区别父子两代，隔代的字辈相同。这种区别还体现在宗庙、墓冢和祭祀上，始祖庙居中，昭庙居左，穆庙在右。《周礼·春官·小宗伯》云："辨庙祧之昭穆。"孔颖达

---

① ［马来西亚］萧遥天《中国人名的研究》，北京：国际文化出版公司，1987年，第89页。

《正义》:"祧,迁主所藏之庙。自始祖之后,父曰昭,子曰穆。"①《礼记·王制》:"天子七庙,三昭三穆,与大祖之庙而七。诸侯五庙,二昭二穆,与大祖之庙而五。大夫三庙,一昭一穆,与大祖之庙而三。士一庙。庶人祭于寝。"②《礼记·祭统》中还说:"夫祭有昭穆,昭穆者,所以别父子、远近、长幼、亲疏之序而无乱也。是故有事于大庙,则群昭群穆咸在而不失其伦。"③明乎此,就不难理解《左传·僖公五年》所说的"大伯、虞仲,大王之昭也"和"虢仲、虢叔,王季之穆也"④不过是说大伯和虞仲都是大王的下一代,虢仲与虢叔则是王季的下一代。《左传·定公四年》说:"曹,文之昭也;晋,武之穆也。"⑤曹、晋都是姬姓封国,这里是说曹国的祖先是文王的儿子,晋国的祖先是武王的儿子。用人类学的术语来解释,昭穆制是同姓两元性的首领制度,它标志着同一血缘的成员,在礼制上被一分为二,这种分类是基于血缘(姓)和世系(代)两个方面的。

宗法制是指在一个共同祖先下面,氏族又可分为若干个宗族,每个宗族的成员彼此都有从系谱上可以追溯下来的血亲关系。宗法最基本的一点,是大宗、小宗的区别。嫡长子孙这一系

---

① 孙诒让撰,王文锦、陈玉霞点校《周礼正义》,北京:中华书局,1987年,第1435页。
② 孙希旦撰,沈啸寰、王星贤点校《礼记集解·王制第五之二》,北京:中华书局,1989年,第343页。
③ 孙希旦撰,沈啸寰、王星贤点校《礼记集解·祭统第二十五》,北京:中华书局,1989年,第1245页。
④ 杨伯峻《春秋左传注》,北京:中华书局,1990年,第307—308页。
⑤ 杨伯峻《春秋左传注》,北京:中华书局,1990年,第1541页。

是大宗，其余的子孙是小宗。周天子自称是上帝的长子，其王位由嫡长子世袭，这是天下的大宗，是同姓贵族的最高家长，也是政治上的共主，掌握国家的军权和政权。余子分封为诸侯，对天子来说是小宗。诸侯、卿大夫等可以类推。

在宗法上，大宗比小宗为尊，嫡长子比其余诸子为尊。嫡长子被认为是继承始祖的，所以又被称为宗子。嫡长子的弟弟，称为别子。别子不能与长子即继位的哥哥同祖，必须分出去自立一家。这些别子是国君（公）之子，故也被称为公子。别子所封的国名、城邑名和地名，就变成了氏。

宗法制是一种人类学上所说的分支的宗族制度，是血缘关系即同姓关系的进一步体现。它的核心是嫡长子继承制。对于其余诸子来说，在家族中是以兄统弟，在政治上是以君统臣，这就抑止了统治阶级的内讧，巩固了贵族的世袭统治。历代的统治者都竭力维护宗法制度，深刻影响了中国社会历史，形成了传统文化的一大特色。郑樵《通志·氏族略》中说："自隋唐而上，官有簿状，家有谱系。官之选举必由于簿状，家之婚姻必由于谱系。历代并有图谱局，置郎、令史以掌之，仍用博通古今之儒知撰谱事。凡百官族姓之有家状者，则上之，官为考定详实，藏于秘阁，副在左户；若私书有滥，则纠之以官籍，官籍不及，则稽之以私书。此近古之制，以绳天下，使贵有常尊，贱有等威者也。所以人尚谱系之学，家藏谱系之书。"[①]但从中唐以来，"风教又薄，谱录都废，公靡常产之拘，士亡旧德之传，言李悉出陇西，

---

① 郑樵《通志》卷二五《氏族略·氏族序》，北京：中华书局，1987年，第439页。

言刘悉出彭城,悠悠世胙,讫无考案,冠冕皂隶,混为一区"①。"自五季以来,取士不问家世,婚姻不问阀阅,故其书散佚而其学不传"②。宋代理学家张载曾说:

> 管摄天下人心,收宗族,厚风俗,使人不忘本,须是明谱系世族与立宗子法。宗法不立,则人不知统系来处,古人亦鲜有不知来处者。宗子法废,后世尚谱牒,犹有遗风。谱牒又废,人家不知来处,无百年之家,骨肉无统,虽至亲,恩亦薄。③

谭嗣同认为:"谱牒,又宗法所赖以不终坠也。王者封建、井田、学校、财赋、礼乐、政刑,事神理人,萃天下之涣,纲天下之目,一以宗法为率,宗法又一寄于谱牒。""王者封建诸政,必依乎宗法,非宗法依封建。封建可废,宗法不可废。宗法者,王政之精微而博大,又易易者也,非繁重迂缓之类也。""谱学绝,宗法亡,于是有大宗无后,或有后而不详于谱,一族遂莫知所宗。"④宗法与谱牒是维系古代制度的两根精神支柱,但这两根支柱又都是植根于以血缘为基础的姓氏。可见,姓氏的研究,对理解整个古代社会大厦都至为关键。

---

① 欧阳修、宋祁撰《新唐书》,北京:中华书局,1975年,第3843—3844页。
② 郑樵《通志》卷二五《氏族略·氏族序》,北京:中华书局,1987年,第439页。
③ 张载著,章锡琛点校《张载集》,北京:中华书局,1978年,第258—259页。
④ 《谭嗣同全集·〈浏阳谭氏谱〉叙例》,北京:生活·读书·新知三联书店,1954年,第158、159、164页。

分封制则是指嫡长子之外的子孙被封到各地建立国、邑，所以也称封建制。它是分支宗族在新城邑中的建立，换句话说，是同姓氏族势力向各地的辐射。当然，后来的分封也有异姓贵族。《左传·隐公八年》中所说的"天子建德，因生以赐姓，胙之土而命之氏"①，就是指分封。《左传·定公四年》中还叙述了武王克商之后的分封情景：

> 昔武王克商，成王定之，选建明德，以蕃屏周。故周公相王室，以尹天下，于周为睦。分鲁公以大路、大旂，夏后氏之璜，封父之繁弱，殷民六族，条氏、徐氏、萧氏、索氏、长勺氏、尾勺氏，使帅其宗氏，辑其分族，将其类丑，以法则周公，用即命于周。是使之职事于鲁，以昭周公之明德。分之土田陪敦、祝、宗、卜、史，备物、典策，官司、彝器。因商奄之民，命以伯禽而封于少皞之虚。分康叔以大路、少帛、綪茷、旃旌、大吕，殷民七族，陶氏、施氏、繁氏、锜氏、樊氏、饥氏、终葵氏，封畛土略，自武父以南及圃田之北竟，取于有阎之土以共王职，取于相土之东都以会王之东蒐，聃季授土，陶叔授民，命以《康诰》而封于殷虚。皆启以商政，疆以周索。分唐叔以大路、密须之鼓、阙巩、沽洗，怀姓九宗，职官五正。命以《唐诰》而封于夏虚，启以夏政，疆以戎索。②

---

① 杨伯峻《春秋左传注》，北京：中华书局，1990年，第60—61页。
② 杨伯峻《春秋左传注》，北京：中华书局，1990年，第1536—1539页。

从以上这两条材料可以清楚地看出，周天子将他的亲属或大臣封到外地去建立他自己的城邑时，至少要赐予：①他原来氏族的姓；②用以标志新的政治单位的氏名；③土地；④人民；⑤典章制度。

可见姓是分封的依据，而氏是分封后的产物，它们是分封过程中最重要的因素。

姓氏不仅对各国的起源，而且对各种政治军事联盟的地域分布也起着重大的作用。顾祖禹在《读史方舆纪要》卷一中，对春秋时代的列国分布及来源做过如下阐述：

> 《传》称禹会诸侯于涂山，执玉帛者万国。成汤受命，其存者三千余国。武王观兵，有千八百国。东迁之初，尚存千二百国。迄获麟之末，二百四十二年，诸侯更相吞灭，其见于《春秋》经传者，凡百有余国，而会盟征伐，章章可纪者，约十四君：鲁、卫、齐、晋、宋、郑、陈、蔡、曹、许、秦、楚、吴、越。其子男附庸之属，则悉索币赋，以供大国之命者也……又有九州夷裔，则参错于列国间者也……①

这里所述共有十四个大国和一百多个小国，这些国家，都是以姓氏为磁力场，聚族分布。虽然这种分布在后来人口的迁徙流动过程中，已发生了很大的变化，但由于中国自然经济和农业文

---

① 顾祖禹撰，贺次君、施和金点校《读史方舆纪要》卷一，北京：中华书局，2005年，第9—23页。

明始终占主导地位,所以,现代边远地区的一些山乡,仍然遗留着这种痕迹。在许多边远山区,行政区就是以姓氏的不同划分出来的自然村落,人们聚族而居,其中长辈晚辈之分秩序井然,每个成员的来龙去脉,对别人都不是什么秘密。在一些地名上也还残留着这样的痕迹,如祝家庄、姜家寨、苗家湾、贺家堡等等。摩尔根在《古代社会》一书中曾引用他的朋友罗伯特·哈特给他的信说:

> 在中国某些地方可以遇到大村落,其中只有一姓人居住;例如在某一个地方有三个村落,每个村落各包含二千或三千人,其第一个姓马,第二个姓羊,第三个姓牛。①

通过姓氏的磁力场,聚族分布,自成村落,相对封闭独立,并带有极强的抗融性和排他性,即便因战争等原因迁徙流动,也不是以家为单位,而是以族为单位,"永嘉之乱"后出现的"侨"姓就是由中原流徙江南的贵族大姓。这是姓氏地域分布上的一个重要特征,它对造成地域文化的多姿多彩、风情各异起了很大的作用,同时对形成社会组织中的大小网络形态也起到了强化作用。

氏族门第与政治权力及文化资本的关系亦极为密切。《新唐书》中说:"唐为国久,传世多,而诸臣亦各修其家法,务以门族相高。其材子贤孙不殒其世德,或父子相继居相位,或累数世而

---

① [美]路易斯·亨利·摩尔根《古代社会》,杨东莼、张栗原、冯汉骥译,北京:商务印书馆,1971年,第627—628页。

屡显，或终唐之世不绝。"①朱国桢《涌幢小品》卷九曾统计说："唐之宰相，最重世族，裴氏、崔氏、张氏最著。裴氏五房，宰相十七人；崔氏十房十七人，张氏十七人，韦氏九房十四人，刘氏七房十二人，萧氏二房十人，窦氏二房六人，杨氏、杜氏皆十一人，王氏三房十三人，郑氏二房九人，魏氏六人，卢氏八人，高氏、韩氏、赵氏、郭氏各四人，陆氏六人，武氏、苏氏五人。其三人而下者不与焉。李氏最繁，陇西四房，宰相十一人，赵郡六房十七人。唐高祖系出兴圣皇帝暠，暠子歆，歆子重耳，凡四传，为高祖昞，世祖虎，以至高祖。三十七房，宰相十一人。此外有柳城二李氏，一契丹酋长，徙京兆万年，一本奚族。高丽李氏、鸡田李氏，河曲部落稽阿跌之族。代北李氏、沙陀部落，皆赐姓。范阳李氏，自云常山愍王之后，三公七人，三师二人。"②唐朝宰相共三百六十九人，分属九十八族，其中士族出身的有一百二十五人。朝廷对氏族谱系很重视，有唐一代官修谱牒不断出现，"参考史传，检正真伪，进忠贤，退悖恶，先宗室，后外戚，退新门，进旧望，右膏粱，左寒畯"③。因此，即使"荜门寒族，百代无闻，而驵角挺生，一朝暴贵，无不追述本系，妄承先哲"④。唐代已经是门第社会的晚期，典型的士族门第指的是东晋

---

① 欧阳修、宋祁撰《新唐书》，北京：中华书局，1975年，第2179页。
② 朱国桢《涌幢小品》卷九"唐宰相"，上海：中华书局，1959年，第183—184页。
③ 欧阳修、宋祁撰《新唐书·高俭传》，北京：中华书局，1975年，第3841页。
④ 刘知幾撰，浦起龙通释，吕思勉译《史通·序传第三十二》，上海：上海古籍出版社，2008年，第184页。

时期①，变质与变化的门第与门阀社会是南北朝时期②，因为都有较充分的研究成果，此不赘述。

此外，先秦时期的"同姓不婚""异氏不婚"；汉代王莽的禁二名、推行单名；六朝贵族命名多用"之""道"等字，虽父子不避家讳，不嫌同名，甚至有祖孙三代共用"之"字者；魏晋以来少数民族改汉姓汉名与汉人改少数民族姓名；唐人喜以行第相呼；宋代名字多呈老态；元明以来下层社会多用数字名……凡此种种，都是姓名发展过程中很独特的现象，前几章曾做过许多引述。但这些姓名现象的产生并非偶然，它们是历史的折光，是特定的时代精神与社会意识在姓名符号的深层结构中的积淀。

"文化大革命"时期曾掀起过一个改名的热潮。1966年8月18日毛泽东在天安门城楼上为女红卫兵宋彬彬改名"宋要武"后，改名风潮霎时涌起，一时间原来名字中有富贵、进财、光宗、耀祖、仁智、孝悌、淑芳之类的纷纷改名。"文革"后期，江青还经常亲自为别人改名。据胡学常《江青与小靳庄》一文记载，1974年6月，"批林批孔批周公"运动正在高潮，江青来到小靳庄。这时"孔""周"等也成忌讳。"面对每一个人，江青几乎都有'正名'的冲动"，女社员王淑贤刚自报家门，江青就说又有淑又有贤，《三字经》里全有，要改成"王树先"或"王先"，由其任选一个。有叫于瑞芳者，江青认为"瑞"字特别要不得，同样透着《三字经》气味，于是为她改名"于芳"。老贫农魏文忠刚报告"我叫魏文忠"，

---

① 田余庆《东晋门阀政治》，北京：北京大学出版社，1989年。
② 王伊同《五朝门第》，北京：中华书局，2006年。毛汉光《中国中古社会史论》，上海：上海书店出版社，2000年。

江青就批评他的名字太封建，后来这个老农自己给自己改名为"魏文中"。王孝岐这个名字更把江青吓了一跳："啊呀！你这个'岐'字改了吧，周文王啊！"最终，王孝岐改名"王灭孔"。妇代会主任周福兰是负责接待江青的人员之一，江青见面就问她的姓名，然后说："你这个名字太封建了，我可要造反了。"遂为其改名"周抵周"或"周克周"，要"抵抗奴隶主头子周公"，或者"克制周公"，"用咱们这个周，克制他那个周"。① 通过改名这个历史细节，可以帮助我们理解那个大时代的大脉络。

饶宗颐曾说："人是历史舞台上的角色，人名是他们的标志，离开了人名，一部二十四史，真是无从说起！因此，人名的研究亦是治史的一把钥匙……"②通过拼接支离破碎的姓名史料，把玩经时间的长河淘洗打磨过的珠贝，我们就能穿越时间的隧道，步入历史的腹地，观赏往昔那些色彩绚丽的画面，倾听那些曾经嘈杂而喧嚣的声响。

三、文化心理的折光镜

文化心理主要是指对各种文化现象的体验和认知，它涉及感知、想象、情感和理解等因素。姓名作为一种社会现象，其表层不过是用语言文字所表征的区别性符号，可以视听阅读，人们叫什么名字，往往带有很大的偶然性和特殊性；其深层则隐含着民

---

① 胡学常《江青与小靳庄》，载《百年潮》2005年第4期。
② ［马来西亚］萧遥天《中国人名的研究》，北京：国际文化出版公司，1987年，《序言》第2页。

族文化心理，是古老的民族心灵的对应物，是悠久中华文明物态化的结晶体，在命名方式上也反映出我们民族在心理结构、性格特征、思维模式和审美情趣等方面的特点。

通过对一个个姓名的研究，我们可以看出中国人对宇宙人生的体会、对生命力的追求、对理想人格的企慕是如何被缩微在这样一个精巧玲珑的符号中。英国诗人勃莱克有诗云："一沙一世界，一花一天国。"华兹华斯在《不朽的形象》中亦说："我看最低微的鲜花都有思想，但深藏在眼泪达不到的地方。"这虽是西方人的诗句，但却表现的是纯粹地道的中国文化精神：瞬刻中看到永恒，刹那间即成终古，在一花一鸟、一丘一壑中发现了无限，于观赏自然中获得一种审美解悟。我们对古代姓名的把玩观赏，也是试图以小见大，见微知著，透过偶然发现必然，根据特殊寻找普遍，从汗牛充栋且零散破碎的姓名史料中，还原出中国文化勃发的生命力和怡然自足的世界。

实际上，姓名中所体现的原始意识、伦理精神、世俗情感和物质欲望，在前几章中，笔者已提到不少，只不过限于体例，有些零星破碎。比如避讳小名、生男诡称生女、以不洁污秽之物给小孩取恶名和贱名等，就体现出古代社会的人们对概念和所指事物的幼稚而混乱的认识，对超自然力量的恐惧和敬畏。如果说，这还不过是一种权宜的消极预防的话，那么，卜名、借名、寄名、偷名、撞名等习俗心理的形成和历久不衰，则反映出人们试图用法术的神奇力量来战胜邪恶的愿望，是一种积极的防范和抵御。

前现代社会，帝王因厌恶憎恨经常给那些乱臣贼子们改姓更名。如武则天曾令与她争宠夺权的王皇后改姓蟒，萧淑妃改姓枭，又杀自己的侄儿武惟良、武怀运，并改姓蝮氏。因"安史之乱"导致唐王朝由盛转衰，所以唐肃宗李亨由对安禄山憎恨转而扩展到对"安"字也厌恶，认为有害天下，故将许多带"安"字的地名改为他名。据史学家陈垣《史讳举例》的不完全统计，有三十多处地名中的"安"字被改，如将安定改保定、安化改顺化、安康改汉阴、保安改保宁、遂安改晋康……①

行刑时将被处决的囚犯的名字颠倒写，并用朱笔打上大大的叉号，实际上也是基于对姓名法术崇拜的心理。至于龙颜大悦，给宠臣们赐姓和赐名，则是这种心理的逆向引申。既然仇恨和憎恶的意念能通过对名字的作用传导出来，那么，喜悦和嘉奖也能通过名字将浩荡的皇恩像兴奋剂一样注射给受施者，使他们永远感激涕零，每饭不忘君国。

这种在现代人看来近乎可笑滑稽的行动背后，却反映出古人严肃而冷峻的态度，他们不是把名字看成一个随意性符号，而是视为生命的一种表现形式。犹如身体发肤是受之父母一样，姓名也是祖先和父母赐给的，是一个人肌体和官能的一部分，任何对姓名的态度（比如祝祷和施术），都能对该人的肉体和精神发生效应。从这个意义上说，古人是将姓名当作人的生命的表象、灵魂的显影。有关姓名巫蛊、姓名释读、姓名语谶、姓名算命等许多迷信，也可以缘此而得到一个理性的解释。

通过对姓名的研究，还可以反观我们民族的心理结构。所谓

---

① 陈垣《史讳举例》，北京：中华书局，2004年。

民族心理结构，实际上是指该民族在主体方面的内在规定性，指虽然经历阶级、社会、时代的种种变迁，民族文化心理上所保有的某种形式结构的稳定性。中国人的心理具有封闭内向的结构特征，"守其所已知，拒其所未闻"，中正不偏，"执其两端，用其中于民"，注重内省思过、节制持中的特点，所谓的安贫乐道，取义成仁、以理节情、怨而不怒、哀而不伤、乐而不淫等都是这种结构的产物。我们如果随便拿起一本人名辞典，就可以看到一长串带有这类色彩的名字，诸如守仁、静仁、广仁、仁贵、和贵、中和、乃和、聚和、中正、中平、执中等，比比皆是。这些词本是表征儒家思想的哲学概念和范畴的，其中充满伦理精神，是对世界差等秩序的富有实践理性色彩的概括，它本身就充分体现了中国人的心理。有意味的是，这些深奥的抽象概念能在文化极不发达的古代社会广泛流传、深入人心，由社会外在规范化为个体的内在自觉，作为生命表象的徽章和生活理想的标志，这不正说明这种心理结构的超常稳定、坚而不摧吗？

姓名中还可以看出一个民族的性格特征。现代心理学认为，所谓性格是指表现在主体上的态度和行为方面的较稳定的心理特征。一般说来，它包括两个方面的内容：一是人对现实世界的态度体系；二是与这种态度相适应的惯常行为方式。性格特征就是前一种态度体系的"稳定性"与后一种惯常行为方式的"习惯性"的综合。这种心理特征不仅表现在个体身上，而且也表现在某些阶级、阶层和社会集团的群体身上。

中华民族的性格，从总体上讲是内向克制，含蓄缄默，坚韧不拔，自强不息，重人伦，法自然，主中庸，尚情谊，崇德化。

孔子赞扬特立独行的狂狷之士，厌恶没有是非观念的乡愿之徒。孟子讲"富贵不能淫，贫贱不能移，威武不能屈"①，给中国人树立起大丈夫的理想人格，为后世所乐道和景仰。陶渊明曾表示："我岂能为五斗米折腰向乡里小儿！"李白也说："安能摧眉折腰事权贵，使我不得开心颜！"②高扬了人的主体精神。屈原、文天祥、史可法等人临危不惧，取义成仁，从另一方面表现出我们民族的脊梁。这些心理特征从命名和姓名史料中也能反映出来，如陶渊明在挂冠归田、躬耕自资之后，就自号"五柳先生"，并作传自况，将自己"不戚戚于贫贱，不汲汲于富贵"的高风亮节和傲骨衷肠表现得生动真切。顾炎武、八大山人、牛石慧等人的改名更号，也体现出明末遗民对故国江山的深挚眷恋，对异族入侵的切齿痛恨，一股浩然正气仅从名号上亦可见出。

中国人的性格还有另一面，这就是依附顺从、忍让为先。所谓"人大言我小语，人多烦我少记，人悖怖我不怒，淡然无为，神气自满，此长生之药"③。"百战百胜不如一忍，万言万当不如一默。无可简择眼界平，不藏秋毫心地直。"④明代的杨洪道更具体地告诫人们要忍触、忍辱、忍恶、忍怒、忍忽、忍欲⑤。在命名中，忍、顺、让、克等字出现的频率特别高。如佛教禅宗五祖

---

① 赵岐注，孙奭疏《孟子注疏》，上海：上海古籍出版社，1990年，第117页。
② 王琦注《李太白全集》，北京：中华书局，1977年，第705页。
③ 郑瑄《昨非庵日纂》卷七，扬州：广陵古籍刻印社，1984年，第50页。
④ 黄庭坚著，刘琳、李勇先、王蓉贵校点《黄庭坚全集》，成都：四川大学出版社，2001年，第95页。
⑤ 褚人获辑撰，李梦生校点《坚瓠集·坚瓠三集》卷二第一篇《忍字笺》，上海：上海古籍出版社，2012年，第187页。

名弘忍，南宋末抗元将领有张顺、范天顺，明代有文学家唐顺之，清朝有将领特依顺，唐末黄巢军将领有尚让，唐末沙陀部落首领有李克用，另外如克忍、克恕、忍之、来顺、百顺等名字，在现实生活中亦屡见不鲜。

这种强调对现实世界的退隐谦让，苟且偷安，给民族性格带来不少消极的东西。陈独秀当年曾感慨地说："老尚雌退，儒崇礼让，佛论空无……充塞吾民精神界者，无一强梁敢进之思。惟抵抗之力，从根断矣。"[1]著名人类学家许烺光在分析中国人的性格时也曾说："一个强调相互依赖的文化培养出来的人，在情感上必定趋向于较不形于外的，由于他的成果必须为他的整个家庭、宗教甚至社区所分享，他的成功并不只带给他一个人的快乐，一如他的失败，并非全是他一个人的忧愁……当人通常是独来独往时，胜则乐极，败则悲极，而经常与他人分享情感者，则不易有强烈的爱和恨。"[2]只要分析一下命名排行的方式，就可以看出，在中国文化背景中，关注的并非你是谁，而是你是谁的子孙、谁的兄弟姊妹。如常见的继祖、绍嗣、续宗等名字，就给我们从纵向暗示出某人是某家的传人；而双字名中的以一字表排行和单字名中的以偏旁部首表排行，及宜妹、招弟等名字，则从横向告诉我们谁与谁是一个家族的成员，他们之间利害攸关，"一损俱损，一荣俱荣"，打断骨头连着筋。这样纵横交错，从命名上就把每个人编织在血统和情谊的网状组织中，在这个网中，大

---

[1]《陈独秀文集》第1卷《抵抗力》，北京：人民出版社，2013年，第116页。
[2] 许烺光《文化人类学新论》，张瑞德译，台北：南天出版社，2000年。

家彼此间就必须互相依从、互相迁就、互相忍让。这倒正好印证了张光直关于中国古代社会的一段论述，他说：

> 中国古代社会是以社会人类学者称为"分枝宗族"（Segmentary lineages）的亲族系统为特征的。中国古代的父系氏族实际上是由许多由系谱上说真正有血缘关系的宗族组成的；这些宗族经过一定的世代后分枝成为大宗与小宗，各据它们距宗族远祖的系谱上的距离而具有大大小小的政治与经济上的权力。①

久而久之，那些举世誉之而不加喜，举世非之而不加忧，"虽千万人，吾往矣"的大智大勇、特立独行之士，也就被扼杀掉了。这对一个民族的发展，无疑是有害的。

在思维模式上，中国人具有历史思维的特点。列维-斯特劳斯曾说：历史"在透视之下或许有两种模型：追本溯源的，回到遥远的过去以建立起一个传统秩序；或者是展望前景的，将这种过去作为开始塑造未来的起点"②。中国人的思维模式就倾向于追本溯源，慎终追远，以过去为价值取向，将祖先和圣人摆在极其重要的位置上。儒家讲要"复古"，要复"封建"，讲"三代之治"，道家讲要返归到"鸡犬之声相闻，民至老死不相往来"的蒙昧而又素朴的时代。

---

① 张光直《中国青铜时代》，北京：生活·读书·新知三联书店，1983年，第110页。
② 列维-斯特劳斯《结构神话学》第2卷，转引自鲁凡之《文化的人本能动性与结构规律性》，《学术研究》1988年第5期。

表现在命名上，则有许多对历史人物仰慕的名字，有些人完全袭用古人的名字。如汉代文学家司马相如，崇敬战国时蔺相如的为人，就直接用他的名字；还有些人则在名字中道出仰慕师法之意，一般是在他所仰慕的人名或姓的前面，加上仰、慕、祖、宗、敬、景、师、法、步、齐、述、效、希、望、次、如等字，构成自己的名字。如宋代史学家范祖禹（仰慕大禹）、诗人苏舜钦（仰慕帝舜），清代文学家汪师韩（仰慕韩愈）等。姓名中这类对历史人物和高尚人格的仰慕推许，体现出中国文化的独特氛围，即以伦理评价和道德取向作为人们行为的规范，它不是从消极的方面制约和束缚人们，而是从积极的方面期冀和鼓励人们见贤思齐、心仪古人，使人们学有目标，赶有方向，从人格和精神上达到一个与古人"庶几无愧"的纯粹境界。

当然，也有人不以为然，讥讽此类习气，"不以希颜为名，则以望回为名；不以次韩为名，则以齐愈为名，甚可笑也"①。《清稗类钞》上还收录了一则"王广心原名谁"的故事：

> 王广心侍御，原名谁，年十三入泮。宗师怪其名，王应声曰："取萧何之义耳。"宗师大赏之。②

汉代萧何是一代名相，他的名"何"字是一个疑问代词，而王某为了表示自己见贤思齐的诚意，竟然也特意找到一个疑问词"谁"做

---

① 俞成《萤雪丛说》卷一，见《丛书集成初编》，北京：中华书局，1985年，第10页。
② 徐珂编《清稗类钞》第5册，北京：中华书局，1984年，第2153页。

名字，使人觉得这种模仿和仰慕已到了可笑的地步。

命名中的这种因仰慕而发展到模仿的现象，也与中国文化心理有关。"世俗之人，多尊古而贱今，故为道者，必托之于神农、黄帝而后能入说。乱世暗主，高远其所从来，因而贵之；为学者蔽于论而尊其所闻，相与危坐而称之，正领而诵之。"①有人干脆说："《论语》一书，综百王之大法……凡人心所欲言者，莫不于数千百年以前言之。"②似乎有此雄文一卷，就能包罗万象，囊括古今，包医各种疑难杂症，后人只要潜研苦读，悉心领会，就能无往而不胜。天下哪有这等好事！对此心理，谭嗣同当年曾痛心疾首地感叹道："欧美二洲，以好新而兴……亚非澳三洲，以好古而亡。中国动辄援古制，死亡之在眉睫，犹栖心于榛狉未化之世，若于今熟视无睹也者……可不谓之大哀！"③所以对命名中的援古慕圣也应辩证地分析，不能只看到其中对伦理精神的高扬，也应看到其中蕴藏着以过去为价值标准的历史性思维模式。

中国人的姓名顺序是姓在前，名在后，这种顺序也反映了民族心理的一些特质。因为姓代表着宗法、血统，故宜特别强调，置于最突出的位置。西方许多国家则是姓在后，名在前，与他们重个体、重个性的文化传统有关。西方人把姓看得很淡，surname 一词就是将姓视为名字的一部分。西方人甚至可以用贬义词为姓，如 Bastard（私生子）、Butcher（屠夫）、Coffin（棺材）等，这在

---

① 何宁《淮南子集释·修务训》，北京：中华书局，1998年，第1355页。
② 叶德辉《明教》，见苏舆《翼教丛编》卷三，上海：上海书店出版社，2002年，第66页。
③ 《谭嗣同全集·仁学》，北京：生活·读书·新知三联书店，1954年，第36页。

中国文化中是不可思议的。西方人也可以改姓。如1962年瑞典政府曾号召全国公众进行一次大规模改姓，原因是同姓人太多（据统计有三分之一的人姓安德生），这给邮政、警务等部门的工作带来很多困难。所以政府提出十万个姓让民众选择。这种改姓运动也是中国人难以想象的。①

在命名方式和名、字、号中，也能体现出我们民族的审美情趣。在中国美学史上，占统治地位的美学思想是法天贵真、崇尚自然、静穆散淡、优雅闲适，这些观念尤为士大夫文人所注重。陶渊明所欣赏的"采菊东篱下，悠然见南山。山气日夕佳，飞鸟相与还。此中有真意，欲辨已忘言"，王维所领悟的"行到水穷处，坐看云起时"，无不渗透这样一种情趣。欧阳修曾说："萧条淡泊，此难画之意，画家得之，览者未必识也。故飞动迟速，意浅之物易见，而闲和严静，趣远之心难形。""扬州八怪"之一的郑板桥，描写自己的一个院落说：

十笏茅斋，一方天井，修竹数竿，石笋数尺，其地无多，其费亦无多也。而风中雨中有声，日中月中有影，诗中酒中有情，闲中闷中有伴，非唯我爱竹石，即竹石亦爱我也。彼千金万金造园亭，或游宦四方，终其身不能归享。而吾辈欲游名山大川，又一时不得即往。何如一室小景，有情有味，历久弥新乎！对此画，构此境，何难！敛之则退藏于

---

① 戴庆厦《社会语言学教程》，北京：中央民族大学出版社，1993年，第62页。

密，亦复放之可弥六合也。①

中国人善于将自然和人生艺术化、趣味化，所以小小一方天井院落，能引起这位画家如此丰富的感受，简陋素朴的山居，被描写得这样空灵疏荡，流动变化，境界毕现。主观与客观、景物与情感由相互外在的感应交会，发展到相互内在的融契渗透，体合妙有。

古代士大夫文人喜尚别号，玩出许多花样，寓有许多寄托，这本身就需要一个散淡优雅的艺术心境，是急功近利、营求琐务者所无暇顾及和无法赏识的。比如宋代的欧阳修别号"醉翁"，就是因他曾任滁州太守，常到琅琊山间饮酒，山僧智仙乃建醉翁亭，欧阳修撰《醉翁亭记》，亭以文名，文以人传，欧阳修的"醉翁"之号，也众人皆知，作者是取"醉翁之意不在酒，在乎山水之间"的寓意。他晚年又号"六一居士"，并著《六一居士传》，他曾说："吾家藏书一万卷，集录三代以来金石遗文一千卷，有琴一张，有棋一局，而常置酒一壶……以吾一翁，老于此五物之间，是岂不为'六一'乎？"②道出作者心中的散淡闲适。北宋时期的另外一位词人张先，词中有"云破月来花弄影"，"娇柔懒起，帘压卷花影"，"柳径无人，堕风絮无影"，均系佳作，为世人传诵，因连用"三影"，故自号"张三影"。又因词中多写"心中事""眼中泪""意中人"，故号"张三中"。在一个小小的别号中也表现出士

---

① 王锡荣注《郑板桥集详注》，长春：吉林文史出版社，1986年，第405—406页。
② 欧阳修撰，李逸安点校《欧阳修全集》卷四四，北京：中华书局，2001年，第634—635页。

大夫文人流连诗酒、寄意佳人、风流自赏的情趣。

命名中多用田、园、湖、海、村、谷、陵、原、山、川等自然景物和表现隐逸恬淡思想的遁叟、志圃、野夫、布衣、山人、野人、渔者、樵夫等词语,也反映出中国人对自然的特殊感情。在中国文化中,人被看作自然的一部分。如果说天人合一、物我无间,人与自然的脐带永远未剪断,给中国的理论科学和实验科学造成了先天不足的话,那么,它给艺术和美学却开辟了无限广阔的境界。儒家的"以物比德"思想,使人们从伦理道德的观点去看自然现象,把山水看作人的某种精神品质的表现和象征,揭示了人与自然在广泛的样态上可以互相感应交流的关系。道家的悦山乐水、"玩物畅神",说明自然对人的感性作用,能引起人的生理快适和心理愉悦,在感性自身中求得永恒,在观赏自然中获得超越,心凝形释,身与物化,既悠然意远又怡然自足。文人士大夫在现实行不通时就滑向对精神的追求,在社会上不能兼济事功时,就扑向大自然的怀抱,把自然山水作为自己的第二情人,向她倾诉和宣泄自己的胸中块垒。这种心理,除了学人们所论,是全身保真思想的流露,同时也包含着对物欲的摆脱,对理想人格的羡慕追求,对自由境界的向往。命名中多用自然景物,实际上就隐含着苦难而懦弱的文人士大夫,在功名仕途无望或者忧患宦海风波反复多变的情况下,将田园丘壑作为返璞归真的乐土,追求人的自然化,希望能自由地表露自己固有的天性,这无疑是一剂舒络散,能抒散命名者内心的瘀痛,使他们进入宠辱皆忘、痛苦俱消的致幻境界,在心理补偿的过程中,获得维持生存的新的精神平衡。

如果说，人类发明了姓名这个区别性符号，将人从自然中分离出来，那么，中国姓名文化中多用自然景物的概念命名题号，就透露出文人士大夫又试图从审美上回归自然生态的无意识心理。从这个意义上说，姓名不仅是个体的区别性符码，而且是刻写了深厚民族历史的文化芯片。

当然，对姓名文化意蕴的把握，也不能代替对姓名进行全方位的认知。《庄子·外物篇》曾说："筌者所以在鱼，得鱼而忘筌；蹄者所以在兔，得兔而忘蹄；言者所以在意，得意而忘言。"[1]认为在获得内涵和本质之后，可以抛弃形式。实际上，离开现象无所谓本质，离开形式无所谓内容。两者密不可分，显微无间。何况现象比本质具有更丰富的广延性和多方面的可能性，对姓名这种生命的表象，与其中所蕴含的文化心理亦应当作如是观。

四、指号功能的转型

从人文到数据

从古典时代走向现代开放社会，在称谓使用上也有一个复杂的演变过程，费孝通在分析传统乡村社会时曾拈出这样一个现象：

你不妨试一试，如果有人在你门上敲着要进来，你问：

---

[1] 陈鼓应注译《庄子今注今译》，北京：商务印书馆，2007年，第832—833页。

"谁呀?"门外的人十之八九回答你一个大声的"我"。这是说,你得用声气辨人。在面对面的社群里一起生活的人是不必通报姓名的。很少太太会在门外用姓名来回答丈夫的发问。①

另外一位社会学家郑也夫进一步剖析,封闭社会中使用代词称谓,如何一步步地变成了使用"贵姓大名",使用自我介绍,使用名片:

> 帕默尔说:"语言现象也反映出人的另一特点……求经济省力。在正常情况下,说话人将满足于使用为传达自己信息所必需的最小力量。"(帕默尔,1936:85)在一个封闭、缺乏流动的社会中,大家都生活在亲属和熟人的小圈子中,其中一人只要拉长了声调"嗯"一声,或喊叫一声,周围人就知道他是谁,于是一个单音字("我")成了省时省力又亲切和蔼的最佳选择。社交圈子一大,即使人数不过二三十,要从音调判定正身就已经太难为人了;而一旦"生人"或不常往来的人频繁登场,"我"就失效了。
> 细心的人们可能会察觉,不同社会中的姓名通报方式与其主导的价值观竟是高度和谐的。封闭社会中的自报方式——"我"是个代词。代词就其形式本身而言是最无个性的,因为它是公用的,人人都可以自称为"我",都可以称他人为"你""他"。姓名则不然,虽然重名重姓并不少见,但一

---

① 费孝通《乡土中国》,北京:生活·读书·新知三联书店,2013年,第12页。

般在一个具体场合中,某一姓名只代表一个人,在称呼中它远比"我"含有更多的个性色彩。

以代词自称帮助人们隐去姓名,无意中也正与传统社会中不鼓励人们"出名"和宣扬"人怕出名猪怕壮"的价值观暗合。传统社会中的人们普遍信奉的美德是谦虚谨慎、戒骄戒躁,他们笃信:出头的橼子先烂,出名的人要倒霉。而"高扬姓名的方式"——自报大名、主动送名片——又正同开放社会中鼓励个性、鼓励自由竞争的价值观相吻合。在美国社会中,"有抱负、有雄心"(ambitious,它同时亦可译为"野心勃勃")是远比谦虚更令人称道的美德。在改革开放后的中国社会中,"知名度"也已成了令人敬佩和追求的东西……在开放的社会中,个性被高扬着,每个人都更属于他自己,他不仅把自己的名字挂在嘴上,印在名片中,还希望留在更多人的心中。[1]

郑也夫的剖析无疑是很细致也很精到的,但是他对开放社会姓名的功能作用的列举仍然很有限。比如在商业广告中,利用社会名人的名字和肖像做商业促销,比如在西方式选举活动中,将候选人的巨幅照片和名字在媒体和海报中频繁闪现,比如在更加开放的网络社会,对姓名的曝光率、出镜率、点击率、刷屏率、人气指数等等的片面追求,则可能就是走向了开放的极端。为了防止重名,也为了便于识别,更多的场合连称姓名也嫌冗繁,干

---

[1] 郑也夫《语镜子》,北京:中信出版社,2014年,第29—31页。

脆称呼数字符码，公共管理中也将人们的名字符码化，无论是身份证、护照签证、社会保险证、私家车驾驶证，唯一性的区别特征是数字符码，加上更复杂的二维码和其他生物识别印迹。

这种将姓名放到天幕上和缩小为一个数据，都是开放社会或曰现代社会、人工智能时代出现的姓名文化新现象。饶有深意的是，这种新现象正在变为常态，所以我们对姓名文化的反思也就有了一些现代哲学的意味。

有人说数据技术革命的第一步是把人变成机器，第二步则是把机器变成人。人变成机器的一个标志就是人使用了像机器一样的唯一识别符号和序号，机器变成人则意味着机器不光会在知识领域学习人类、超越人类，甚至在人文与智慧方面也模仿使用人类特有的个性化称谓。"等到无意识但具备高度智能的算法比我们更了解我们自己时，社会、政治和日常生活将会有什么变化？"[1]未来时代会不会出现这样的巨变姑且不说，但思考一下这幅图景，也会让人闻到几分惊悚的气味。

从专指到辅助

在大数据时代，姓名不再是人类唯一的识别符号，而是诸种识别性符码之一，且是越来越不重要的一类符码，在数据库中仅仅是一组数据而已。

一方面，通过更科学专门的身份识别，特别是身份证号码、

---

[1] ［以色列］尤瓦尔·赫拉利《未来简史》，林俊宏译，北京：中信出版集团，2017年，第361页。

社保卡号码、指纹、声纹、人脸识别等加以解读和区别，把前现代社会因姓名真假、证件真假、影像真假及同姓同名所造成的管理混乱逐渐消除了。例如，三星、苹果等新一代智能手机都已采用更先进的指纹、面容 ID 作为身份识别。

但另一方面，又引出了许多新的问题，从本质上说，唯一的区别性符号不再是姓名，而是由那些生物信息、图像信息生成的一串数字或二维码，这就不幸地印证了前几年横空出世的那个貌似无厘头的表述：我们不是诗意地栖居在这个世界上，而是数字化地生存在这个庞大的数据网络中。我们被给定的那个唯一的区别性符码，本来是我们的隐私，但现在可能会随时随地被定向跟踪，被定位锁定，被猫眼、探头、追踪器摄像，渴求隐私的我们如《饥饿游戏》中的男女主角一样，其实是在另外一个真人秀舞台上裸奔。我们的所有活动，包括一言一行，一举手一投足，都能被机器定位和获取。我们其实毫无隐私可言。

在前现代社会，我们可以隐姓埋名，在现代社会，即便你潜姓隐名，但你的身份证号码，你的指纹、声纹、虹膜、体液、步态等生物信息，你的身体的红外光所形成的热辐射信息，都会把你的行踪暴露无遗，在大数据所编织成的天罗地网中，你无所逃遁。不光诗意栖居是一种奢侈，连逃匿隐遁也像频频更换马甲的小乌龟，或像以叶障目的楚人，显得滑稽可笑。

对于一个码农来说，个性化的名字，其支撑后台就是数字，那些单独零散的数字，经过组合和结构后，可以用各种算法语言进行运算，形成满足特定需要的各种数据。我们的名字不过就是这部网络大机器中的一个螺丝钉，也许连螺丝钉也算不上，仅仅是一个编码。

从个性化到标准化

前现代的名字题取，自由度很大，特别是文人士大夫，除了比较规范的名和字之外，还有自己题取的号，有人还不止一个号。但现代社会，只能允许用一个法定的正式名字。如果你要去报户口，那么对名字用字也有一些规定。一般来说，汉族居民的名字大多不超过五个字，不能用过于偏僻生涩的难字，也不能用太简单易重复的数字。一方面是因为姓名的传统在起作用，另一方面，也是为了方便计算机的识读和存储。

与姓名配合的身份证号码、社保卡号码、驾驶证号码也都是标准的一串数字，所有人没有例外，都要按照一个统一的规则来编制。

从当下到未来

在人工智能时代，姓名的唯一性受到挑战，逐渐由其他多种身份识别技术所取代，或通过多种方式互相配合来完成对个体的识别和确认，使得假冒身份等可能性变得越来越少。但是也引出其他一些问题，首先就是隐私保护与个人身份安全，乔治·奥威尔的小说《一九八四》写道：

> 甚至在这枚钱币上，眼光也盯着你不放。不论在钱币上、邮票上、书籍的封面上、旗帜上、招贴画上、香烟匣上——到处都有。眼光总是盯着你，声音总是在你的耳边响

着。不论是睡着还是醒着,在工作还是在吃饭,在室内还是在户外,在澡盆里还是在床上——没有躲避的地方。除了你脑壳里的几个立方厘米以外,没有东西是属于你自己的。①

如果说,小说中写到的这些情况在当时还是作者的艺术想象,但是在未来的社会,则完全有可能,除了街道上的摄像设备外,你打电话、乘网约车、坐公交车和地铁,在商场购物刷卡、在网上购物,都会将你的准确位置和行程轨迹精准记录,七十年前一部小说中的想象之词,在未来的强人工智能及超人工智能社会中,完全可以坐实。

在无垠的宇宙中,正如一切是相对的,所谓的给定也是相对的。我们由当下此刻的这一瞬间和这一刹那位移在当代,又会由当代退到近现代,再退到古代,再退到上古,再退到史前,再退到地质时代,变成化石……想想地质时代那些不可一世的恐龙和剑齿龙都没有留下它们的名字,也没存下它们的声响,而你却奢望要在数据云端和星际穿越的时代留下自己永不磨灭的名字,你能做到吗?

《未来简史》的作者将整个人类视为宇宙数据流里的一片小小涟漪,遑论人的微末的区别性符号。他还推论说在数据主义时代,所有生物都是数法,而生命则是进行数据处理;智能正与意识脱钩,拥有大数据积累的外部环境将比我们更了解我们自己。②

---

① [英]乔治·奥威尔《一九八四》,董乐山译,上海:上海译文出版社,2003年。
② [以色列]尤瓦尔·赫拉利《未来简史》,林俊宏译,北京:中信出版集团,2017年,第357、359页。

即便如此，我们这一届地球公民仍会恪守祖训，把从祖上和自己文化传统中所获得的这个徽标上的尘埃与锈迹拂掉，仔细擦拭，置于座右，守护礼敬。像对航船桅杆上猎猎招展的风帆，挥一挥手，道一声珍重，这珍重中充满着温情、敬意与希冀。

主要参考及征引文献

（以著者姓名音序为次序排列）

[法]爱弥尔·涂尔干、马塞尔·莫斯：《原始分类》，汲喆译，北京：商务印书馆，2012年

[英]彼得·沃森：《思想史：从火到弗洛伊德》，南京：译林出版社，2018年

《20世纪思想史：从弗洛伊德到互联网》，南京：译林出版社，2019年

采诗：《人名研究：中国传统取名习俗及命名个案分析》，台中：白象文化公司，2015年

[挪]卡娅·努尔英恩：《大脑帝国：你就是你的大脑》，北京：中信出版集团，2019年

陈明远、汪宗虎：《中国姓氏大全》，北京：北京出版社，1987年

陈乃乾：《室名别号索引》，北京：中华书局，1957年

[美]大卫·克里斯蒂安：《时间地图：大历史，130亿年前至今》，北京：中信出版集团，2017年

邓名世撰，王力平点校：《古今姓氏书辩证》，南昌：江西人民出版社，2006年

杜佑撰，王文锦等校点：《通典》，北京：中华书局，1988年

杜正胜：《编户齐民：传统政治社会结构之形成（三版）》，台北：联经出版公司，2018年

樊敬铎：《中国古代命学》，北京：九州出版社，2008年

范兆飞编译：《西方学者中国中古贵族制论集》，北京：生活·读书·新知三联书店，2018年

范志新：《避讳学》，台北：学生书局，2006年

费孝通：《乡土中国》，北京：生活·读书·新知三联书店，1985年

[德]弗雷格：《弗雷格哲学论著选辑》，王路译，北京：商务印书馆，2006年

何晓明：《姓名与中国文化》，北京：人民出版社，2001年

[美]亨利·基辛格、埃里克·施密特、丹尼尔·胡滕洛赫尔：《人工智能时代与人类未来》，北京：中信出版社，2023年

金良年：《姓名与社会生活》，西安：陕西人民出版社，1989年

[美]凯文·凯利：《失控》，北京：新星出版社2010年

《科技想要什么》，北京：中信出版社，2011年

《必然》，北京：电子工业出版社，2015年

[马来西亚]赖瑞和：《人从哪里来：人类600万年的演化史》，北京：中信出版社，2022年

[美]雷·库兹韦尔：《奇点临近》，北京：机械工业出版社，

2011年

林宝撰，岑仲勉校记，郁贤皓等整理：《元和姓纂》（附四校记），北京：中华书局，1994年

林耀华：《金翼：中国家族制度的社会学研究》，北京：生活·读书·新知三联书店，1989年

［法］列维·布留尔：《原始思维》，丁由译，北京：商务印书馆，1981年

［法］列维-斯特劳斯：《野性的思维》，李幼蒸译，北京：商务印书馆，1987年

刘宗迪：《姓氏名号面面观》，济南：齐鲁书社，2000年

［美］路易斯·亨利·摩尔根：《古代社会》，杨东莼、张栗原、冯汉骥译，北京：商务印书馆，1977年

［美］伦纳德·蒙洛迪诺：《思维简史：从丛林到宇宙》，北京：中信出版社，2018年

毛汉光：《中国中古社会史论》，上海：上海书店出版社，2000年

纳日碧力戈：《姓名论》（修订版），北京：社会科学文献出版社，2015年

［美］史迪芬·平克：《语言本能：探索人类语言进化的奥秘》，台北：商周出版，2015年

宋兆麟、黎家芳、杜耀西：《中国原始社会史》，北京：文物出版社，1983年

［美］斯宾塞·韦尔斯：《出非洲记：人类祖先的迁徙史诗》，北京：东方出版社，2004年

田余庆：《东晋门阀政治》，北京：北京大学出版社，1989年

完颜绍元：《中国姓名文化》，上海：上海古籍出版社，2001年
王力主编：《古代汉语》，北京：中华书局，1999年
王力主编：《中国古代文化常识》，北京：北京联合出版公司，2014年
王泉根：《中国人名文化》，北京：团结出版社，2000年
王伊同：《五朝门第》，北京：中华书局，2006年
郗政民、李浩：《百家姓新注》，西安：华岳文艺出版社，1989年
[美]悉达多·穆克吉：《基因传：众生之源》，北京：中信出版集团，2018年
[马来西亚]萧遥天：《中国人名的研究》，北京：国际文化出版公司，1987年
向熹：《汉语避讳研究》，北京：商务印书馆，2016年
徐铁生：《中华姓氏源流大辞典》，北京：中华书局，2014年
杨廷福、杨同甫：《明人室名别称字号索引》，上海：上海古籍出版社，2002年
杨廷福、杨同甫：《清人室名别称字号索引》（增补本），上海：上海古籍出版社，2001年
姚大力：《中国起源、发育、壮大的时空节奏问题》，见《中国历史大变局》第一部分
姚薇元：《北朝胡姓考》（修订本），北京：中华书局，2007年
叶忠海：《人才地理学概论》，上海：上海科技教育出版社，2000年
袁义达、杜若甫：《中华姓氏大辞典》，北京：教育科学出版社，1996年

袁义达主编:《中国姓氏·三百大姓:群体遗传和人口分布》,上海:华东师范大学出版社,2007年

袁义达、邱家儒:《中国姓氏大辞典》,南昌:江西人民出版社,2010年

[俄]尤金·扎米亚金:《我们》,南京:江苏人民出版社,2005年

[以色列]尤瓦尔·赫拉利:《未来简史》,林俊宏译,北京:中信出版集团,2017年

张光直:《中国青铜时代》,北京:生活·读书·新知三联书店,1983年

张联芳主编:《中国人的姓名》,北京:中国社会科学出版社,1992年

张肇麟:《姓氏与宗社考证》,北京:社会科学文献出版社,2015年

赵瑞民:《姓名与中国文化》,北京:中央编译出版社,2016年

公众号:我们的姓氏来自哪里

陕版后记

承蒙出版社和读者朋友的错爱，第一辑三册推出后各方面的反响还不错，这也让我鼓起勇气来，把没有做完的工作做完。

本辑三册与第一辑稍有区别，如果说第一辑与即将推出的第三辑定位的读者对象是学术共同体的小众的话，那么我期待本辑三册的读者对象应该是文化爱好者的大众人群。第一辑、第三辑是与小同行交流，尽量中规中矩。这一辑则设定为与文化爱好者这个大同行对话，希望更多的读者喜欢看，有兴趣，希望与更广泛的朋友有持续的往复交流。

本册《流声：中国姓名文化》的原稿是我已经出版的最早的一本独立署名的著述，这次收入本系列，与其说是敝帚自珍，还不如说是为了自省。以个人的学术生命而言，33年前的少作不过是学术的起点，稚拙粗浅自不待言。但未来历史不一定会给每个个体很大的学术数据存储空间，历史会把一个人压缩为一个单面，甚至一个小点。所以，学人有生之年应尽量把这个小点画圆，把这个小空间夯瓷实，这也是学术志业的题中应有之义，其他我们都无可奈何了。

基于这样的认知，这一版还是做了较多的修改和订正。有感于有关姓名学和古代文化知识类读物逐渐增加，为了对读者负责，也为了与已有的著述有所区别，我坚持让深者浅之，新者熟之，就是努力将艰深冷僻的古籍文献资料以尽可能通俗浅易的方式叙述出来，另外将相关学科最近的学术新知和研究动态引入本书，真正让读者朋友能意识到姓名这个小符码中有大学问。修订是否实现了这个目标，我不好自卖自夸，欢迎读者阅读后批评指正。

本版新增写的自序、第五章以及改写的第四章和第六章内容，参考文献中增加的相关新学科的前沿的以及科普类文献，会让有些读者和朋友感到违和甚至陌生。但这是我的有意为之，我们处于中华文化三千年未有之巨变时期，也处于宇宙自大爆炸以来的另一个奇点临近时期，当我们每天无意识地通过人脸识别、指纹识别、二维码识别进入公司和小区时，当你的一码通、行程卡跳出弹窗时，你不会怀疑这是同名同姓惹的祸。因为由这些数字技术和生物信息所生成的数据，不是直指你的姓名符码，而是直指作为生物实体的你，你的姓名成了辅助信息而不是必需信息，你如有学术敏感，除了因姓名的被冷落叹息一声外，是否还能跳出古典姓名学做一些跨学科、跨时代、跨文化的思考呢？欢迎有兴趣有同感的朋友互相交流，共同探讨。

我的学生郭浩源、周宇飞、吕宇婷根据新版的要求，核对引文，校改讹误，也向他们表示感谢。

2022 年仲秋

第一版后记

物换星移，节候屡迁。萌生写作念头、开始挥毫时，还是雨润如酥、嫩柳鹅黄的天气，但当写完最后一节、通读全稿时，已是金风萧瑟、落叶满长安的暮秋季节。斗室之内，夜深人静之际，已感到凉气袭人，毛衣不耐五更寒了。

时下研究文化史的学人多喜欢选择带有爆炸性的重大课题，宏谈纵论，出语惊人。在他们的眼里，姓名不过是人生识字之末事，琐屑零碎。钻研此类问题，充其量是个人的特殊癖好，雕虫小技，破碎大道，根本算不上什么学问，笔者初始也不免存此误解和偏见。但大凡宇宙万物，皆可从多方面来考察，如苏东坡所言，"自其变者而观之，则天地曾不能以一瞬；自其不变者而观之，则物与我皆无尽也"。假若从天体物理学的角度来看，我们所栖息的地球也不过是一个普通的球状飘移物，而人类文明史则更是一个短暂的瞬间；但从微观和渺观的角度来看，就是一滴水珠也能折射出太阳的七彩光谱，存在着复杂的物质结构。

姓名亦复如是。在普通人看来，这不过是一个随意性的称谓；但在符号学家看来，它则是个体的生命编码；在谱牒学家看来，它是验明贵族血统的遗传标本；在精通八字的命理学家看来，它是吉凶祸福、贤与不肖的灵动；在文化学家看来，它又是一个蕴含丰富的文化载体。因参照系的不同，我们在研究对象中会发现全然不同的新蕴含。从这个意义上说，姓名学是一门既古老而又年轻的学科，它涉及人种学、文化人类学、民俗学、民族学、宗教学、语义学、符号学等多种学科。就一个具体的名字来说，也是一个人的生命体验和民族文化心理的全息摄影，通过这张小小的缩微胶片，可以观察到许多具有文化价值的东西。因此，笔者以为姓名学研究虽属"雕虫小技"，但其中也可以"苞括宇宙，总览人物"，这就仿佛一泓清水中能荡漾出三千大千世界一样。

抱着这样一个基本看法，我在赶写完全稿搁笔时，就不再是鄙视，而是觉得因自己学识有限，时间仓促，并未能将姓名学的全貌勾勒清楚。稿件虽交出去了，而内心却留下许多的遗憾和不满。看来，周全详尽、条分缕析的研究，只好待来日再做。

最后需要说一下，这本小册子上凝聚着师友的帮助和支持。年前，与鄀政民教授合撰《百家姓新注》(华岳文艺出版社出版)一稿时，我已产生了对姓名学的许多看法，没有鄀老师的鼓励，我是不会想到写这本小册子的；妻在千里之外替我侍亲行孝，培育后代，使我能安心著述；余君兴涛，好学乐道，帮我将书稿誊抄一过。因了这么多人的关怀和帮助，才使我在紧张的教学工作之余，将本已辍笔的稿子续写完。书成，又蒙业师董丁诚教授惠赐美序，为本书增辉生色，对此我谨致以深切的谢意。当然，倘有疏漏错谬，则咎在我。

己巳年(1989)季秋于长安居危斋

第二版后记

本书是我所有著述中第一次以个人独立署名的方式推出的出版物，第一版迄今已经过了二十七年。中间曾因朋友推荐加入过另一套丛书印行过一次，当时那套书印量不大，还收入了我的另外一种著作，主编以一套丛书中出现一个作者的两书不妥，建议我署名时最好用笔名或化名，于是一册关于姓名文化研究的小书，竟然不能用真名而要用化名(我当时用了曾用名)出版。这是一件趣事，也是一种报应。

因是年少之作，体例也按当时丛书的总体要求，写得比较通俗，充其量是一部科普类或普及类的小书。我自己一直不甚在意，也不很满意，原来想等将来退休后再修订或重写。因要加入我个人的这一套书系，为了与新的体例靠近，做了一些力所能及的增订和修改。本次修订主要包括以下几个方面：一是补写了几个小节，总篇幅增加了近三万字；二是尽量吸收近年来姓名学界的新进展、新成果，特别关注了姓名研究与人口学、人才学、统计学、管理学、信息学、符码学以及大数据等领域的成果。此外，将原来的随文夹注统一改为页下注释，个人以为虽是一册科普类的小书，也应尽量朝规范的方向努力。

无论是从当时还是今天看，这册小书在我个人的学术生涯中无意间留下我学术出发时的足印。从这册小书的写作开始，我便走上了文史研究的不归之路，忙忙碌碌，朝如青丝暮成雪，一眨眼几十年过去了，献了青春献终生，从此再没有能走出故籍神皋的圈子。饶有深意的是，我后来专攻的中古隋唐士族与文学，空间地域与文学，新出石刻文献，都与姓名文化有关。

当时偶然的游戏之作，竟孳乳分蘖出我后来的许多研究方向，从某种意义上说，这种不断深化成就了我，但未尝不可以说我的一根筋走到黑，也是受到冥冥之中的某种操纵和控制。个人命运的这种幽玄，只有到了暮年时才慢慢开始静思体会，咂吧出一点味道。

年少轻狂，总是忙着赶路，日急慌忙的，无暇他顾。而今鬓已星星也，稍能分出些时间来，检点箧中旧行装，缝缝补补，浆洗熨烫一番。敝帚尚可自珍，何况这件敝衣？当然已不能再穿在外面引领时尚了，就搁在身边吧。不是装穷，算念旧吧。

我的几位学生岳立松、胡永杰、胡舒依等帮着将原稿转为电子版，又帮着改版式，补注释，看清样，对他们的劳动表示感谢。要感谢的朋友还很多，包括三联书店、陕西师范大学出版总社、三秦出版社的多位友人，为了免俗，就不逐一胪列了。

2016 年 11 月 18 日